잘 나가는
1% CEO만 아는
구매 시크릿

잘 나가는 1% CEO만 아는 구매 시크릿

초 판 1쇄 2023년 04월 24일

지은이 위성은
펴낸이 류종렬

펴낸곳 미다스북스
본부장 임종익
편집장 이다경
책임진행 김가영, 신은서, 박유진, 윤가희

등록 2001년 3월 21일 제2001-000040호
주소 서울시 마포구 양화로 133 서교타워 711호
전화 02) 322-7802~3
팩스 02) 6007-1845
블로그 http://blog.naver.com/midasbooks
전자주소 midasbooks@hanmail.net
페이스북 https://www.facebook.com/midasbooks425
인스타그램 https://www.instagram/midasbooks

©위성은, 미다스북스 2023, *Printed in Korea*.

ISBN 979-11-6910-218-6 03320

값 **23,800원**

🏃 **미다스북스**는 다음세대에게 필요한 지혜와 교양을 생각합니다.

결국 구매가 최고의 경쟁력이다

잘 나가는
1% CEO만 아는
구매 시크릿

위성은 지음

미다스북스

구매는 비즈니스를 창출하면서 적극적인

기업의 성장을 견인하는 조직으로 부상되어야 한다.

– 프롤로그 중

어느덧 구매를 접한 지 30년의 시간이 지나왔다. 흘러간 시간만큼 구매 역시 변천의 역사를 밟아왔다. 그러나 아직도 구매가 지원부서라는 타이틀을 떼지 못하고 회사에서 경영혁신의 중추적인 기능을 담당하지 못하는 기업들이 상당히 많다는 게 가슴 아픈 일이다. 구매는 이제 단순히 원가를 줄이는 기능만을 담당하는 것이 아니라 상품을 개발하고 공급사슬관리를 통해 새로운 비즈니스를 창출하면서 적극적인 기업의 성장을 견인하는 조직으로 부상되어야 한다. 이는 구매인이 마케팅 역량을 가지고 시장을 분석하고 고객의 니즈에 맞는 제품을 개발하고 최대한의 원가절감 요소를 발굴하여 영업경쟁력을 키울 수 있는 조직으로 성장해야 한다는 것과 SCM을 관리하는 주체로서 기업 내외부의 새로운 비즈니스 영역을 개척하는 역할까지 감당해야 한다는 의미이다.

한편, 대부분의 기업에서는 구매부문에 있어서 항상 원가절감에 대해 의문을 제기한다. 그 이유가 원가절감을 했으면 실제로 매출원가가 줄어 매출이익이 커져야 하는데 실상 영업이익 측면에서 보면 그 효과가 미미하기 때문에 더더욱 원가절감에 대해 신뢰하지 못하는 경향이 많다. 이는 결국 원가절감한 몫은 영업을 거치고 운영하는 식당의 식재료 투입의 변화를 거치면서 기대한 만큼의 수익을 보존하지 못하는 경우가 많다. 물론 이 역시 영업이나 식당을 운영하는 부서의 책임은 아니다. 문제는 절감된 금액을 관리하고 이를 시스템으로 보존하여 절감금액의 변화를 적극적으로 관리하지 못한다는 게 문제의 원인이다.

이를 위해서 구매는 원가를 절감한 실적에 대해 타당한 근거를 논리적으로 설명할 수 있는지가 우선이 되어야 한다.

대부분의 구매는 시세보다 저렴하거나 작년보다 싸게 구매했다는 정도로 경영자료의 한 페이지 정도를 할애받지만 앞서 설명한 바처럼 실적으로 드러나지 않거나 영업이나 판매 조직이 잘해서 수익을 낸 것으로 치부되는 경향도 적지 않다. 그러나 이러한 경향은 대부분의 구매기업에서 실무적으로 구매가 역량이 부족해서 설명을 못하는 것은 아닐 것이다. 감각적으로 시장의 형세에 대처하고 구매하는 것이 구매인의 일상이고 그 일상의 노력들이 결집된 결과가 구매원가로 이어지는데 이를 어떻게 말로 다 설명할 수 있겠는가?

결국은 체계적으로 시장환경을 분석하고 그에 맞는 전략을 구사하면서 결과값으로 원가에 대한 명확한 근거를 논리적으로 설명하는 것이 필요하다는 결론을 얻게 된다.

물론 그동안 많은 구매기업과 이를 지원하는 컨설팅기업들은 구매인들의 구매패턴을 분석하고 이를 항목별로 프로세싱 하면서 구매결과의 당위성을 규명하는 활동을 해왔다. 이런 활동들을 통해 구매인들은 구매에 대한 논리적 배경을 얻게 되고 이론을 겸비한 '상위 1%의 실무형 전문 구매인'도 육성되어 나오게 되었다. 그러나 불행하게도 모든 구매인이 이러한 혜택을 받은 것은 아니다. 일찍 구매의 역할에 관심을 가진 기업을 제외하고는 여전히 '감'에 의존한 개인역량에 구매를 맡기고 있는 것이 현실이기 때문이다. 또한 그러한 탄탄한 논리가 집대성되어 많은 국내외 구매인들에게 알려질 수 있는 서적은 쉽게 찾아보기 어렵다는 것도 하나의 원인이 되고 있다. 그 이유는 구매직무 자체가 갖는 지위로 인해 직무변경이 빈번하게 이루어지기 때문에 국내에서 실무형 책을 저술할 만한 경륜을 갖추는 것도 쉽지 않다. 다행히 저자는 이러한 여건하에서도 대기업의 식자재유통 및 식당 운영 사업군에서 바이어를 거쳐 구매임원까지 근 30여 년간을 구매업무를 하면서 구매의 변천사에 동참하고 변화시키는 기회를 갖게 되었다.

이 책에 첫 문장을 쓰면서 머릿속에는 온통 주마등처럼 지나간 과거들이 스치고 지나갔다. 어떤 내용들을 적을지, 저자가 현업에 있을 때 어떤 것들을 궁금해하였는지, 하나하나 그 기억의 조각들을 맞추고 저자 역시 한 사람의 독자로 돌아가 책의 구성과 내용들을 기술하였다.

책의 구성은 구매 전문가인 '김 교수'를 등장시켜 대화체와 강의를 배경으로 소설의 픽션으로 구성함으로써 생생한 정보를 전달하는 기본 목적을 달성할 수 있도록 구성했다.

따라서 제1장 '구매, 기본을 알아야 경쟁력이 된다'에서는 구매에 대한 정의와 전반적인 구매업무의 프로세스를 통해 경쟁력을 갖추기 위한 기본적인 배경을 이해하도록 구성하였고 제2장 '상위 1% 구매업무는 무엇이 다른가'에서는 구매업무 전반에 대한 소개로, 독자가 갖고 있는 구매업무의 이해를 한층 탄탄하게 다질 수 있도록 하였다. 제3장 '구매위상을 드높이는 시크릿 전략'에서는 기업의 이념과 부합하는 전략적 목표를 수립하는 방법에 대해 설명하면서 구매인으로서 기업 내에서 새롭게 도약하기 위한 방향성을 제시하고자 하였다. 제4장 '잘나가는 기업의 구매역량'에서는 구매역량 정의와 QCD관점에서 구매인들이 실무에 적용할 수 있는 실제 활동사례를 중심으로 바로 현업에 적용하거나 참고할 수 있도록 구성하였으며 제5장 '구매의 논리를 채우는 경영이론'에서는 구매가 기술적인 부분만이 아니라 이론을 겸비한 실무형 전문가로서 알아야 할 필수적인 경영이론을 기술하였다. 제6장 '성장기업의 전략 소싱'에서는 앞장에서 배운 모든 이론과 실제의 구매 업무들을 결합한 구매전략 방법론을 제시하였다. 제7장 '상생은 누구를 위한 일인가' 편에서는 협력업체와의 상행을 위한 전반적인 협력사 운영의 효율적 관리방안에 대해 기술하였고, 마지막 제8장 '구매역량은 측정되고 있는가'에서는 구매역량을 측정하고 보완하는 내용과 더불어 구매인의 육성을 위한 교육 프로그램에 대해 설명하였다. 한편, 부록 편 '1. 유통구조 한눈에 보기 2. 작업 공정도 이해하기 3. 농수산물 산지 출하정보 따라가기'를 추가하여 구매 실무자의 기초적 지식과 활용에 도움이 되도록 편성하였다. 이러한 구성은 기초부터 전문적인 실무역량을 갖추고자 하는 독자층을 위해 지식 정보로서 부족함이 없다고 감히 기대해본다.

또한 본 저서는 물품을 공급하는 제조사 또는 공급업체 역시 구매를 이해하고 구매기업과 상호 발전할 수 있는 지식전달이 되도록 기술하였고 공급사에게도 필요한 추가적인 정보를 '상생Tip'을 통해 전달함으로써 도움을 주고자 하였다.

집필하는 오랜 기간 동안 많은 분들이 저자의 내력을 알고 책의 출판을 위해 응원해주었다. 저자 역시 비로소, 마음을 다잡고 자칫 묻혀버릴 수 있었던 경영노트 속의 알려지지 않은 '구매의 시크릿'을 풀어내서 구매의 왜곡된 모습과 때로는 새롭게 변화된 구매의 진면목을 차근차근 들려주고 싶었다.

　아마도 오랫동안 구매를 접하면서 누군가 나에게 구매에 대해 세세하게 알려주거나 하다못해 책을 통해서 그 갈증을 풀어보고 싶었던 '먼 기억 속의 나'와 '동일한 소망을 품고 있는 독자'에게는 분명 희소식이 될 것이다.

　저자는 국내에 유사한 실무와 이론을 겸한 책은 아직까지는 보지 못했다.

　때문에 국가의 경제를 성장시키는 무수한 기업내의 구매인들과 공급사슬에 연결된 수많은 공급사, 또한 상품을 알리고 새로운 고객을 창출하는 마케팅, 영업부서, 그리고 식품 현장에서 종사하는 영양사, Chef, 관련 학과의 학생들까지 이 모두가 상위 1%의 구매 시크릿을 알리기에 손색없는 독자층이 되어줄 것이며 그분들을 위하여 이 책은 아낌없이 내어주고 보여 줄 준비가 되어 있다.

　이 책을 집필하는 순간부터 항상 응원해준 아내와 늘 아빠 편에서 지원군이 되어준 진오, 가은이에게 감사함을 전한다. 회사 생활을 접고 새로운 인생을 꿈꾸며 좀 더 자신에게 솔직해져야 한다는 결심을 가능하게 해주었기 때문이다.

　한편, 저자의 원고를 채택해준 미다스북스 사장님과 실장님, 원고의 완성도를 높이기 위해 힘써 주신 편집장님, 그리고 함께 참여해주신 관계자분들께 깊이 감사드리고 회사의 번창과 모두의 행복을 기원드린다.

　마지막으로 이 글을 접하는 독자분들 모두 각자의 환경에서 꼭 필요한 사람으로 인정받기를 바라고 항상 더 건강하고 행복한 일상으로 살아가기를 간절히 바란다.

　저자 위성은

목차

부 록

결국 구매가 최고의 경쟁력이다

잘나가는 1% CEO만 아는 구매 시크릿

제1장

구매,
기본을 알아야
경쟁력이 된다

유난히 봄 날씨가 청명하다. 김성일 교수는 다소 들뜬 기분을 감추지 못하고 콧노래를 흥얼거리며 나갈 채비를 하고 있다. 그는 식품 대기업에서 27년을 주로 구매부서에서 근무한 구매 분야의 실무형 전문가이다. 틈틈이 구매 관련 책도 출간하면서 나름 유명세를 타고 있는 데다 올해 지방대학의 교수로 초빙을 받아 외식 및 식품관련 학과에 강의를 맡아 진행 중이고 금번에 한 기업에서 구매부서를 대상으로 장기간 구매 관련 출강을 의뢰받아 오늘 첫 강의를 하는 날이다.

　"안녕하세요. 반갑습니다."
　"네에~."
　청중의 긴 대답이 강의장 안을 꽉 차게 메웠다. 간단한 본인 소개를 마친 김 교수는 이번 구매관련 강의는 실질적으로 구매경험을 바탕으로 필요한 이론적인 배경을 곁들여 구매현장에서 바로 접목할 수 있는 실전구매를 강의하겠다는 포부를 밝혔다.

1. 구매란 무엇인가?

"구매란 무엇일까요? 물건을 사는 것이고 사더라도 남들보다 좀 더 싸게 사는 것이겠죠. 옛날 우리 어머니들은 장이 열리면 노점 판매를 하시던 분들과 가격 실랑이를 하느라 시장이 시끌벅적했었습니다. 소심한 분은 가격을 달라는 대로 주고 결국 뒤돌아서서 찜찜한 표정을 짓는 분도 계셨고 상품의 상태를 보면서 부르는 가격에서 상당부분 흥정을 통해 싸게 샀다고 내심 의기양양하게 돌아오시는 분들도 계셨죠.

구매란 어느 정도의 품질을 가진 상품을, 어떤 방식으로, 누구에게, 얼마의 가격에, 원하는 양을 구입하는 것인데 중요한 것은 내가 돈을 충분히 지불할 용의가 있어야만이 '잘 샀다'는 생각을 할 것입니다. 이를 기업관점에서 정의하면 구매는 '원하는 자재를 최적의 협력사를 통해 최적의 가격으로 공급받아 고객이 지불하고도 만족할 수 있고 기업은 수익창출에 기여하는 가치창출 부문 영역이다.'라고 정의할 수 있습니다.

보통 구매의 역량은 QCD(Quality, Cost, Delivery) 3대 관점으로 설명하는데 이를 확장하면 가격관리, 품질관리, 상품관리, 업체관리, 전략체계, 조직관리 6대 항목을 핵심역량으로 분류하기도 합니다. 각각의 항목은 강의가 진행되면서 좀 더 구체적으로 설명하겠습니다.

여러분들이 구매를 배워야 하는 이유는 기업관점에서 어떤 게 있을까요? 기본적으로 매출 손익표상의 매출원가는 바로 여러분의 노력으로 만들어진다는 점입니다. 다시 말하면 매출액은 영업이 수주를 통해 달성되지만 매출원가를 낮추는 것은 구매부서의 몫이고 이를 통해 매출이익이 발생되고 영업비용을 차감한 결과값이 영업이익율로 결정되므로 단순 구매방식을 벗어나서 회사의 재무구조를 바꿀 수 있는 역량을 갖추는 것이 필요합니다. 그런데 구매는 매출원가에만 영향을 줄까요? 고객과 영업이 원하는 새로운 상품을 만들고 이를 통해 신규매출이 발생한다면 여러분은 매출액에도 영향을 주는 부서가 되겠죠. 이것이 바로 구매가 매출과 매출원가를 함께 움직일 수 있는 영향력이기 때문에 구매는 회사의 중추적인 역할을 담당한다고 자부심을 가지셔도 됩니다.

따라서 요즘에는 구매부서를 둔 회사마다 구매에 대한 중요성이 대두되고 있고 패러다임도 변화하고 있습니다. 구매 패러다임의 변화는 고효율—저비용을 추구하는 구매효율화 전략을 중심으로 구매 방식 및 관행의 재편을 요구하고 있고 이를 위해 선진기업들은 구매부문 업무의 비중을 단순처리에서 전략적인 활동에 집중하는 체제로 전환하고 있습니다.

여러분 회사는 구매업무에 집중할 수 있는 시간이 얼마정도 될까요?"질문을 던진 김 교수는 좌중을 살피면서 씨익 웃는다.

"아마도 여러분들은 행정업무를 처리하는데 상당부분 많은 시간을 들이고 있을 겁니다. 왜냐하면 경영진들은 원가절감한 숫자에 대해 지속적으로 의심의 눈으로 보고 있고 이를 증명을 해야 하는 몫도 여러분이고 갈수록 구매의 프로세스가 복잡해져가고 있으니 행정업무가 더 늘어날 수밖에 없습니다. 제 말이 맞나요?"

"네에~"

대답을 하지 않는 몇 무리는 눈치를 보는 듯 고개를 끄덕이며 동조의 한 표를 보냈다.

"네. 그렇기 때문에 구매 프로세스를 전면적으로 개편하지 않는 한 앞으로도 일은 더 가중될 수밖에 없겠죠. 앞으로 배울 전략구매 프로세스가 현업에 적용된다면 전략적 구매업무와 공급사와의 협업활동에 집중할 수 있게 될 것입니다."

김 교수는 현직에서 참 많은 일들을 새롭게 추진하였고 그 덕에 빠른 승진도 했지만 항상 가중되는 업무에 대해 잦은 마찰이 있었다. 이런 문제는 한참 시간이 지나서야 비로소 구매, 물류, 품질, 영업, 메뉴부서 등에서 해야 할 일들이 정의되고 명확해지면서 본연의 구매업무에 전념할 수 있었다.

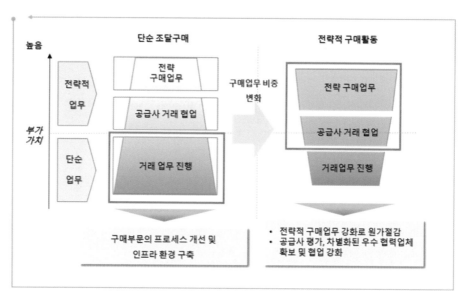

〈조달구매 & 전략적 구매활동 비교〉

일례로, 일반적인 구매기업의 경우, 품목 군별 구매전략은 견적구매, 비축, 수입 등으로 단순하게 규정되어 있고 이마저 일반적인 유통관행 또는 구매 MD의 개인적인 역량에 의존하여 구매전략이 수립되고 있는 게 현실이다. 또한, 새로운 구매전략을 시도하는 것은 필요한 행정적인 업무가 가중되고 행여 실패할 것에 대한 부담감과 적절한 성과보상이 되지 않아 산지거래 등과 같은 도전적인 구매혁신보다는 중간 유통회사를 경유하여 거래하는 경우가 많다. 즉, 비축의 경우 재고관리, 정산 등을 해당 바이어가 수행하고 있어 새로운 일을 만들수록 바이어의 업무는 과중될 수밖에 없게 된다.

김 교수는 과거의 기억을 전달하면서 청중을 살펴보았다.

"저 뒤편에 계신분이 제일 크게 고개를 끄덕이시는 걸 보니 하실 말씀이 많으신가 보네요?"

"네~ 맞아요. 제가 구매인지 물류인지 모르겠습니다. 임가공 프로세스를 만들어서 원물을 저희가 구매해서 가공업체에 보내면 정선해서 들어오는데 창고에 있는 원물재고뿐 아니라 업체 재고조사도 해야 되고 전산재고와 수량이 다르면 사유서 작성해야 하고 일이 재미가 없어지네요."

"네. 그러시군요. 충분히 이해가 됩니다. 구매와 물류의 업무혼선이 있는 거죠. 그 부분은 해결점을 후반 강의에서 설명드리겠습니다."

김 교수는 강의 교안 위에 '임가공 부서간 R&R'이라고 적고 강의를 이어갔다.

"단순한 구매전략을 통해 구매하던 2000년대 초반, 한때 정보화가 큰 이슈로 떠오르면서 손쉽게 구매단가를 낮출 수 있다는 점 때문에 모든 품목을 입찰 사이트에 올려 가격경쟁을 도모했었습니다. 저 역시 당시 회사에서 입찰(비딩) 시스템 개발을 주도적으로 진행하여 특허출원까지 낸 적이 있었습니다. 물론 초기에는 엄청난 원가절감으로 부각되었지만 품목군에 적합하지 않은 획일적인 입찰로 품질이 우수한 협력사가 탈락되어 저 품질의 문제가 커지게 되었습니다. 이것 역시 주목해야 할 바입니다. 따라서 품목 군별 구매전략을 세분화하고 가격적인 요소와 비가격적 요소를 동시에 검토하는 방식이 필요하게 되었습니다. 다시 말해서 품목이 가지고 있는 품질의 중요성 또는 차별화되어 특화된 업체의 노하우 등의 비가격요소를 고려하여 입찰 품목과 다른 전략이 필요한 품목으로 구분할 필요가 있었습니다. 이에 따라 품목특성에 따른 구매전략 차별화와 시장상황에 적합한 다양한 구매기법을 활용함으로써 품질을 감안한 최적가격 결정 및 행정비용 절감을 위한 당면과제를 안게 되었습니다. 즉, 구매 품목별 특성파악을 위해 전략의 실행단위인 '품목군' 체계를 재정립하는 것, 그리고 정립된 새로운 '품목군'의 특성을 기반으로 구매전략 수립체계를 구축하는 것 등이 중요한 과제가 되었습니다."

"교수님! '품목군의 특성'이 무엇인가요?"

"흠, 앞으로 계속 거론될 말이지만 여기서는 '동일한 전략을 사용할 수 있는 품목들의 집합'이라고 이해해주시면 됩니다. 다시 말하면 품목군의 특성을 고려하여 유사한 품목들끼리 묶어 적합하다고 인정되는 동일한 전략을 수립한다는 것을 의미합니다. 그리고 '경쟁력 있는 협력사 공급기반을 구축하고 이를 통해 보다 체계적인 구매전략을 수립하여 기업의 구매역량을 확대하고자 하는 것'이 여러분이 오늘부터 제 강의를 듣게 된 배경입니다. 오늘은 이 정도의 강의 콘셉트에 대해 이해하시고 앞으로 체계적인 구매전략에 대해 기초부터 전문실무 영역까지 강의하도록 할 예정입니다."

2. 무엇을 위한 일인가?

구매가 뭘 해야 하는 것인지 명확하게 규정되지 않는 경우가 많다. 물론 기업마다 각각의 부서의 R&R을 설정하고 있지만 구매에 있어서는 단순하게 '질 좋은 상품을 저렴하게 구매하는 것' 정도 일뿐 구체적인 활동 범주를 세세하게 규정해서 운영하는 기업은 그리 많지 않다. 따라서 구매부서가 원활한 역할을 수행하기 위해서는 구매업무 범위뿐만 아니라 각각의 업무영역에 대해 정확한 업무정의를 해둘 필요가 있다.

"이제부터는 구매업무의 전반적인 부분을 하나씩 이해하는 시간을 갖도록 하겠습니다. 앞에서 말씀드린 바처럼 구매업무는 최적의 식재료를 최적의 가격으로 적시에 적량을 공급하여 고객만족과 수익창출에 기여하는 업무입니다. 따라서 회사의 전략과 연계하여 운영/영업의 핵심역량을 선도하고 유기적인 협업을 통해 Profit Center[1]의 역할을 추구하여야 합니다."

김 교수는 현직시절, 구매가 단순히 구매만 잘하면 된다는 조달구매, 즉, '요청하는 품목에 대해서만 구매를 대신해주는 역할'의 사고를 가진 분들과 많은 의견차를 보였던 경험을 떠올리면서 구매의 역할이 시장을 분석하고 영업의 수주 경쟁력을 확보할 수 있는 적극적인 상품개발 등 지극히 당연시되는 구매의 순기능에 대해 설명을 들려주고 싶었다.

"구매의 속성은 구매의 경쟁력이, 예를 들어 식자재 유통사업의 경우 QCD(Quality/Cost/Delivery) 관점의 경쟁력을 통해 고객을 확대한다는 것이 되며 식당을 운영하는 사업에 있어서는 저렴한 원가를 통한 수익확대와 품질 균일성으로 고객의 평판을 얻는 것이 기반이 됩니다. 따라서 식품은 환경요인에 따라 가격, 수급, 품질 등 민감도가 크므로 시황 대응을 통해 원가 및 품질 경쟁력 확보가 관건이며 선택과 집중을 통한 핵심업체 육성이 무엇보다 중요한 요소가 됩니다.

이를 표로 설명하면 다음 내용과 같습니다. 즉 구매경쟁력(QCD)이 높으면 식자재를 공급하는 영업부서에서는 수주 성공율이 높아지고 식당을 운영하는 부서에서는 저렴한 가격에 질 좋은 메뉴를 제공함으로써 고객 평판이 높아져 결국엔 이 두개의 사업영역에서 매출이 성장하게 되며 이로 인해 규모의 경제를 통한 협상력이 높아져 추가적으로 원가를 낮추는 순기능을 할 수 있다는 의미입니다."

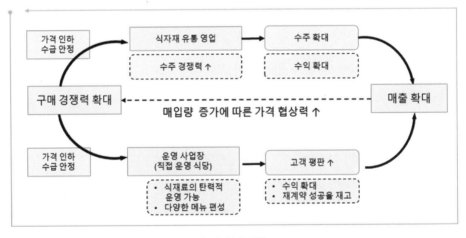

〈구매 선순환 체계〉

3. 구분과 기준을 위하여

김 교수는 구매업무를 하면서 영업과 물류부문에 있어 타부서보다 더 많은 교류가 필요하다는 것을 알았다. 왜냐하면 지난번 질문했던 구매직원 얘기처럼 임가공 같은 창의적 구매방법을 세우고 나서 실제로 실행에 옮겼을 때 업체 재고관리뿐만 아니라 원료에 대한 보관창고 재고실사, 월말 전산재고와 실제 창고에 보관된 재고와의 차이 분석 등 부가적으로 해야 하는 일들이 너무 많아지기 때문이다. 또한 물류 역시 새로운 업무를 이관 받기에는 인력적인 문제가 발생하게 된다. 따라서 구매인들이 업무범위에 대해 명확하게 이해하여야 상호 불편한 관계를 청산할 수 있다. 물론 업무범위에 대해서는 회사의 경영진들이 분명히 이해하여야 하는데 우선적으로 SCM(Supply Chain Management)의 공급망 관계를 인지하고 있어야 부서 간의 불협화음을 중재할 수 있다는 것을 김 교수는 누구보다도 잘 알고 있다. 왜냐하면 이러한 질서가 정립되기까지는 부서간 이기주의로 인한 갈등이 상당부분 지속되기 때문이다. 이러한 관점의 역할 구분은 공급망 상에서 최적의 조건을 만드는 것이 결국 비용을 줄이는 결과라는 것을 전제로 찾아야 한다.

"구매의 업무범위는 어떤 것들이 있는지 오늘은 물류를 포함하여 업무범위를 규정해 볼까 합니다. 앞서 말씀드린 바처럼 물류는 구매와 상호 불가분의 필연적인 관계이기 때문에 물류 업무범위도 함께 공부해보도록 하겠습니다. 우선 구매업무는 크게 가격, 업체, 품질, 정산, 기획, 도매, 운영 등으로 구분할 수 있으며 물류는 기획, 재고, 검수, 배송, 시설관리 등으로 구분 지을 수 있습니다. 자세한 부분은 뒷부분에서 설명 드리기로 하고 우선적으로 구매전반의 업무 프로세스를 먼저 이해하는 시간을 갖도록 합시다."

구 분		세부 내용
구 매	품목	• 신규 품목 개발, 등록, 공급/중단 관리
	가격	• 가격 결정 방법(견적/입찰/글로벌 소싱/임가공 등)을 활용한 적정 매입단가 결정 • 시장 및 할인점 가격 조사, 향후 시황예측을 통한 합리적 판매단가 결정
	업체	• 협력업체 Pool 확대를 통한 신규업체 등록 • 기존 협력업체 관리 / 평가 및 지원 / 육성(안)도출
	품질	• 담당품목 품질 안전성 및 상황관리 • 저가, 외식 고품질, 급식 등 사업부문에 적합한 담당 품목 수시 품질 관리 시행
	정산	• 비축, 글로벌 소싱(GS) 등 원재료 개별 정산 업무
	기획	• 구매전략 수립 및 KPI 관리, 개선 과제 도출
	도매	• 원재료 도매 확대 및 매입 경쟁력 확보
	운영	• 경쟁력 제고를 위한 기획성 식자재 개발 및 메뉴 협의
물 류	기획	• 물류운영 전략 수립 및 KPI관리, 개선 과제 도출 물류 시스템 개발 및 유지 / 보수
	재고	• 입출고 관리, 재고 실사, 창고 선정
	검수	• 센터입고 식재료 검수 및 검품, 업체입고 관리
	배송	• 배송차량 수급, 라우팅 설계, 차량온도 관리
	시설	• 시설물 개선 , 보수 및 안전 관리

〈구매업무 범위〉

김 교수는 구매업무를 정의하는 것은 구매업무 자체가 가지는 윤리적인 기준을 지키기 위해서도 반드시 필요하다고 믿고 있다. 왜냐하면 거래관계에 있어서 가장 많은 청탁 또는 부정행위가 발생할 수 있는 부서로 구매가 우선적으로 지목되기 때문이다. 따라서 구매업무를 정의하는 것은 구매 조직원 모두가 규정을 지키고 관련된 부서가 구매를 바라보는 시각이 명확히 설정된다는 의미이며 가능한 전략을 적극적으로 활용하는 기능을 갖추는 것이므로 구매 변화의 첫 단추라고 할 수 있다.

컨설팅회사에서 영업이사를 하고 있는 김선균 이사가 오랜만에 찾아왔다. 김 이사는 김 교수가 현직에 있을 때 구매 컨설팅을 주관했던 분으로 구매관련, 상호 많은 교류를 하고 있다.

"교수님 근황은 소문으로 익히 듣고 있습니다. 기업체 강의도 활발히 하고 계신다고요?"

"보잘것없는데 좋게 봐주셔서 감사드립니다."

"네. 그런데 교수님 이번에 구매 컨설팅의뢰를 받는데 아직 제가 구매 전반적인 프로세스가 어떻게 흘러가는지 명확하게 인지하지 못하고 있습니다. 구매가 타 부서와 밀접하게 연관되어 있어서 타부서와 연계된 프로세스를 알고 싶습니다."

"네. 물론이죠. 구매프로세스를 이해하려면 전략 소싱 프로세스 구축과 연계하여 예측을 통한 계획구매를 비롯한 구매 SCM체계 프로세스를 가지고 있어야 합니다. 다시 말하면 시장분석을 통해 소싱 품목과 업체선정, 가격결정이 되면 운영부서인 메뉴부서에서 메뉴계획을 세우고 이에 따라 구매는 예측된 계획량에 따라 구매업무를 진행하는 것이 전체적인 구매의 프로세스입니다."

여기 표를 보시면 시장분석에서부터 소싱, 업체선정, 가격결정 각 부문에 대해 세부적인 전략방법을 규정하는 것은 전략 소싱 영역이니 김 이사님 전공분야이시고 결국 메뉴계획을 통한 수요에 대한 예측을 어떻게 해서 고객사에 전달하느냐가 중요한 변수가 됩니다.

왜냐하면 예측된 물량에 따라 구매는 공급사와 충분한 협의를 통해 공급계획을 세우고 가격 역시 공급사의 사전준비로 최적가격을 조율할 수 있는 시간적 여유와 더불어 사전 품질관리가 가능하기 때문입니다. 따라서 구매기업마다 이런 예측 모델을 개발하려고 부단히 노력하고 있습니다.

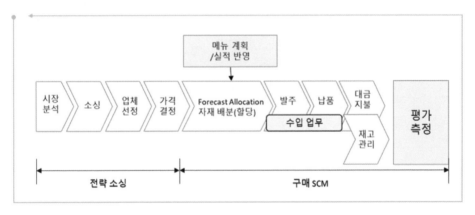

〈전략 소싱 프로세스 및 연관업무 Flow〉

"아 네. 알겠습니다. 그럼 구매업무와 식자재가 공급되는 flow는 어떻게 연결되나요?"

"식자재만 놓고 본다면 구매/고객/물류/협력사가 메인으로 등장합니다. 다시 말하면 구매는 시장조사를 통해 어떤 구매방법, 즉 어떤 전략을 적용할지를 정하고 협력사를 선정, 최종 가격을 결정하여 시스템에 등재하면 고객은 시스템으로 주문하고 협력사는 관련된 시스템에서 발주를 받아 공급하게 됩니다. 또한 물류는 센터에 입고된 식자재를 검수하고 분류하여 고객사에 배송하는 절차를 밟게 되는 것입니다. 제가 가지고 있는 표가 있으니 참고 바랍니다."

"네. 감사합니다. 좀 더 자세한 내용에 대해서는 제가 현재 맡고 있는 프로젝트를 진행하면서 그때그때 지도 부탁드리겠습니다."

"별말씀을, 제가 오히려 이사님의 경험적인 컨설팅 노하우를 배우는데요. 하하."

김 교수는 모처럼 호탕한 웃음을 지으며 다음을 기약하였다.

식자재 공급 flow는 들여다볼수록 도식상으로는 간단해 보이지만 각각의 항목마다 더 상세한 프로세스와 정교한 '형식지'가 필요한 사항임을 인지하여야 한다. 여기서 형식지는 '문서나 매뉴얼처럼 외부로 표출돼 여러 사람이 공유할 수 있는 지식'을 말하며 이와 상반된 내용은 암묵지로 '학습과 체험을 통해 개인에게 습득돼 있지만 겉으로 드러나지 않는 상태의 지식'을 말한다. 즉, 머릿속에 존재해 있는 지식으로 언어나 문자를 통해 나타나지 않는 지식이다. 따라서 암묵지는 대개 시행착오와 같은 경험을 통해 체득하는 경우가 많다.[2]

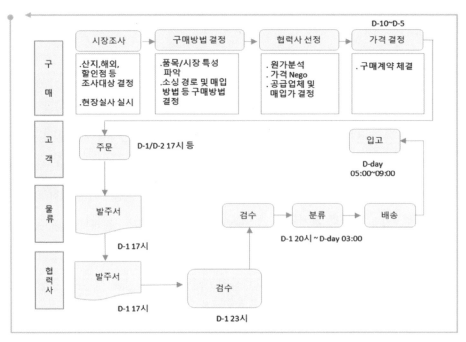

〈식자재 공급 Flow〉

공평성과 형평성에 대하여…

2000년 초반까지도 구매는 모든 협력사는 거래할 수 있는 기회가 공평하다는 것이 대세였다. 당시 구매에서는 인터넷으로 입찰하는 방식이 막 불붙기 시작하였던 시기였다. 때문에 많은 새로운 업체가 저가의 입찰가를 제시하고 진입하면서 한때 원가의 개념이 파괴되는 듯했다. 그러나 가격과 품질은 반비례관계임을 증명하듯이 2006년 대량 식중독 사고 등 각종 위생사고가 이슈화되면서 구매는 전반적으로 개혁의 시대를 맞게 되었다. 마땅히 '조건을 갖춘 공급사와 거래하는 것이 형평성에 맞다'는 인식의 변화였다. 결국, 공평성의 원칙이 무너지면서 조금 더 우수한 업체를 발굴하고 전략적인 협력관계를 통해 상생하는 관계를 유지하는 것이 기업 이미지를 공고히 하고 품질비용을 줄일 수 있는 기회임을 구매 기업들은 자각하게 되었다.

따라서 구매를 통하여 판매를 지향하는 기업이라면 고객에게 안전한 식재료를 제공하는 것이 무엇보다도 중요한 일이었기에 구매에게는 이러한 우수업체 발굴을 위한 당면과제가 부여되었고 이를 위해 전략적인 구매활동에 대한 관심과 더불어 구매 컨설팅 기업들 역시 성장하는 계기가 되기도 하였다. 지극히 당연한 일이지만 우리가 전략적 구매활동을 한다는 것은 결국 안전한 상품을 좀 더 효율적인 구매방법을 통해 비용을 절감하는 것이고 한걸음 더 나아가 새로운 비즈니스를 창출하는 것이라 할 수 있다. 한마디로 '형평성'의 조건을 찾아가는 활동인 것이다.

결국 구매가 최고의 경쟁력이다

잘 나 가 는 1 % C E O 만 아 는 구 매 시 크 릿

제2장

상위 1%
구매업무는
무엇이 다른가?

"자 이제 설명드렸던 구매 업무범위에 대해 하나씩 껍질을 벗겨볼까요?"

국내에 구매 관련된 전문적인 교육은 처음인 듯 강의에 참석한 청중의 열의에 찬 모습이 나름 김 교수의 의욕을 불러일으키는 듯했다.

1. 품목관리도 슬림해질 수 있다

"왜 품목관리가 중요할까요?" 김 교수는 강의에 앞서 청중에게 질문을 던졌다. 주저하는 모습을 보고 김 교수는 한 명을 지목하여 답을 청했다.

"중복된 품목코드가 생성되면 물량이 분산되어 집계할 때 혼선을 가져오기 때문이 아닌가요?"

"네. 굉장히 중요한 요소를 말씀하셨습니다. 품목관리의 정의는 품목을 분류하는 표준화체계, 품목 관리항목, 등록/수정, 중단/해제를 기준에 의거하여 관리하는 것을 말하며 시스템을 통해 품목을 관리하는 체계가 요구됩니다. 따라서 말씀해주신 바를 포함하여 품목관리의 중요성은 결국 해당 품목에 대한 고객의 주문에서부터 클레임 및 이력, 판매수량, 금액 등 해당 품목의 모든 정보를 추적하고 필요한 마케팅 전략 또는 상품의 리뉴얼 등을 위해 필요하기 때문입니다."

간혹 품목담당자가 바뀌거나 품목등록을 구매부서 내에서 누구나 할 수 있는 권한을 부여한다면 동일 품목이 다른 이름으로 등록되기도 하고 가격까지 상이하게 등록되는 경우가 있어 규모의 경제측면에서 공급사에게 정확한 실적수량을 제공하지 못해 결국 업무를 가중시키거나 원가절감의 Nego 여지를 상실하는 결과를 초래한다는 사실을 김 교수는 현업에서 절실하게 경험했었다.

품목명의 속성

"품목명과 규격은 시스템 내부 로직에 의해 속성값 조합으로 자동으로 작명 되게 하는 것이 향후 동일한 품목이 중복해서 등록되는 것을 방지할 수 있습니다. 일반적으로 품목명은 품명+발주단위+원산지+기타속성(제조사/용도/크기 등)으로 규정하며 단위는 EA, KG, G, BOX, PK 등으로 사용합니다. 이렇게 규칙을 정하는 이유는 조금 전에 말씀해주셨던 분의 얘기처럼 동일한 품목을 여러 가지 품명으로 사용하게 되면 정확한 집계가 어려워 구매력이 분산되고 고객이 혼돈을 일으킬 수 있으며 품목 수 증가로 허수의 데이터가 만들어질 수 있기 때문입니다. 따라서 연 단위로 미사용 품목은 일괄 사용중지 처리를 해두는 것이 효율적입니다."

안전성 확보

"식품을 유통하는 회사마다 가장 많은 시간을 투여하는 분야는 단연코 품질과 안전성입니다. 왜냐하면 한순간에 회사의 브랜드 이미지를 실추시키고 나아가 회사의 경영에 막대한 피해를 끼칠 수 있기 때문입니다. 따라서 근래에 일부 대기업에서는 신규 제품일 경우에는 품질을 검사하는 연구소 또는 부서에서 위생안전 승인 후 공급할 수 있도록 하고 있습니다. 때문에 품질관리를 위해서는 해당 품목의 이력이 추적 가능하고 상시 품질의 안전성여부를 검사하는 것이 중요한 품목관리의 절차 중 하나입니다."

품목 소싱 현황

"품목을 소싱한다는 것은 해당 품목에 적합한 전략을 사용하여 구매한다는 의미가 담겨 있습니다. 따라서 소싱 그룹의 개념은 앞서 말씀드린 '품목군'과 동일한 의미로 동일 공급시장에서 동일한 전략을 적용하여 구매할 수 있는 품목그룹을 말합니다. 소싱 그룹을 분류하는 이유는 시장상황에 적합한 최적의 전략을 수립할 수 있는 구매 품목단위를 제공하며 차별화된 구매전략 수립이 용이하고 협상력을 강화하며 정보집중화, 구매전문성 확대, 프로세스 다양화로 구매 효율을 증대시키는 효과가 있기 때문입니다. 조금 이해가 안 되더라도 지금은 구매업무에 대해 간략히 소개하는 시간이니 '아 그런 게 있구나.' 정도로만 알고 가셔도 됩니다. 나중에 그 의미를 분명하게 이해하게 되실 겁니다."

2. 거품 빠진 가격관리를 위하여

"구매업무 범위 중 두번째인 가격관리 정의는 고객이 필요로 하는 식자재 및 용역에 대해 적시, 적량을 최적가로 구매하여 공급하는 일련의 관리업무를 의미합니다. 가격관리의 기본 요소는 품질, 수량, 단가, 기간, 협력업체로 규정합니다. 따라서 가격을 결정할 때는 필수적으로 이 5가지 요소가 있어야 협의가 가능합니다. 가끔 영업에서 특정품목이 동종사 대비 비싸다고 할 때 당혹감을 느낍니다. 가격은 품목의 Unit 단위로 설명하기에는 가격에 영향을 주는 요소가 많기 때문에 변수에 대한 조사가 선행되어야 진정한 가격비교가 가능합니다. 이를 테면 우리는 해당 상품을 월에 100만 원 사용하는데 동종사의 경우 1,000만원을 사용한다면 이 역시 규모의 경제 측면에서 동일한 조건이 될 수가 없습니다. 때문에 앞으로 구매하시면서 이 5가지 요소를 확인하고 가격을 비교하는 습관이 필요합니다. 물론 부가적으로 센터 도착도 또는 대금조건 등도 부수적인 조건이 될 수 있습니다.

우리가 가격을 결정하고 나면 어떤 파급효과가 생길까요?

가격 결정의 중요성은 매출원가를 결정하는 효과로 이익의 원천이 되며 전체 기업경영의 핵심기능을 담당하게 됩니다. 따라서 가격관리의 원칙은 첫째, 최적의 구매기법을 선정하는 것이 필요하며 둘째, 충분한 시장조사와 유통구조를 파악하는 것이 요구되고 셋째, 국내시장에만 국한하지 않고 전 세계를 대상으로 한다는 점을 먼저 강조해드리고 싶습니다. 이 3가지 원칙 안에는 반드시 구매가 내부적으로는 구매기법에 대한 전문성을 키워 현장 중심의 정보확보와 국내뿐만 아니라 해외까지도 폭넓게 바라보는 전략을 수립하는 것이 가격경쟁력의 원천이 된다는 것을 꼭 명심하시기 바랍니다."

가격관리 절차

1) 계획 수립

"따라서 내부적으로 가격관리 절차는 시장상황, 자금, 소요량 및 재고계획 등을 감안하여 관련부서와 사전 협의를 통해 구매 계획량을 결정하는 것이 필요합니다. 그러나 매 건마다 사전협의를 거쳐야 한다면 너무 많은 시간을 협의하는 데 치중하게 되므로 비효율적인 업무가 될 수 있습니다. 따라서 기본적으로 과거데이터를 통하여 예상되는 수량에 대해 구매계획을 세우는 것에 먼저 익숙해질 필요가 있습니다. 물론 전체적인 사업계획을 발표하는 시기에는 과거데이터와 향후 운영하는 식당의 식자재 사용계획 또는 영업의 식자재 공급계획 등에 따라 과거데이터에 이러한 계획 구매량을 가감하여 전체 사용량을 추정하면 됩니다. 구매계획의 내용은 품목, 예상수량, 기간, 소요자금, 상품유형, 인도조건, 재고계획 등입니다. 한편 계획량에 따라 수입을 할 것인지, 산지구매를 통해 비축을 할 것인지, 아니면 일정한 가격결정방법을 협의하여 장기계약을 진행하거나 상시적으로 구매할 것인지를 결정하여야 합니다. 이러한 결정 방법에 대해서는 강의 후반에 설명 드리겠습니다."

2) 시장조사

"구매담당자는 시장동향, 품질, 가격정보, 최신상품 및 경쟁사 동향 등을 조사하여 적정한 가격과 양질의 물품을 구입하여야 합니다. 따라서 시장조사는 계약 및 발주와 무관하게 정기적으로 실시하여 그 결과를 지속적으로 관리해야 합니다. 왜냐하면 시장동향은 매일 변화가 있기 때문에 시장조사를 등한시하면 담당하는 품목의 가격 및 품질추이를 놓치게 되기 때문입니다. 따라서 시장조사 시 국내외 물동량 수급 및 가격동향 등을 고려하여 원가를 분석하고 공급선 및 경쟁사의 상황, 대체 자재에 대한 조사 등을 면밀히 검토하여 전략 방향을 구체화하여야 합니다."

3) 가격결정

"이제 충분한 시장조사가 되었다면 이를 바탕으로 해서 구매담당자는 협력사로부터 견적을 접수하게 되는데 이때 2개 이상 업체에게 견적을 요청하여 접수, 비교함을 원칙으로 하여야 객관성을 확보할 수 있습니다. 구매담당자가 범할 수 있는 오류가 종종 여기에서 발생합니다. 즉, 개인적으로 친분이 있는 업체에만 견적요청을 한다면 가격에 대한 객관적 신뢰성을 잃어버릴 수 있습니다. 따라서 근래에는 온라인상으로 견적요청을 하여 가격결정 진행과정을 상급자가 확인하는 기업도 늘어나고 있습니다. 물론 단일견적을 받는 경우는 특허품, 실용신안 제품을 구매할 경우 또는 기술 또는 설비면에서 적합한 경쟁자가 없을 경우 등이 예외적인 조건이 될 수는 있지만 기본적으로 '2개 이상 업체 견적 접수'는 반드시 숙지하시기 바랍니다.

또한 업체로부터 직접 견적서를 수취하는 경우에는 대표자의 인감날인을 원칙으로 하며 제출한 견적이 언제까지 유효한지 유효기간 역시 기재하도록 협력사에 요청하는 것이 추후 발생할 수 있는 문제를 사전에 방지하는 방법이 됩니다. 물론 온라인 견적일 경우에는 전자인증으로 대체할 수 있겠죠. 한편 다음의 경우에는 견적서의 입수를 생략할 수 있는데 사전 합의된 가격 Tool이 정해져 있는 경우입니다. 예를 든다면 공신력 있는 도매시장의 경매가 등을 참조하여 사전에 공급사와 협의된 결정율에 따라 가격이 결정되는 경우를 말합니다."

대기업의 경우 구매는 최소 2년 이내에 한 번씩은 기업 내 감사를 받는 경우가 많았던 것을 김 교수는 상기하였다. 그럴 때마다 본의 아니게 특정업체와 결탁을 맺고 특혜를 주는 사례도 발견되기도 하여 안타깝게 일 잘하던 부하직원이 회사를 그만두는 경우도 있었다. 때문에 기업에서는 구매부서 내에 그런 일들이 발생되지 않도록 철저히 객관적인 프로세스를 시스템으로 구축하게 되었던 것이 재발 방지를 위한 이유이기도 했다. 또한 시스템으로 미리 협력업체에 공지한 바대로 기한 내 견적을 받고 그 기간 동안에는 구매바이어도 시스템상에서 견적서를 볼 수 없게 하는 등 사전에 정보가 새어 나가는 것을 방지할 수 있도록 하는 것 또한 이러한 부정의 소지를 예방하고자 하는 이유였다.

4) 계약 및 발주

"구매담당자가 상기 조건을 갖춰 구매승인을 요청할 때는 품질 및 납기 지불조건을 감안한 실질적인 최저가격을 채택함을 원칙으로 구매담당자가 입수한 견적 및 참고자료 등을 충분히 검토하여 가장 적합하다고 인정되는 견적을 최종 Nego를 통해 채택한 후 계약품의를 작성하여 최종 결정권자의 결재를 득해야 합니다. 최종 결재를 득한 건에 대해서는 협력사와 매입계약서를 기반으로 계약을 하되 계약당사자, 품목, 희망 구매물량, 단위, 단가, 기간, 납기, 대금지불조건, 인도조건 등이 명기되어야 합니다. 최종 계약이 완료되면 각 사의 발주시스템을 통해 발주가 진행될 수 있도록 공급사에게 사전교육을 하는 것이 필요합니다. 처음으로 물품을 공급하는 협력사는 구매기업의 인프라를 충분히 숙지하지 못하고 있기 때문에 2~3일 정도는 실질적으로 시뮬레이션을 통해 물품을 안전하게 입고하는 것에 대한 OJT가 중요합니다."

5) 물량배정

"단수거래, 즉 1개 업체가 낙찰가 기준 구매물량의 100%를 배정받는 경우도 있지만 이런 경우에는 사용량이 많지 않거나 공급업체에게 있어 최소한의 물량을 보장하는

양 정도일 때 해당됩니다. 따라서 다양한 품질이 요구되는 품목이거나 구매물량이 단일업체가 납품하기에 과다한 경우에는 최종 견적가를 기준으로 납품의사가 있는 업체를 복수 낙찰자로 거래하는 것이 원칙입니다. 물론 이런 경우에는 처음부터 견적을 받아 참여한 업체들에게 예상 물량에 대한 배정까지 공지한 경우에 해당됩니다. 물량배정은 일반적으로 품목군별 특성에 따라 최종 견적가 우선순위로 70:30, 또는 60:40 등으로 물량을 배분합니다. 물론 위에서 낙찰 차 순위 업체가 1위 가격을 수용하지 못할 때는 참여업체 낙찰가 근접업체 순으로 수용여부를 확인하는 방법이 있을 수 있는데 일반적으로 구매기업에서는 일물일가(一物一價)³⁾가 인정되는 게 보편적이지만 최근에는 다양한 서비스에 따라 일물이가(一物二價)도 받아들여지는 추세가 있음도 인지해주시기 바랍니다. 즉 동일한 상품이라 하더라도 공급사의 위치에 따라 물류비의 증가 또는 공급사가 직접적인 클레임을 처리하는 등의 서비스를 가미하는 경우라면 동일한 상품이라 하더라도 두 개의 가격을 가질 수 있다는 의미입니다."

매입가 결정방법

매입가를 결정하는 방법은 사실상 까다로운 작업이다. 따라서 많은 구매 기업들은 각 품목마다 그 특성에 따라 어떤 방식의 구매전략을 선택할 것인지 논의가 많이 되고 있다. 김 교수는 자신을 쳐다보는 청중이 요구하는 것이 어떤 것인지 알 듯했다. 왜냐하면 실무자가 어떤 구매방식이 있고 어떤 경우에 거기에 맞는 전략을 수행해야 하는지를 설명해주는 강사가 드물고 결국 이론적인 방법론에 대해서 설명할 수는 있지만 실제 경험이 없다면 공감을 유도하기엔 해갈되지 않은 목마름과 같았기 때문이다.

"매입가를 결정하는 프로세스는 시장조사, 품목/시장 특성파악, 구매전략 결정, 원가분석, 가격Nego, 업체/가격 결정, 구매계약 순으로 진행하는 것이 일반적입니다. 제가 일반적이라고 말씀드릴 때는 기본적으로 수행되어야 할 사항이라고 이해해 주시기 바랍니다. 왜냐하면 기본적인 절차 조차도 이행되지 않는다는 것은 최선의 가격결정이라고 단언하기에는 석연치 않은 여지가 많기 때문입니다. 따라서 산지, 업체, 할인점 등 현장실사를 통해 품목의 특성과 가격정보 등을 면밀히 파악하고 공급여건 등을 고려하여 구매전략을 결정하면 이후 협상을 통해 업체와 가격을 결정하고 승인을 받은 후 시스템에 등록하게 됩니다."

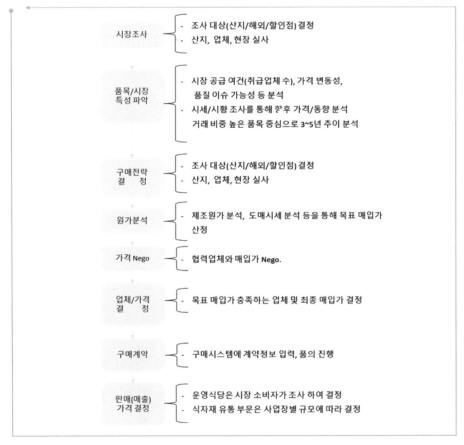

<식자재 공급 Flow>

김 교수는 강의를 진행하면서 구매전략에 대해 간략히 소개하지만 추후 강의에서 더 자세한 설명이 있다는 것을 주지하고 지금은 기본적인 절차에 대해 배우는 시간임을 강조하였다.

구매유형

1) 수입

"수입하는 유형에는 각 사 명의로 직접 수입하는 경우와 전문 수입업체를 통한 대행 등을 들 수 있습니다. 대행을 하는 경우는 사용량이 많지 않거나 리스크가 큰 품목의 경우에 해당됩니다. 구매부서가 수입을 진행하기 위해서는 다음의 조건을 고려하여 수입할 상품을 결정합니다.

- 국내 조달이 불안정하거나 안정적인 가격으로 조달이 어려운 품목
- 국내에서 구매하는 것보다 5%이상 절감이 가능한 품목
- 기존 제품 대비 품질을 개선할 수 있는 품목

여기에는 TCO관점의 총비용을 감안하여 현 단가수준보다 5%이상 절감되는 품목임을 명심하시기 바랍니다. TCO(Total Cost of Ownership)관점이란 수입되면서 부가되는 물류비, 창고비, 기타 경비 및 향후 발생되는 재고비용 등을 총 망라하였을 때 비용을 말합니다. 우선 위의 조건을 충족하여 선정된 품목의 경우 사전품질을 확인하는 것이 필요한데 연구장비를 갖춘 기업이라면 위생안전에 대한 사전 검사와 시험조리 후 수입여부를 결정하는 것이 바람직합니다.

가격결정 구조는 원물대(B/L대금)와 환율, 수입제비용으로 구성되므로 국내외 유통 도매가격 조사 후 수입제비용을 감안한 금액을 비교하여 최종 수입을 결정합니다. 한편 샘플링을 통해 수입한 물품이 실제 샘플검사와 다른 품질의 품목이 들어올

경우 국제간 분쟁이 발생될 수 있고 이를 해결하기란 쉽지 않을 뿐더러 해결하더라도 시일이 많이 소요되기도 합니다. 따라서 최초 수입인 경우 규모가 있는 구매기업에서는 구매담당자 현지 출장을 통해 사전 검품을 수행하는 것이 향후 현지 공급자에게도 검수기준을 명확히 인지시킬 수 있어 바람직한 수입 절차입니다. 한편, 국제공인 시험연구소 등을 통해 선적 전 성분에 대한 안전성 검사를 하는 것 역시 꼭 필요한 수입 절차입니다."

2) 비축

"비축이란 작황 및 도매가격, 선물시세 등을 분석 후 최적시점을 판단하여 산지매입을 통해 재고로 운영하는 구매 방법을 말하는 것으로 주로 국내에서 생산된 농축수산물 등을 말하고 수입품과 별개로 구분하는 기업이 많습니다. 비축품목을 선정하기 위해서는 품목의 장기보관성과 시세차익 확보가 가능한지를 판단하여야 하며 가격변동 폭이 크거나 수급이 불안정한 품목이 대상이 됩니다. 대상품목이 선정이 되면 구매담당자는 사전 산지 작황을 조사하고 수매가, 경락가의 3개년 평균시세 등을 통해 가격을 예측하여 비축시기를 결정합니다. 비축구매의 가격구조는 산지 매입가+부대 비용이며 부대비용은 산지작업비, 포장비, 상하차비, 운송비, 창고비, 지급이자 등이 해당됩니다."

3) 장기계약

"장기계약은 실제로 고정가로만 운영되는 품목을 지칭하는 것은 아닙니다. 따라서 협력업체와 장기간 계약을 바탕으로 약정기간 동안 고정가 또는 시황가, 즉, 시장조사가 또는 도매시장에 출하되어 판매되는 가격 등을 참조하여 결정하는 계약방식을 통칭하는 것입니다. 이러한 계약 유형은 단가변동이 크고 수급이 불안정한 품목, 성출하기 때 일괄 저장하여 사용되는 품목 중 로스가 발생하는 품목 또는 시황분석 시

향후 가격이 지속적으로 오름세가 예측되는 품목 중 장기계약을 통해 원가절감이 가능한 품목이 그 대상이 될 수 있습니다.

협력사가 일괄 저장하는 품목일 경우는 로스율을 감안하여 평균원가를 산출 후 연간 고정가로 계약하는 경우도 있고 원가분석에 의한 가격Tool 적용이 가능한 품목군으로 계약되는 경우도 있습니다. 이때 구매담당자는 장기계약 대상품목에 대한 산지 작황을 조사하고 공인기관의 도매가, 산지가격에 대한 3개년 가격추세 분석을 통해 가격 결정Tool을 설정해야 합니다. 이러한 상품의 가격구조는 상품원가 + ∂이며 ∂는 사전에 합의된 가격 결정율에 의해 결정됩니다. 예를 들면 '15일단위 경매가의 평균 95%'로 결정 등과 같습니다."

4) Cost Table을 통한 표준원가체계 적용

"품질에 대한 차이가 많거나 PB 또는 Brand 인지도에 따른 차별화가 되어 있는 품목의 경우 품목을 구성하는 원료의 개별 가격을 조사한 후 제품의 성분 원료 중량을 곱하여 품목의 생산원가 추정 값이 나오면 기타 포장비 또는 관리비를 산정하여 최종 업체의 예상 공급가를 근거로 Nego하여 결정하는 방식입니다. 특히 PB제품처럼 전략적 관계를 맺고 있는 업체인 경우 PB제품을 구성하는 성분, 함량 등 기본적인 상품 구성 레시피에 대해 양사가 정보를 공개한 상태이므로 각 성분에 대한 개별 가격을 협력사가 견적으로 제시하고 이를 PB 판매주체인 유통사가 검증하여 상호 협의 하에 결정하는 방식입니다."

잠깐 설명을 마치고 김 교수는 구매담당자가 갖추어야 할 역량 중 제조원가를 추적, 조사하는 역량이 중요한 역량 중 하나임을 덧붙였다. 물론 일반 NB제품의 경우 상품의 세세한 구성성분 또는 함량의 원가를 확인하기란 쉬운 일은 아니다. 해당 제조사의 제조 노하우를 공개해 달라는 얘기일 수 있기 때문이다. 그러나 PB제품의 경우는 제품에 들어가는 원료의 조건에 따라서 맛이나 품질이 변화하기 때문에 엄격하게 제조 함량을 분석하여 맛과 품질을 유지하도록 하는 것이 필수적이다. 따라서 이러한 제조원가 분석은 구매담당자들이 원가구조를 이해하고 자신이 담당하는 상품의 특성을 좀 더 잘 이해할 수 있는 기회임을 다시 한번 강조하였다.

상생 Tip

공급사가 구매담당자와 상담 시…

제조사 또는 공급사가 구매기업을 처음 방문하여 상담할 때는 보통 자사 상품에 대해서 일방적으로 설명을 하는 경우가 많다. 구매자는 항상 회사에 도움이 되는 품목이거나 새로운 제안에 대해 관심이 있다.

따라서 공급사가 준비해야 되는 사항은, 첫째, 구매기업의 특성을 충분히 조사하는 것(홈페이지 참고) 둘째, 자사의 상품을 통해 구매기업에 도움이 되는 제안 준비 셋째, 자사의 경쟁력을 설명.

'구매기업에 등록되면 뭘 갖추겠다는 것은 경쟁력이 현재는 없다는 것을 반증하는 것이다.'

김 교수는 예전에 알고 지내던 축산업체 지인을 오랜만에 만났다. 처음 이 회사를 방문할 때는 지은 지 얼마 안 된 신축 건물이었는데 어느덧 10년의 시간이 건물에서 느껴질 만큼 다소 낡아진 느낌을 받았다.

"안녕하십니까? 요즘 하시는 사업은 잘되시나요?"

김 교수는 오랜만에 만난 어색함을 떨어내기 위해 약간의 너스레를 떨며 회사 사정을 물었다.

"그저 그렇지요. 경쟁은 날이 갈수록 심해지니 저희처럼 오랫동안 하는 업체도 수익성이 많이 떨어지네요."

이어서 축산업체 지인은 예전 방식대로 거래선의 발주분을 공급하지만 이 역시도 언제 끊길지 몰라 임가공 물량을 많이 늘리고 있다고 하였다. 결국 새로운 전환점을 찾지 않으면 현상유지정도의 매출을 기대할 수밖에 없는 게 요즘 축산업계의 현실임을 새삼 느끼게 했다. 김 교수는 많은 축산업체들이 오프라인 영업에 의존하고 몇 개의 안정적인 거래선이 있다는 것으로 만족하는 경우가 많다는 것을 안다. 그 이유는 사장님들이 대부분 연령층이 높기 때문에 예전 오프라인의 거래방식에서 크게 벗어나지 못하기 때문이다. 일부 업체들의 경우에는 거래선을 확대하고 온, 오프라인의 시스템을 구축함으로써 새로운 티핑포인트[4]로 전환하는 경우도 있음을 설명하였다.

김 교수는 현직에서 이 축산업체와 더불어 임가공 프로세스를 정립하고 시스템으로 정착하기 위해 겪었던 수고로움이 주마등처럼 스쳐 지나갔다.

5) 임가공 계약

임가공계약은 상당히 난이도가 높은 구매방법 중 하나이다. 왜냐하면 원료를 제공하는 유통사와 이를 가공하여 수수료를 받는 제조사간의 원활한 협조와 시스템을 갖추지 않으면 관리하기 어려운 영역이기 때문이다. 임가공의 원칙은 자사 상품에 대한 소제, 절단, 단순가공 등의 용역계약을 말한다. 이를테면 유통회사가 축산 원료육을 제조사에 제공하여 고객의 니즈에 맞춰 절단하여 공급하도록 제조사에 의뢰하면 제조사인 협력사는 요청받은 규격대로 작업하여 유통회사에 공급하게 된다. 이를 위해 유통사는 가격 및 시설 위생조건 등을 고려하여 업체를 선정하고 원료육 운반, 가공, 자사 납품의 전 과정에 대한 비용을 산출하여 가공비를 정하게 된다. 여기서 비용은 가공비+소분 제비용+운송료를 말한다.

그러나 이러한 임가공 방식은 실제 위탁한 원료육에 대한 수율, 재고관리 등의 어려움 등에 따라 많은 기업들이 원료육을 제조사에 판매하고 이에 대해 판매원가로부터 수율, 관리비 등을 계산하여 가공된 상품으로 매입하는 방식을 선호하는 것이 일반적이다. 특히 직접관리를 통해 임가공비만을 지급하는 방식은 협약을 맺은 공급사가 구매기업이 제공한 원료육 대신 저가의 원료육으로 변경하는 사례도 있기 때문에 관리하기가 사실 까다로운 전략방법이다. 그러나 구매기업이 육가공업체를 통제할 수 있는 조건, 즉, 지분 참여 등의 경우라면 원료자체의 품질을 보증할 수 있기 때문에 적극 권장할 만한 전략 방법인 것은 분명하다.

김 교수는 잠시 생각에 잠겼다. 2001년 처음 임가공을 한다고 했을 때 프로그램이 없어 전 과정을 엑셀로 프로그램을 만들어 사용했었다. 물론 일일이 수율, 재고조사, 판매량 등을 측정하고 조사하여 등록하여야 비로소 전산재고가 산출되고 월말에 가공업체에 있는 원료육의 재고를 조사하여 전산재고와 대조한 후 그 차이를 밝히는 작업을 했었다. 다행히 엑셀로 시행착오를 겪으며 만들었던 프로그램을 전산에 판매데이터와 연동하여 전산재고가 자동으로 구현되도록 프로그램으로 만든 후부터는 다소 안정된 임가공을 시현할 수 있었다. 한편 당시 임가공에 있어 중요한 절차 중 하나는 원료육을 원하는 규격대로 가공하는 테스트를 3회 이상 실시하여 수율을 전산상에 등록하는 절차이다. 수율 측정주기는 품목별로 월 단위 재고 실사를 통해 차이가 발생하는 경우 또는 신규 원료 또는 사이즈나 형태가 다른 원료 구입 시 수율 측정을 하는 것이 올바른 방법이다.

임가공 프로그램을 갖춘 구매기업의 경우에는 해당 임가공업체에 원료를 제공하게 되고 임가공업체의 원료육 재고는 유통회사의 소유물이기 때문에 월 단위 정기 재고실사가 또한 중요한 요소이다. 한편 적정재고 유지를 위해 예비물량을 예측하여 적정량을 항시 준비해두어야 한다. 이는 물량결정은 사용량 및 계약 후 물량입고 소요시간 등을 고려하여야 하는데 수입품일 경우 60~90일, 국산 45~60일 정도의 재고일수로 운영하는 것이 수급 리스크를 줄일 수 있기 때문이다. 물론 과거 사용량의 패턴을 분석하고 금년시세를 예측 외부시황 변수 등을 감안하여 재고를 산정하여야 하는 것이 올바른 방법이다.

축산업체 지인과 미팅을 끝내고 나오면서 축산업체가 2000년 후반부터 현대식 HACCP 시설을 갖추면서 진일보하였다면 이제는 비대면 시대에 발맞추어 또 한 번의 도약을 위해서는 온라인 또는 새로운 방식의 패러다임의 영업방식이 필요하다는 생각이 내내 김 교수의 뇌리에 깊이 남겨졌다.

계약관리

"식자재 매입계약의 성립 및 해지는 일반적으로 매입계약서에 의거 진행되며 업체를 선정하는 계약유형은 비교견적과 입찰계약이 있습니다. 다시 말하면 매입계약서는 기본적으로 대상은 거래 적합업체로 선정된 업체로 의무적으로 매입계약서 체결이 진행되며 이후 계약유형에 따라 가격결정을 위한 프로세스를 진행한다는 의미입니다. 여기서 비교견적은 2개 이상의 복수견적을 원칙으로 하고 견적 중 최저가를 원칙으로 바이어 조사가 대비 차이가 클 경우 Nego가 가능하다는 점이 입찰과 다르다고 볼 수 있습니다. 반면 입찰계약은 사전에 공지된 시간 내 투찰한 견적에 대해 종료시점 최저견적을 낙찰가로 선정하는 계약 형태입니다."

김 교수는 견적에 참여하는 업체가 무작위로 참여가 가능하게 되면 최저가에 접근하기는 쉽지만 품질상 문제가 발생될 수 있기 때문에 참여업체의 선정기준은 조사한 잠재업체 중 사전 평가 등을 통해 합격한 업체로 제한을 두는 것이 물량수급 및 품질에 따른 리스크를 방지할 수 있다고 설명하였다. 따라서 평소에 참여 가능한 잠재업체를 개발하여 적합업체로 등록해두는 것이 반드시 필요한 선 작업이고 구매의 중간 관리자는 월 단위 또는 분기별로 부서원의 잠재업체 발굴 활동결과를 피드백받거나 조회 가능하도록 시스템을 구축하는 것이 필요하다고 설명했다.

가격 조사

"여러분은 업무적으로 시장 또는 업체를 몇 회 정도 방문하십니까?"

김 교수는 대답을 바라지 않는 질문이었던지 바로 답을 하였다.

"정답은 많을수록 좋다입니다. 물론 품목마다 다소 차이는 있겠지만 가격변동이 심한 품목의 경우 상시 시장상황을 주시하여야 합니다.

그 전에 에피소드가 하나 있습니다. 예전에 제가 구매 부서장으로 근무할 때 축산물을 담당하는 직원이 있었습니다. 저는 그 직원이 외근을 나가는 것을 별로 보지 못해서 어느 날 물었습니다. '김 대리, 왜 시장이나 업체를 나가지 않는 건가?' '아 네. 나가겠습니다.' 그리고 얼마가 지난 후 그 직원은 회사를 그만두었고 한참 뒤에 그 직원의 동료로부터 들은 얘기는 그 직원이 도축된 살코기의 피를 못 보는 경향이 있다는 것을 알게 되었습니다. 차마 용기가 없어서 말을 못하고 있었던 겁니다. 진작 좀 더 세밀하게 관심을 가지지 못한 게 안타까웠습니다. 제가 이런 말씀을 드리는 이유는 그 직원을 탓하고자 하는 것이 아닙니다. 여러분이 관리자가 된다는 것은 그만큼 부하직원과 긴밀한 소통이 필요하다는 것입니다. 때문에 구매내부에서도 직무순환이 필요한 경우 적합한 구매품목을 관리하도록 세심한 배려도 관리자의 역할이라는 말씀을 드리는 것입니다."

앞줄에 앉은 팀장님이 수긍하시는 듯 고개를 끄덕였다.

"가격 조사는 업체가 내는 견적서의 신뢰성을 검증하고 시황 등의 국내외 수급상황에 따라 결정되는 가격의 현 수준을 측정하는 데 중요한 요소입니다. 따라서 우선적으로 용어의 이해를 돕기 위한 정의를 해보고자 합니다.

1) 시장 조사가: 수요공급의 원칙에 따라 형성된 객관적 가격으로 동일한 유통단계에서 획득한 가격.

2) 시장 최저가: 구매담당자가 원가계산에 의해 산정된 가격과 시장조사 가격을 상호 비교하여 가장 낮은 가격을 말하며 입찰 시 예정가의 기초자료로 활용.

3) 기존가: 단가변동 폭 산출의 근거가 되는 전 단가.

4) 예정가: 각 공급사가 입찰에 참여하여 일정가격 이내에 들어와야만이 낙찰될 수 있는 예상 낙찰 최고가.

즉, 여기서 예정가는 구매 MD가 업체 견적 및 원가분석, 시장조사가, 업체 생산원가 등을 추정하였을 때 구매 MD가 기대하는 최소한의 상한선이며 비딩 시스템을 운영하는 기업의 경우는 시장조사가, 시장 최저가, 기존가 등 사전에 구매 MD가 올린 품의가격에 근거하여 부서장 또는 결정권자의 승인에 따라 합의된 낙찰 의지가격이라고 할 수 있습니다."

5) 낙찰가: 입찰시간 내 제출한 견적가 중 예정가 이하 최저가.

단가결정 방식

1) 단가합 최저가 입찰: 품목별 단가합으로 입찰하는 방식임.

"이 방식은 예정가 이내 단가총액으로 최저가가 낙찰되는 방식이나 이는 구매수량이 반영되지 않아 실제 사용량이 많은 품목이 비싸게 구매되는 결과가 초래하기도 하기 때문에 보통은 동일한 수량이라고 전제하고 분기 또는 연도별 비교자료를 위한 내부 구매지수로 활용되는 경우가 많습니다. 굳이 입찰이 아닌 업체 견적을 받아 결정하는 경우 저렴한 품목 위주로 업체를 선정, 결정하기도 하는데 이는 공급업체의 수익측면에서 손실을 강요하는 방식이 되기 때문에 상생측면에서 권장할 방법은 아닙니다."

2) 총액 최저가 입찰: 다품목의 경우 품목별 견적가에 구매량을 반영하여 총액의 최저가로 낙찰하는 방식.

"이 방식은 대부분 대형 프랜차이즈 업체나 식자재 유통기업, 관공서 등에서 주로 사용하는 방법으로 결국 총 구매액을 얼마나 저렴하게 사는지를 결정하는 방법으로는 적합하지만 각 품목별로 시장가와 Gap이 큰 품목이 발생되어 고객의 주문으로 이어지지 않는 품목이 발생되거나 영업부서에서 비싸다는 이유로 추가 Nego를 해야 하는 사례가 발생되기 때문에 공급사 입장에서는 부당한 결과를 초래할 수 있습니다. 따라서 이 방법은 물품을 구매하고 바로 소비하는 대형 식당을 운영하는 사업장의 경우 적합한 방법이긴 하지만 유통하는 회사의 입장에서는 지속적으로 비싼 품목에 대한 이슈가 상존한다고 볼 수 있습니다. 따라서 유통기업의 경우 소량 다품목을 취급하는 우수업체로 물량을 통합하고 소싱 그룹 단위로 가격을 검증하는 구조가 추가적인 영업의 요청에 빠르게 대응하여 업체와 Nego를 할 수 있는 체제가 될 수 있습니다.

3) 가격 요소 외 합산 방식: 가격 외 업체시설, 설비, 품질수준을 반영하여 미비한 업체는 입찰참여를 제한하거나 일정 가중치를 부여하여 가격과 비가격요소의 합으로 우열을 가리는 경우.

비가격요소를 반영하는 품목군의 경우 품질 민감도가 높은 품목 또는 이물 및 위해요소 등의 위험도가 높은 품목군이 해당되며 비가격요소에 대한 가중치를 통해 사전에 품질위해요소를 방지할 수 있는 최적의 협력사를 선정하는 데 좋은 방법이 될 수 있습니다."

1) 지명입찰: 입찰에 참여할 특정업체를 사전에 선정하여 진행

2) 제한입찰: 입찰 품목을 취급하는 업체 중 위생 체크리스트 기준 일정 점수 이상의 업체는 모두 참여 가능한 입찰

3) 일반입찰: 입찰 품목을 취급하는 모든 업체가 참여 가능한 입찰방식

"입찰 방법 중에는 특정업체를 사전에 선정하는 지명입찰이 있는데 이는 특정품목이 차별화되어 소수업체만 공급이 가능한 경우이므로 이를 오인해서 특정 친분이 있는 업체를 선정하는 오류는 범해서는 안 됩니다. 제한입찰은 입찰품목을 취급하는 업체로 사전 적합업체로 판정된 잠재업체를 포함한 경우를 말합니다. 그에 반해 일반업체는 입찰품목을 취급하는 모든 업체를 대상으로 한다는 게 차이점이라고 할 수 있습니다."

두 번째 강의시간을 맞은 김 교수는 이번 시간은 품질관리에 대해 간략하게 소개하고자 하였다. 돌이켜보면 현직에 있을 때 가장 골치 아팠던 문제가 품질이었다. 주관적으로 바라보는 관점이 다르다 보니 딱히 '이거다.'라고 정의하기가 어려웠기 때문이다.

3. 꼭 사고 싶은 품질, 누가 관리하는가?

"여러분 회사의 품질관리는 어느 정도 수준인가요? 혹시 품질관리를 지원하는 부서는 구매 외에 또 있습니까?" 김 교수는 청중을 바라보며 이 회사의 품질관리 수준을 가늠하고자 먼저 질문으로 강의의 포문을 열었다. "네. 품질부서가 따로 있어서 위생관련 업체평가 등을 하고 있습니다." 청중 중 한 사람이 넌지시 품질부서가 있음을 알려주었다. 김 교수는 품질부서가 따로 있는 것이 객관성을 담보하는 것이라 당연시 생각하지만 이 때문에 구매와 품질부서간 품질관리를 책임지는 데 갈등이 있다는 설명을 덧붙이면서 강의를 이어갔다.

"구매는 품질에 대해서는 일반적인 상품의 품질속성으로 설명되는 절대적 기준과 고객의 니즈에 따라 설명되는 상대적 기준, 그리고 스펙트럼 기준[5]에 대한 명확한 설정을 세우는 것이 중요합니다. 한편, 품질부서는 이를 체계적으로 관리하며 실행되도록 관리지침을 만드는 것이 각자의 역할이라고 할 수 있습니다. 이러한 조건들이 세워지면 구매와 품질부서 간 안정적인 품질관리를 위해 상호 신뢰 기반이 조성되었다고 할 수 있습니다. 두 부서의 업무 접점에 대한 역할은 강의 중에 추가로 설명드리겠습니다."

품질관리 정의 및 원칙

"자, 그럼 품질관리 정의는 무엇인지 알아봅시다. 품질관리란 제품 고유의 특성을 유지함과 동시에 고객을 만족시키기 위한 총체적인 활동을 말하며 목적은 품질상태의 변화를 포함한 품질기준에 대해 협력업체, 고객사, 구매부서간 상품에 대한 포괄적인 정보 및 지식을 공유하여 고객의 불만족 요소를 최소화하고 회사의 이익을 극대화하는 것입니다.

식품 품질의 특성은 1차 식품인 농축수산물의 경우 환경, 산지 및 원료에 따라 품질이 균일하지 않고 물리적, 화학적 변형으로 저장의 한계성이 있다는 점과 식습관, 생활환경, 소득수준, 업종에 따라 고객이 바라보는 품질의 관점이 다르다는 점, 그 중에서도 식품에 대한 소비자 주관이 가장 엄격한 기준이 된다는 점등이 품질관리의 본질적인 요소라고 할 수 있습니다.

한편, 품질관리의 원칙은 안정성으로 제조과정 및 상품이 유해 요소가 없고 법적으로 하자가 없도록 관리하는 것이며 계약된 품질수준이 균일하도록 관리하고 전 유통단계의 잠재위험 요소를 지속적으로 점검하는 것입니다. 일반적으로 기업규모가 큰 유통회사의 경우 품질의 리스크 검증을 별도로 운영하여 연구소에 샘플검사를 의뢰하고 서류검사 대상품목은 구비서류를 취합하여 품질부서에서 최종 점검 후 승인하는 것이 객관성을 담보하는 품질관리라고 할 수 있습니다. 따라서 상호간 역할분담을 명확히 하여 구매와 품질부서가 품질의 접점에서 상호 협력하는 것이 필요하다는 말씀을 드립니다."

갑자기 앞줄에서 자신이 구매 부서장임을 밝히면서 질문을 던졌다. "저기 교수님 질문이 하나 있습니다. 말씀하신 것처럼 두 부서가 역할을 분담하는 상호 협력이 필요하다고 하셨는데 구체적으로 어떤 것이 있을까요?"

김 교수는 미소 띤 웃음을 보이며 입을 열었다.

"네. 답변 드리겠습니다. 상호 협력을 위해서는 공통의 정보를 가지고 있어야 하고 명확한 역할이 규정되어야 합니다. 자칫 잘못하면 품질을 관장하는 부서가 각 품목의 특성을 모르고 획일적으로 잣대를 들이댄다면 어떻게 될까요? 획일적인 품질부서의 기준을 맞추려면 달나라에서 업체를 구해야 하는 경우가 생기겠죠?" 여기저기서 공감하는 웃음소리가 들린다.

"그래서 품질부서 역시 구매품목에 대한 특성 및 공급사에 대한 전반적인 국내외 수준 등에 대해 구매와 함께 정기적인 협의를 통해 공감대를 유지하여야 합니다. 실제로 품질부서는 구매와 더불어 절대적 기준과 주관적 기준 그리고 스펙트럼 기준에 대해 연구하고 정교한 품질관리 기준을 수립하는 역할이 주어져 있습니다. 따라서 구매 역시 품질부서와의 스터디를 통해 품질 관리 기준을 정립하고 이후 품질부서는 이 기준서에 근거하여 실사 및 품질관리의 원칙을 수립하는 것이 필요하겠죠. 결국 각자의 역할을 얼마만큼 명확히 구분하고 상호 공통의 기준을 수립하느냐가 중요한 협업체계를 만드는 요소가 됩니다. 물론 이외에도 품질부서는 상기 품목특성에 따라 다음 표에서 보듯이 분석검사, 서류검사, 검증미대상(Pass) 등 각 영역의 세부방법에 따라 관리품목을 정하고 선정기준을 수립하여 실행하는 것 또한 중요한 품질관리 영역이 됩니다. 이러한 선정기준은 구매기업 내 품질의 안전성측면을 고려하여 분류하는 것이므로 다음 표의 예시를 참고하시기 바랍니다."

검증 방법	세부 방법	선정 기준
분석검사	중점관리대상	글로벌 소싱(직수입) 품목, PB, 중대이슈, 즉석섭취 등
	잠재위험품목	검사대상 분류기준 위험도 초과 사례 발생 품목
	사후검사	분석검사 품목 중 긴급 등록 품목
서류검사	서류검사	서류검사로 리스크 제어 가능
PASS	PASS	검증 비대상 품목(리스크 낮음)

〈위해 검증 품목 선정기준〉

상생 Tip

비딩 시스템으로 입찰에 참여하는 공급사가 확인할 사항

보통 예정가 이내로 가격을 제시한 공급사 중 최저가업체가 낙찰되는 것이 일반적이나 '낙찰 하한가' 즉, 구매기업이 생산원가 이하로 투찰하여 품질 또는 납기 안정성이 침해받을 소지가 있다고 판단 시 '낙찰 하한가'를 설정해 두는 경우가 있음. 즉, 참여한 기업이 '1원'을 써내어 낙찰대상이 되었더라도 구매기업이 낙찰 하한가를 1,500원으로 설정해두었다면 1원을 제시한 업체는 1,500원에 낙찰되는 것으로 되는 경우임.

김 교수는 구매와 품질부서 간 업무면에서 많은 불협화음이 있었음을 상기하였다. 결국 중요 품질문제가 이슈가 되면서 경영진 역시 이 문제를 들여다보고 품질부서의 역할을 강조하게 되었다. 그러나 더 중요한 것은 품질부서의 업무가 가중되었다고 보는 것보다 품질부서의 위상이 더 높아졌다는 것이 맞는 말이고 이를 통해 품질부문에 있어서는 컨트롤 타워 역할을 본격적으로 가동하게 된 계기가 되었다.

상황 및 클레임 관리

"구매담당자가 늘 신경을 써야 하는 일들 중 하나는 일일 클레임을 확인하고 적절한 조치를 취하는 활동입니다. 이 역시 구매부서가 피하고 싶은 일이기도 하고 품질부서가 해야 하는 일로 간주되기도 합니다. 그러나 이러한 클레임을 품질부서에 맡기는 것은 실질적인 품질관리를 하는데 막대한 인력 및 시간 투여를 초래하기 때문에 결국은 구매 MD가 처리하는 것이 현 시점에서는 적합하다고 생각할 수 있습니다. 그러나 구매부서 역시 이러한 일련의 클레임 발생에 대한 처리를 CRM에 의존함으로써 본질적인 품질 클레임에 대해 회피하는 경향이 많습니다. 이는 구매담당자 입장에서는 많은 일들을 처리해야 하기 때문에 클레임 하나하나까지 관여한다는 게 사실상 어려운 일입니다. 때문에 이러한 일련의 활동을 조정할 수 있는 대안은 결국 품질부서에 있습니다. 이를 위해서는 CRM 조직을 품질부서에 두고 모든 품질데이터를 분석, 분류하는 것이 필요합니다. 다시 말하면 클레임의 내용에 따라 품질부서가 주관이 되어 처리 주체를 결정하게 되고 이를 CRM을 통해 해당 부서, 즉, 물류, 구매, 품질, 영업부서에 전달이 되기 때문에 구매부서도 일하기가 훨씬 수월해질 뿐만 아니라 품질을 관장하는 부서가 컨트롤타워 역할을 한다는 측면에서 나름 그 위상에 걸맞은 업무 정의가 될 수 있습니다.

한편, 연장선에서 중대 클레임, 즉, 중대 이물 혼입 또는 위해 사고(식중독 등) 발생 시에는 품질부서가 즉각적으로 부서장에게 보고하고 품목 중단이 필요한 경우는 구매에 우선 품목 중단을 요청할 수 있습니다. 이후 원인을 규명하여 차후 재발 방지를 위해 해당 협력업체에 시정요구 후 조치 결과에 따라 재개여부를 결정하는 프로세스 역시 품질관리의 일사불란한 대응 체계이므로 그만큼 품질부서의 역할은 중요하다고 할 수 있습니다."

VOC관리

1) VOC관리 목적

"각종 경로를 통해 접수된 VOC(Voice Of Complaint)에 대해서는 즉시 파악하여 접수일 기준으로 D+1일 이내 대응하는 것이 좋습니다. 왜냐하면 품질관리는 사후서비스까지를 포함하고 있기 때문입니다. 따라서 상황 대응과 마찬가지로 VOC 내용에 따라 품질부서내의 CRM을 통해 조치 부서를 선정하는 기준을 세워두고 시스템상에서 해결주체를 선정하게 되면 내부 혼선을 막는 데도 도움이 될 수 있습니다. 한편 내부고객이라 하더라도 접수된 클레임에 대해서는 원인을 파악, 대책을 수립하여 대응하여야 합니다."

2) 상황처리기준

"상황이라는 것은 자사 센터내 입고부터 배송완료 시점까지 발생되는 분실, 파손, 오 분류, 품질 클레임 등의 원인으로 제품의 수불에 영향을 주는 사안이라고 정의할 수 있습니다. 따라서 귀책사유에 따라 발생되는 재고 차이는 수불상에 귀책부서로 귀속하여 재고 차이가 누락되지 않도록 처리해야 합니다. 실제 실물재고와 전산재고상의 차이가 많이 발생하는 이유 중 하나는 출고 처리된 물품이 센터에 남아 있거나 출고 이후 다시 회수된 물품 또는 반품 등이 제대로 시스템 내에서 가감되지 않기 때문입니다. 실제로 이 영역의 프로세스를 정확히 진단하고 관리하는 기업은 아직도 많지 않다는 게 현실입니다. 이를 해결하기 위해서는 일반적으로 상황을 총괄하는 품질부서 내 CRM에서 상황이 시스템상에 등록되면 마지막 수불이 처리되도록 해당 부서에 상품을 추적, 마무리하도록 하는 것이 필요합니다. 일례로 시스템상에서 처리되지 않은 건에 대해서는 알림 기능을 두고 확인이 필요한 관리 라인(물류 재고담당자, 고객사, 배송기사, 업체 등)에서 확인된 내용. 즉, 고객사에서 반품(물품의 하자로 인한 반송) 또는 환품(고객사 오류 또는 고객사 배정오류 등)에 따른 물품 등의 현 위치가 어디에 있는지에 대해 명확하게 추적한 결과를 처리부서에서 등록할 수 있도록 하여야 수불상의 오류를 최소화할 수 있습니다."

4. 똑똑한 수입관리를 위한 절차

"모든 유통회사마다 시기의 차이는 있지만 거래되는 량이 많아지면 가격경쟁력을 위해서 직접 수입하는 방법을 선택하게 됩니다. 즉 수입을 하는 목적은 기존에 취하는 유통마진보다 더 수익성을 높이고자 하는 전략입니다. 하지만 이를 위해서는 수입시점, 판매기간, 저장기간에 따른 총 비용을 고려하여 수입계획을 세우는 것이 절대적으로 필요합니다. 우선 수입업무를 간략히 설명 드리면, 수입업무의 범위는 국내업체를 통하지 않고 직접 수입하는 모든 품목을 말하며 수입업무의 추진요령은 우선 수입예정 품목의 안전성, 관세율, FTA 수혜여부를 확인하여 최종 품목을 선정하고 Offer를 접수합니다. 즉, 해외의 수출자에게 유선 또는 fax, 메일 등으로 해당 품목의 Offer를 요청합니다. Offer에는 가격조건, 납기, 대금지불조건, 원산지 등이 기본적으로 기술되어야 합니다. 또한 운임 및 납기를 고려하여 가장 적합한 운송방법을 선택(해상 또는 항공)하고 수입조건이 출발지 인도조건(FOB 등)일 경우 국내의 운송업자들로부터 국제 운송료 견적을 입수하여 가장 적합한 업체를 선정하여야 합니다. 이 과정이 완료되면 구매담당자는 수입품의서를 작성하여 전결규정에 의거 품의를 득해야 하는데 품의내용에는 구입사유(국내외 비교가격 포함), 총 구입 예정가, 구입품목내역, 구입처, 납기, 대금지불조건 등을 명시하고 수입 부대비용내역,

Offer, 국제 운송료, 견적서 등을 첨부하여 수입품의를 진행합니다."

신용장(L/C) 개설

"구매담당자는 신용장을 개설하는 것을 원칙으로 하는 것이 대금 결제의 신뢰도를 높일 수 있습니다. 구매담당자는 L/C가 개설되면 내용을 전화 또는 이메일, FAX 등으로 해외 수출자에게 통보하고 이후 구매 담당자는 진행사항을 체크하고 입항일정을 수시로 파악하여 납기 내에 입고되었는지를 확인하여야 합니다. 한편 수입품이 선적서류보다 먼저 도착하여 통관될 경우 1/g보증금을 경리부서에서 전도받아 선적서류 사본으로 신용장 개설 은행에서 1/g 및 세관용 I/L(수입승인서)을 발급받아야 통관할 수 있습니다. 일반적으로 선적서류 도착통지를 L/C 개설은행에서 통보받으면 통보받은 최종 결제일 이내에 결제대금을 경리부서에서 전도받아 은행에 지불하고 선적서류를 인수하면 됩니다."

김 교수는 초기 수입을 처음 실시했던 2000년 초반의 상황을 떠올렸다. 그 당시에는 모든 것이 수작업으로 이루어진 터라 해외 출장부터 은행, 경리부서 등을 부지런히 다녀야 했었다. 요즘에는 은행에 가지 않더라도 전산상으로 처리할 수 있고 은행, 관세사, 외주 보관창고 등과 시스템이 구축되어 예전보다 훨씬 수월해지고 발전해가고 있어 구매업무가 많이 간소화되고 있음은 고무적인 현상이라고 생각하고 있다. 그러나 아직은 모든 기업이 이처럼 간소화된 업무를 하고 있지 않기 때문에 기본적인 절차에 대해 알아둘 필요가 있다고 설명을 덧붙였다.

수입통관

"보세운송은 특정 보세창고에서 통관하는 것이 유리하다고 판단되면 수입화물이 국내에 반입되기 전에 통관 대행업체를 통하여 보세운송을 신청할 수 있으며 화물이 국내에 도착하여 보세구역에 반입되면 통관서류를 대행업체에 전달하여 수입신고를 하고 관세를 납부하여야 합니다. 수입통관이 완료되고 수입제비용 증빙서류들이 입수되면 수입정산품의서를 통해 최종 승인을 받아서 입출고 관리를 물류에 이관하게 됩니다."

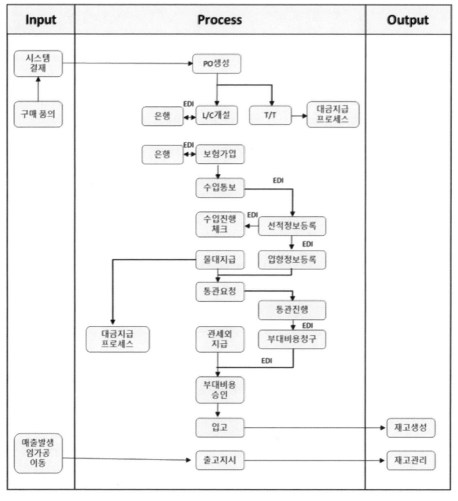

〈수입 진행 프로세스〉

5. 지금 도매는 변화하고 있다

다음 강의 제목이 '도매'분야임을 확인하고 김 교수는 잠깐 휴식타임을 가지면서 초기 도매가 시작되었을 때를 상기했다. 아마도 기억 속에는 1990년대 후반 무렵이었다. 유통기업들은 저마다 사세를 확장하기 위해서 높은 매출목표를 세우고 정진하던 시절이었다. 그러나 기대만큼 매출이 목표수준에 도달하기 어려울 때 긴급하게 매출을 발생할 수 있는 기반사업이 필요했다. 물론 그 당시에는 기반사업이라는 표현보다는 '임시방편의 자구책이 필요한 사업'이었다고 표현하는 게 맞을 것이다. 그렇게 파생된 도매는 제조사의 제품 생산을 위해 필요한 원료를 찾아 공급하는 형태였다. 물론 해당 제조사는 거래가 지속되고 있는 협력사로 구성되며 지급할 대금한도 내에서 상호 상계하는 방식으로 이루어졌다. 현재도 이 같은 방향성에 대한 프로세스는 크게 바뀌지 않았지만 좀 더 체계적인 기반 사업으로 부각되어 운영되고 있는 게 현 추세이다. 지금이야 나름 관리체계를 갖추고 있어서 도매하는 품목에 대한 관리나 홍보 등도 전문 부서가 담당하고 있지만 예전에는 구매부서에서 주관했었다. 때문에 업체 결탁이나 부적절한 가격으로 협력사에 손실을 주는 경우가 발생하기도 했다. 결론은 이제는 도매분야가 음지에서 매출을 만들어내는 임시방편의 모습이 아니라 규모의 경제를 갖춘 유통기업이라면 도전해 볼만한 기반 사업임은 분명해졌다는 것이다. 때문에 도매부분을 시작하거나 체제정비가 미흡한 기업일수록 다시 한번 조직적인 체계를 갖추고 시작하기를 청중에게 권장하였다.

서두에 도매에 대한 역사를 설명한 김 교수는 다시 한번 내용을 정리하여 강의를 이어갔다.

"B2C가 주력인 유통업체라도 매출규모 측면에서 B2B 도매를 무시할 수는 없기 때문에 시범적으로 운용하거나 규모를 확대하는 기업들이 많아지고 있습니다. 따라서 초기 도매는 잘 갖춰진 시스템보다는 영업담당자의 노력에 따라 일이 진행되어지는 경우가 많아 본의 아니게 채권을 확보하는 것이 중요한 요소가 되었습니다."

김 교수는 앞에서 언급한 내용처럼 한때 도매유통이 매출확대를 위해 저변에서 보이지 않는 황금 거위 역할을 수행했던 때를 상기하였다. 또한 그로 인한 부실거래 역시 비일비재하게 발생하곤 하였다. 다행스러운 것은 강의 내용 안에는 구매업무에 포함하여 설명하기는 하지만 현 추세는 별도의 전문부서를 통해 도매가 안정적인 사업영역으로 확장되고 있다는 점이다.

"현재의 도매형태를 알아봅시다. 도매는 일정물량을 비축하여 판매하여 시세차익의 수익을 얻고자 하는 거래 행위이지만 상대적으로 시세이익이 아닌 시세손실 역시 감수해야 하는 리스크가 있기 때문에 경쟁력 있는 축 수산 원물을 중심으로 사전 판매처를 확보 후 국내외 소싱을 통하여 도매/가공업체에 공급하는 형태로 리스크를 최소화하는 영업을 우선적으로 시행하는 게 일반적입니다. 때문에 B2B사업으로 매출액 대비 저 마진 구조를 가지고 있으나 성장전략 수립을 통해 사업부의 매출확대 전략방향에 일조하는 데는 큰 도움이 되는 게 현실입니다. 따라서 도매유통 유형은 수익구조를 개선하기 위해 국내외 경쟁력 있는 식재료를 수집/계약, 입찰/경매를 통하여 비축한 후 다음과 같이 직접 판매하거나 일정 수수료를 받고 계약기간 내 대행

판매하는 방법을 일반적으로 택하고 있습니다."

Sourcing	당사	판매유형	판매대상
Packer 해외무역회사 축산농가 해외 생산자 해외무역회사 원양선사 국내선사	구매계약 글로벌 소싱 비축	수입대행	직수입이 불가한 소형업체 * 수수료 3~5%
		수입직판	직수입 비축 후 시세 차 판매 * 수산시장, 할인마트, 대형유통업체 등
		국내대행	자금력이 필요한 국내업체 구매대행 * 수수료 3~5%
		국내직판	국내 비축 후 시세 차 판매 * 수산시장, 가공공장, 대형유통업체 등

〈도매 판매 대상 분류〉

6. 정산관리가 쉬워졌다

김 교수는 대학을 갓 졸업하여 지금은 중견기업으로 성장한 식품회사의 영업사원으로 일하던 시절이 떠올랐다. 그 당시에는 영업사원이 영업도 하고 정산도 하고 계산서도 직접 발행하며 심지어 수금까지 함께 병행하던 시절이었다. 지금 생각하면 참으로 버거운 일들이었고 누락된 금액이 생기지 않도록 공급받은 고객사를 방문하여 회사가 가지고 있는 납품실적과 거래명세표를 며칠 동안 대조하여 계산서를 발행하였다. 분명 본의 아니게 누락된 건도 있었지만 그 당시에는 그 방법이 최선이었다. 제품이 고객에게 전달되기까지 공장 생산자의 노고와 이를 고객에게 판매하기까지 수많은 사람의 역할분담 속에서 공급되어진 결과물이 상품대금이기에 정확하게 수취하는 것이 당연한 일인데도 말이다. 이런 방법은 곧바로 전산화가 추진되고 EDI[6]가 보편화 되면서 정산업무에 대해서도 중요한 변환점이 되었다.

"이렇게 정산관리는 협력업체별 납품실적에 따른 상품 대금 및 부대비용을 지급하기 위한 일련의 관리 업무이므로 정확성이 중요합니다. 따라서 상품대금은 계약단가와 실적수량에 근거하여 지급함을 원칙으로 협력업체로부터 수취된 계산서 금액(요즘에는 역발행으로 물품을 공급받는 기업이 공급사에게 발행 권한을 위임받아 발행하는 추세임)과 재무 전산상의 매입금액은 반드시 일치되어야 하며 구매담당자는 이를 확인해야 합니다. 그러나 요즘은 수기가 아닌 대부분이 전자계산서로 시스템과 연동하여 역발행되기 때문에 구매가 별도의 정산업무에 관여하는 빈도가 많이 사라지고 있어서 긍정적인 현상이지만 중소형 기업의 경우엔 여전히 개선되어야 할 업무 중의 하나입니다.

7. 흔들리는 재고관리, 중심 잡는 법

"구매부서가 왜 재고에 대해 관여해야 할까요?"

김 교수는 질문을 던지고 잠깐 청중의 반응을 살폈다. 이쯤 되면 분명 구매업무를 벗어난 영역이라 불만을 보이는 사람들이 생겨 강의에 흥미를 잃을까 염려가 되었기 때문이다. 그러나 정말 중요한 것은 구매를 알기 위해서는 구매를 둘러싼 모든 업무 또는 관련 공급체계에 연결된 부문을 알지 않으면 숲을 보지 못하는 오류를 범할 수 있는 데다 재고비용 역시 상품원가를 높이는 결과를 초래하기 때문에 먼저 질문을 통해 생각할 시간을 주고 싶었다. 잠깐 침묵이 흐르고 김 교수가 말문을 열었다.

"여러 가지 이유가 있겠지만 결국 구매방법에 따라 전략적 선택에 의해 구매가 수입하거나 비축하는 품목, 또는 임가공을 통해 가공업체에 수수료를 지급하는 방식 등으로 비축에 관여하게 되기 때문에 재고관리에 대한 이해가 필요합니다. 이 역시 초기 구매에서는 구매부서가 관리해야 할 사안이었습니다. 때문에 첫 강의에서 어느 분이 질문하셨던 것처럼 구매방법에 대해 구매 MD가 전략을 세워 새로운 구매방법을 수행하게 될 때 계속적으로 구매에게 전가되는 업무가 많아질 수밖에 없었습니다.

이로 인해 과재고가 발생하거나 조기 소진이 되거나 또는 전산재고가 실물재고의 관리 미흡으로 차이가 많이 발생하는 등의 불협화음이 발생하기도 했습니다. 따라서 최근 유통기업들은 재고에 대한 실사를 재무부서와 구매, 물류부서 등이 공동으로 지켜야 할 회사의 자산으로 인식하면서 매월 정기적으로 조사하거나 외주업체에 조사를 대행하여 회사 자산에 대한 공동 책임제를 시행하는 기업들이 생겨나고 있습니다.

　이러한 변화는 중요한 변화입니다. 왜냐하면 아직도 대기업이지만 재고에 대한 책임이 일부 창고지기처럼 특정인에게 위임되어, 음지에서 숨겨져 있던 문제가 인지됐을 때는 상당부분 피해가 발생한 이후가 되는 경우도 많다는 점을 상기해야 하기 때문입니다."

재고관리 목적

　"이런 관점에서 재고관리의 목적을 덧붙인다면 안정적인 상품 공급과 재고비용 효율화를 목적으로 적정 재고량을 계획, 통제하는 활동이라고 할 수 있습니다.

　따라서 재고관리의 방향은 과다재고 발생을 금지하고 재고부족으로 인한 결품 및 기회손실을 방지하며 제품의 품질을 유지하는 것과 적정재고관리를 통해 재고비용의 효율적 관리를 지향한다는 것입니다. 이를 위해 좀 더 상세한 재고관리 방법을 설명드리겠습니다."

재고 산정기준

　"재고를 관리하기 위해서는 우선적으로 어느 정도의 물량을 재고로 가져가는 것이 적정한지와 여러 시장환경에 따라 변동될 수 있는 위험요인을 분석하여 어느 정도의 재고가 안전한 수준인지에 대해 그 기준을 명확히 하는 것이 중요합니다.

1) 적정재고: 재고수준이 높아지면 그만큼 기업의 자금사정이 어려워지기 때문에 미래의 사용량을 감안하여 일정물량을 더 비축하는 것으로 통상 25일 정도의 사전 계획된 물량을 유지하는 것이 바람직하다고 보고 있음

2) 안전재고: 재고상품의 품절 또는 작황, 시황에 따른 납기지연 등으로 결품이 발생될 수 있기 때문에 통상적인 적정재고의 사용량을 고려하여 계획적으로 보유해야 하는 재고

좀 더 이해를 위한 예시를 든다면 재고에 대해서 재무부서와 구매 간에는 다소의 마찰이 발생되는데 이를테면 재무부서는 적정재고여부를 따져서 초과하는 경우에는 기회손실비용이 발생된다는 것이고 구매는 향후 시황을 고려 시 안전재고 수준을 유지해야 한다는 것입니다. 따라서 안전재고 개념이 적정 재고량보다 크거나 같을 수 있다는 것을 의미합니다."

창고관리 기준

"대기업이라 하더라도 전문적으로 창고보관업을 하고 있는 업체에 물품을 보관하는 것이 일반적인 관행입니다. 직접 투자하여 관리하는 것이 비용지출이 더 많고 투자 회수에 대한 리스크가 상존하기 때문입니다. 따라서 창고를 선택할 때는,

첫째, 수산, 축산 원물창고의 경우, 접근용이성, 창고규모, 급속동결능력, 소방1등급, 창고효율, 재물보험가입, 실시간 재고실사 대응능력 등을 고려해야 하며

둘째, 시스템 운영능력 등의 검증된 창고가 필요합니다. 이때 창고업체와 위탁한 기업 간 재고관리 단위가 일원화되어 있어야 재고관리가 용이하며 실시간, 일 마감 재고관리체계를 시행할 수 있습니다.

셋째는 보관하는 창고는 제품 표기사항의 보관조건별 (냉동, 냉장, 상온, 실온, 건

냉암소 등)로 보관하는 것이 필요합니다. 또한 선입선출 및 상경하중(上輕下重) 적재를 원칙으로 적재되어야 하는데 이는 하중에 의한 제품 파손을 방지하고 유통기한을 관리하기 위한 목적이 됩니다. 또한 유통기한이 경과되거나 파손 등 불량재고는 별도 공간에 분리하여 보관하여야 합니다. 일반적으로 유통기한을 관리하는 기준은 유통회사마다 다르겠지만 유통기한이 경과된 제품을 방지하기 위해 사전 도래하는 기준을 앞당겨서 관리하는 것이 필요합니다. 이를테면 유통기한 2분의 1 경과 시 구매, 영업부서에 통보되어서 조기 판매되도록 하는 활동 등을 말합니다.

한편, 앞에서도 언급한 것처럼 대기업 중에서도 재고실사를 제대로 시행하지 않아서 전산재고와의 차이를 뒤늦게 파악하는 경우가 발생되어 의도치 않은 손실을 발생시키는 경우가 있는데 이를 방지하기 위해서는 월 1회 정례적으로 실물 재고량과 전산 재고량이 맞는지 확인하는 절차가 무엇보다 중요합니다. 재고차이가 발생 시 재고 담당자는 원인을 파악하여 보고 또는 결재를 통해 귀책구분에 따라 손망실, 변보상 등을 처리하여야 누적손실을 예방할 수 있습니다."

유통기한 관리기준

"제품의 유통기한에 따라 아래 내용처럼 정상, 장기, 악성재고로 분류할 수 있습니다. 이런 분류는 기업마다 정의하는 방식이 다를 수는 있지만 통상적으로 개념은 유사하리라 생각됩니다.

1) 정상재고: 일반적으로 유통기한 관리기준 2분의 1이내 제품

2) 장기재고: 정상재고 중 매입 후 유통기한이 지나지 않았지만 창고보관 1년이 경과된 제품을 말함

3) 악성재고: 장기재고 중 총 유통기한 기준 3분의 2 정도 경과한 제품

특히, 재고의 유통기한이 임박한 악성재고 중 유통기한 경과제품이 공급될 수 있는 개연성이 있는 제품 등은 적정 유통기한을 산정하여 폐기대상으로 분류하는 등의 강력한 정책을 시행하는 것도 생각해볼 방법 중 하나입니다."

상생 Tip

상황 발생 시 이상적인 기준 및 절차 * 시스템 개발 시 참고

· 우선 상황이 발생되면 D+1일 이내에 처리하는 것을 원칙으로 품질부서 산하의 CRM이 처리주체를 시스템으로 등록함.

· 처리주체가 결정되면 해당 부서 주관으로 조치를 수행하고 결과를 상황 발생내용 아래 꼬리 글을 남겨 관련 부서가 확인하도록 함.

· 만약 D+1일 이내에 처리되기 어려운 경우 소요 예상시간을 꼬리 글로 남겨 영업이 고객 대응을 하도록 함.

· 최종 완료 건에 대해서는 완료되었음을 승인 요청하고 CRM은 수불상의 처리가 되었는지 최종 확인 후 승인함.

구매인의 청렴

구매인에게 청렴함은 생명과도 같다. 왜냐하면 저자의 경우 근 30여 년을 구매업무를 하면서 수많은 동료가 한 순간의 잘못으로 회사를 떠나는 경우를 너무 많이 봐왔다. 저자 역시 구매인이 해서는 안 될 일들에 대해서 누구보다도 경각심을 가지고 업무에 임한 덕에 오랫동안 구매업무를 하게 되었다.

처음부터 잘못된 일을 하려고 시도하는 사람은 없을 것이다. 그러나 중요한 것은 정해진 규정에 맞춰서 자신의 마음을 다잡을 필요가 있는데 '이번 한 번인데 어쩌겠나?' 하는 생각으로 시도하게 되고 이후의 삶은 필연적으로 조마조마한 마음으로 지내게 된다.

그러다 보면 업무에 대한 열정보다는 또 다른 부정적인 일에 더 깊이 관여하게 되는 경우를 많이 봐왔다. 구매는 열정을 가지고 임했을 때 성과로 보상받는 업무임에는 틀림없다. 따라서 공연한 일에 관여하게 된다면 공정하지 못한 일을 감추기 위해 또 다른 거짓을 꾸며야 한다. '거짓말이 거짓말을 낳는다'고 하지 않던가?

특히나 요즘처럼 구매에 대한 관리감독이 철저하게 시행되고 있어 언젠가는 밝혀질 수밖에 없음을 분명히 명심해야 한다.

물론 그 때문에 '부정'을 하지 말아야 한다는 것이 아니다. 분명한 것은 구매는 소신 있게 자신이 하고자 하는 일을 하는데 더없이 좋은 업무이기에 그러한 실책으로 인해 자신감을 잃어가는 게 자신에게 훨씬 손해가 많다는 것을 저자는 너무나 절실하게 알고 있기 때문이다. 방법은 있다.

'배나무 아래서는 갓을 만지지 말라'는 말처럼 내 마음에 대한 지침을 정하고 규정이 있다면 그대로만 하면 되는 일이다.

결국 구매가 최고의 경쟁력이다

잘 나 가 는 1% CEO만 아 는 구 매 시 크 릿

제3장

구매 위상을
드높이는
시크릿 전략

앞 장에서는 구매에 대한 개론적인 내용에 대해 설명하였다. 이는 구매의 심화과정을 이해하는 데 기초적인 지식으로 활용하기 위해서이다. 물론 이론적인 구매 지식은 구매인으로 활동하는 한 기본적으로 숙지하고 있어야 할 기초 지식이라고 볼 수 있으니 중요한 사항임에는 변함이 없다.

김 교수는 현직에서 구매바이어로 활동하던 시절에 회사 내에서 구매가 항상 구매에 국한된 기술인으로만 치부되는 게 불만이었다. 그것은 구매가 단순히 원가만 관리하는 부서라는 전통적 관점에서는 맞는 말이겠지만 고객의 니즈를 분석하여 신상품을 개발하여 영업을 지원하고 SCM을 통한 새로운 사업의 기회를 창출하는 등의 한 회사의 전반적인 사업의 전략방향에 기여하는 부서로서 구매가 진정한 구매의 역할이라고 생각했기 때문이었다. 따라서 구매가 가야 할 올바른 방향과 전략적 가치들을 명확하게 규정하고 이를 대내적으로 분명히 알리는 것이 구매의 역할을 정립하고 역량을 확대하는 데 필수적인 과정이 되어야 한다고 생각했다.

이를 위해서 김 교수는 전략적 구매를 위한 패러다임을 변화할 수 있도록 구매의 미션과 비전, 그리고 그에 따른 핵심역량 도출을 통해 새롭게 구매의 위상을 높이는 방법을 설명하려고 한다.

1. 가치체계 시작하면 반은 왔다

기업 강의를 시작한지 세 번째 시간이다. 앞 강의에서 다소 지루한 이론적 구매에 대해 설명한 탓인지 처음보다 긴장감이 다소 떨어진 표정들이다. 김 교수는 청중을 바라보고 지금부터는 구매인으로서 자긍심과 전문성을 배우는 단계이므로 더 집중해줄 것을 요청했다. 그리고 본 강의의 배경에 대해 김 교수의 경험을 덧붙여 설명하였다.

김 교수에게도 오랫동안 구매활동을 하면서 구매에 대해 사고의 변환점이 되었던 때가 몇 차례 있었다. 그 중에서도 구매가 단순한 조달구매에 국한되지 말아야 한다는 것에 대한 배경이 된 내용이 있다.

그것은 전략적 경영을 하기 위해서는 한 기업의 모든 부서가 어디에 목표를 두고 전략방향을 설정할 것인가이다. 한마디로 요약하면 한 기업의 경영을 위한 과정은 사명에서부터 출발한다는 점이다. 즉, 기업의 사명은 기업조직이 무엇을 추구해야 하는지를 설명해주기 때문에 사명을 통해 지향해야 할 목표를 도출하는 것이 필요하다.

또한 목표를 달성하기 위해 구매가 지향하는 구매가치를 수립함으로써 전략의 방향성을 명확하게 세우는 것이 필요하다. 이를 기본적으로 경영학에서는 '전략경영을 위한 가치체계정립'으로 설명하고 있다.

좀 더 쉽게 설명한다면 고객의 건강을 가장 우선적으로 지향하는 사명을 가지고 있는 기업이 담배를 유통한다고 가정해보자. 누가 봐도 잘못된 선택이다. 기업의 수익을 위해 기업이 추구하는 이념과 다른 방식의 전략은 아무리 성공적인 것이라 하더라도 해당 기업의 이미지를 실추시키고 신뢰성을 담보하지 않은 결과를 초래하게 된다.

따라서 구매 역시 구매 전략방향이 기업의 경영방침에 부합되도록 하기 위해서 반드시 구매가치체계 수립이 필요하다. 즉 구매가치체계를 수립하는 방법은 기업의 경영철학에 기초를 두고 구매가 지향하는 미션과 비전을 새롭게 정의하고 이를 달성하기 위해 필요한 핵심역량을 도출하는 것이 반드시 필요하다는 것이다. 김 교수는 '구매 가치체계 수립'의 중요성을 알리기 위해 평소보다 목소리에 더 힘을 주어 강조하였다.

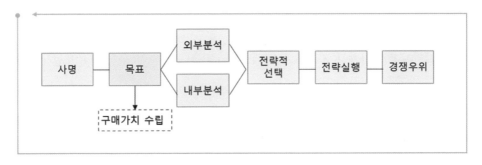

〈경영전략을 위한 구매 가치체계 정립〉

"구매 가치체계를 수립하기 위해서는 한눈에 방향과 방법이 기술되어 있는 표를 사용하는 것이 좋습니다. 이 시간에는 여러분 회사의 구매분야에서의 가치체계를 함께 만들어보는 시간을 갖도록 하겠습니다.

자, 지금부터 각 조별로 여러분 회사의 경영이념에서 주요 키워드를 도출해봅시다. 그리고 이 키워드를 가지고 구매의 미션을 만들어보는 겁니다. 미션은 구체적인 문장으로 다듬어보시기 바랍니다.

그다음으로는 이 미션을 실행하기 위한 핵심 역량을 도출하는 작업이 필요합니다. 구매기획 부서에서는 금일 조별로 작성한 내용을 취합해서 수정, 보완작업을 거친 뒤 최종 구매가치체계를 완성하여 구매부서 내에서 공유하고 대내적으로 공표하시기를 바랍니다. 공표하기 전과 후의 여러분의 태도와 구매를 바라보는 경영진들의 시선이 달라져 보일 겁니다.

앞에 설명한 부분을 예시를 들어 다시 한번 구체적으로 설명해볼까 합니다. 예를 들어 어떤 회사의 경영이념에서 주요 keyword가 '건강, 고객, 가치, 사회'로 도출이 된다면 이 4가지는 핵심가치가 될 것입니다.

다음은 이 핵심가치를 가지고 구매의 Mission을 구체적인 문장으로 표현해봅니다.

예를 들어 구매관점에서 회사의 핵심가치를 재해석한다면 '건강한 식재료를 경쟁력 있게 구매하고 고객만족을 추구하여 궁극적으로는 사회가 원하는 가치창출을 선도하는 구매'라고 정의하였다고 한다면 다음은 이런 Mission을 실현하기 위해 필요한 핵심역량을 도출하는 작업이 필요합니다.

예를 들어 Mission의 '건강한 식재료를 위해'품질 경쟁력 확보를, 이를 위해 최고의 공급사 확보를, 고객만족을 위해 서비스 차별화를, 사회가 원하는 가치창출을 위해 CSR[가]참여 확대를 핵심역량으로 선정한 것을 예시로 보여주고 있습니다. 물론 이를 위해 MD역량을 확보하거나 유연한 조직문화 선도 등의 역량 등을 추가로 도출할 수 있습니다.

핵심역량이 도출되면 구매의 Vision, 즉, 구매의 지향점을 도출할 수가 있습니다. 예를 들어 고객만족을 최우선하는 구매, Best협력사를 육성하는 구매, 글로벌 전문가로 양성하는 구매, 혁신과 도전을 실현하는 구매 등과 같은 지향점을 도출하여 구매가치체계를 완성하면 됩니다.

간략하게 정리하면 회사의 이념에서 핵심가치를 도출하고 이를 통해 구매가 추구하는 미션을 만든 뒤 이 미션을 수행하기 위해 필요한 핵심역량을 도출하고 마지막으로 핵심 역량을 실현하기 위한 비전을 설정하는 것입니다. 다음은 예시로 보여주는 표이므로 여러분 회사에 맞게 활용하기 바랍니다."

조별로 열심히 토론하는 모습에 김 교수는 여기에 모인 구매인들이 구매에 대해 좀 더 높은 자긍심을 가지고 좀 더 나은 구매의 모습을 추구할 수 있다는 생각에 한껏 마음까지 부풀어 오르는 것을 느낄 수 있었다.

"구매의 가치체계가 완성되면 핵심역량을 실현시킬 수 있는 목표수립과 전략 과제를 도출할 수 있습니다. 여기서 한 가지 주목할 점은 초기에 전략을 수립했다고 해서 반드시 그 전략을 초지일관 강행하는 것은 아닙니다. 전략의 수립과 실행은 양면성이 있어서 어떤 전략을 수립하고 추진되면서 내 외부 환경이 변화되어 전략을 수정하거나 아예 새로운 전략을 수립해야 하는 경우도 있기 때문입니다. 이는 정량화된 목표를 변경시키는 것이 아니라 목표를 완수하기 위한 전략적 선택을 변경한다는 점이라는 점을 분명히 해두고 싶습니다.

왜냐하면 간혹 경영진에서 초기 목표 달성에 대한 전략에 집요한 집착을 가지고 있는 분이 계신다면 상당히 어려운 여건이 될 수 있습니다. 따라서 전략적 수정에 대해 충분한 설명을 통해 전략변경이 가능한 유연한 조직문화가 필요할 겁니다."

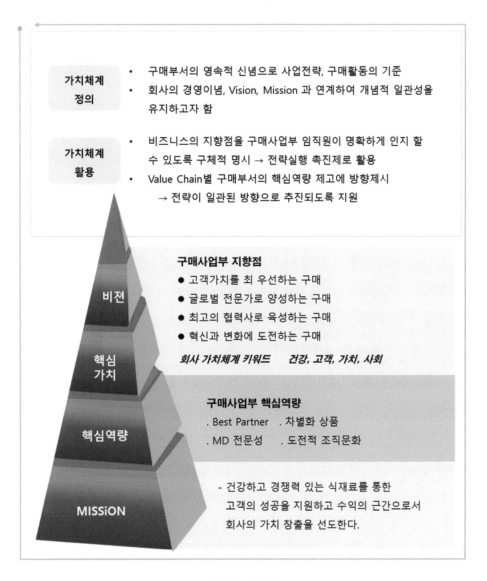

가치체계 정의	• 구매부서의 영속적 신념으로 사업전략, 구매활동의 기준 • 회사의 경영이념, Vision, Mission 과 연계하여 개념적 일관성을 유지하고자 함
가치체계 활용	• 비즈니스의 지향점을 구매사업부 임직원이 명확하게 인지 할 수 있도록 구체적 명시 → 전략실행 촉진제로 활용 • Value Chain별 구매부서의 핵심역량 제고에 방향제시 → 전략이 일관된 방향으로 추진되도록 지원

비젼

구매사업부 지향점
- 고객가치를 최 우선하는 구매
- 글로벌 전문가로 양성하는 구매
- 최고의 협력사로 육성하는 구매
- 혁신과 변화에 도전하는 구매

핵심 가치

회사 가치체계 키워드   건강, 고객, 가치, 사회

핵심역량

구매사업부 핵심역량
. Best Partner   . 차별화 상품
. MD 전문성   . 도전적 조직문화

MISSiON

- 건강하고 경쟁력 있는 식재료를 통한
고객의 성공을 지원하고 수익의 근간으로서
회사의 가치 창출을 선도한다.

〈구매 가치체계 예시〉

2. 구매의 현주소에는 올라가는 문이 있다

"앞 시간에는 구매의 위상을 세우고 회사의 비전에 맞는 구매부서로서의 가치체계를 세우는 방법에 대해 설명했습니다. 이제부터는 여러분이 몸담고 있는 구매부서의 현 수준을 측정해보는 방법을 배워보겠습니다. 구매의 단계는 각 기업에서 구매가 담당해온 역할과 구매를 바라보는 인식에 따라 적절하게 대응해왔다고도 볼 수 있습니다. 그러나 구매가 각 기업에 미치는 영향이 지속적으로 확대되면서 구매가 독립적인 지원부서가 아닌 기업 내의 전반적인 전략수행을 위해 필수적으로 상호 연결되는 부서로 인식되면서 구매의 역할에 대한 기대감이 한층 더 고조되었다고 볼 수 있습니다. 그러나 이러한 인식의 기반은 모든 기업이 동일하게 출발하지 않았기 때문에 각 기업마다 구매의 단계별 수준이 각각 다르게 나타나고 있는 것도 사실입니다."

김 교수는 과거 몸담고 있던 회사의 구매 모습을 떠올리면서 단계분석을 통해 구매의 현 수준을 측정하고 지속적인 발전단계를 설정하려고 노력했던 기억을 새삼 떠올렸다.

"앞에서 설명해드렸듯이 기업마다 구매의 현 수준을 측정해보는 것이 향후 구매부서가 추구해야 할 방향을 설정하는 데 큰 도움이 될 것입니다."

	Purchase Agent 조달중심 행정 담당자 역할	Spend Manager 구매비용 관리자 역할	Supply Integrator 공급망 관리자 역할	Value Creator 공급시장과 연계한 가치 창출자 역할
	Level 1	Level 2	Level 3	Level 4
Q	입고품질관리	유통단계 품질관리	원류단계 품질관리	차별화 품질관리
C	상품조달	원가분석	공급망 최적화	가치 창출
D	입출고/배송관리	시스템 기반 물류	글로벌 수준 인프라/서비스	물류신사업 추진

〈구매의 발전 단계별 현주소 찾기〉

"일반적으로 구매의 역사를 QCD관점에서 살펴보면 레벨1 수준은 자재가 필요한 부서의 요청에 대응하는 조달구매단계로서,

– Q(Quality)는 상품이 구매기업의 센터에 입고될 때 점검하는 입고 품질 관리 수준이며

– C(Cost)관점에서는 단순 상품조달을 위한 가격협상 수준

– D(Delivery)는 입출고 및 배송에 국한된 관리수준을 의미합니다.

레벨2에서는 구매비용에 대해 구매부서가 상품의 가격 적정성을 관리하는 단계로서,

– 유통단계별 품질을 관리하고 원가 항목을 분석하며 물류측면에서는 시스템을 기반한 물류를 정착하는 단계가 2단계 수준이라 할 수 있습니다.

레벨 3에서는 공급망 전체를 관리하는 수준까지 발전시켜

－ 원류단계에서의 품질관리 및 상품의 원가, 품질, 원활한 상품수급 및 배송을 위한 최적화된 공급망 구축을 시현하며

－ 물류측면에서는 글로벌 수준의 인프라 및 서비스를 갖춘 Level 상태가 구축된 경우라고 볼 수 있습니다.

마지막 레벨 단계에서는 구매가 공급시장과 연계한 가치창출자로서 역할을 하는 단계로 이 Level 수준에서는 구매가 단순한 구매활동이 아닌 새로운 비즈니스를 창출하는 선도역할을 할 수 있는 역량을 갖춘 상태라고 볼 수 있습니다.

－ 이를 위해서는 차별화된 품질관리와 신상품 개발 및 공급망을 최적화하여 TCO(Total Cost Of Owner)관점의 비용감소와 신사업의 동력을 도모하여야 합니다.

－ 이 시기 물류부문은 선진화된 시스템과 서비스 인프라를 바탕으로 물류 신사업을 도모하는 것도 한층 높은 차별화를 창출하는데 기여할 수가 있습니다.

여러분 기업은 어느 정도에 머물고 있다고 보시나요?

표에서 보시듯 각 기업이 QCD관점이 획일적으로 어느 레벨의 단계에 있는 것은 아닙니다. 다시 말하면 품질(Q)부문에서는 2단계지만 가격(C)부문에서는 1단계에 머물러 있을 수 있습니다. 따라서 여러분 회사의 구매수준을 충분히 토론한 후 어느 단계에 있는지 결정이 된다면 미흡한 부분에 대해서는 개선안을 도출해내고 레벨이 높은 영역에 대해서는 지속적으로 경쟁우위를 가지고 선점할 수 있는 역량을 유지해야 한다는 것을 시사하고 있습니다.

앞 내용을 좀 더 이해하기 쉽게 표로 설명해드린다면 다음 표와 같습니다. 즉, 표에서 보시듯이 해당 기업은,

－ 품질관리측면에서는 유통단계별로 품질을 어떻게 관리해야 하는지 선행 품질관리를 시행하는 단계이며

  – 가격측면에서는 공급망 최적화, 이를테면 전국 배송망을 갖추고 있는 전문 공급업체를 통해 원가를 줄이고 동일한 가격으로 전국의 고객사에 공급할 수 있는 등의 역량을 갖춘 시기라고 할 수 있으며 이외의 여러 가지 체제 정비를 통한 '공급망 최적화' 구축 단계임을 보여주고 있습니다.

  – 물류측면에서는 시스템기반의 물류체계를 완성해가는 단계로 향후 글로벌 수준의 인프라를 갖추는 방향으로 발전해가야 할 과제를 안고 있는 단계라고 볼 수 있습니다."

━━ 현수준 측정			
			Value Creator
		Supply Integrator	
	Spend Manager		
Purchase Agent			
조달중심 행정 담당자 역할	구매비용 관리자 역할	공급망 관리자 역할	공급시장과 연계한 가치 창출자 역할
Level 1	Level 2	Level 3	Level 4
Q	입고품질관리	유통단계 품질관리	원류단계 품질관리	차별화 품질관리
C	상품조달	원가분석	공급망 최적화	가치 창출
D	입출고/배송관리	시스템 기반 물류	글로벌 수준 인프라/서비스	물류신사업 추진

〈구매/물류 발전단계 현수준 예시〉

"종합적으로 요약하면 조달중심의 행정담당자 역할에서 물품 구매비용을 관리함으로써 원가에 대한 기업의 부담을 줄여가는 관리자 역할, 공급망의 원가구조를 이해하고 관리할 수 있는 역할, 궁극적으로는 공급시장과 연계한 가치창출자 역할을 수행하는 단계로 진입해야 한다는 것을 시사하고 있습니다. 여기서 가치창출자라 하면 회사의 성과에 가장 결정적인 역할을 수행하는 자를 말하며 구체적으로는 가치사슬단계의 공급망에서 새로운 비즈니스를 발굴하는 것을 말합니다. 때문에 구매부서는 영업, 운영 등 모든 부서와의 유기적 연결과 동시에 공급사슬관리의 중추적인 역할을 담당하고 있기 때문에 그만큼 중요한 부서라고 할 수 있겠죠.

이 표가 시사하는 바는 표의 예시처럼 현 수준이 측정되면 품질측면은 첫째, 유통단계에서부터 품질관리를 통해 품질 항상성을 지속적으로 유지할 수 있는 방안, 둘째, 시스템을 기반으로 원류단계에서부터 품질을 관리할 수 있는 방안, 셋째, 품질수준 계량화를 통한 차별화된 품질기준을 수립하는 방안 등이 지향점이 될 것입니다.

원가측면은 첫째, 내·외부 공급사슬내에서 공급망을 최적화하여 구매비용을 줄일 수 있는 방안, 공급망을 최적화면서 신사업의 가치를 창출할 수 있는 방안 등이 지향점이 되며, 물류/서비스 측면은 물류설비 및 자동화단계로 오류를 줄이고 배송을 위한 집하작업을 효율적으로 할 수 있는 방안과 물류 인프라가 충분하다면 새로운 매출기회를 잡을 수 있는 3자 물류대행 또는 도매사업 등의 방안을 도출할 수 있습니다.

따라서 여러분 회사의 역량수준을 함께 토론해보고 구매가 어느 정도 단계에 와 있는지 도출하였다면 앞의 내용처럼 현 단계에서의 방안을 수립, 시행함으로써 발전적 단계로 순항하시기를 바랍니다.

다음 시간에는 '공급사슬관리, 즉, 공급망에 대해 좀 더 상세하게 설명해드리도록 하겠습니다. 다들 수고하셨습니다."

"네에!"

가치체계 수립의 당위성

· 구매 가치체계는 기업의 경영이념에 부합하는 전략수립의 첫 단계임.

· 구매의 핵심역량과 핵심가치를 도출하여 구매의 방향성을 제시함.

· 대내적으로 비전 선포를 통해 구매내부의 결속과 대내적으로 구매위상을 알리는 매체로 활용됨.

· 핵심역량의 경쟁우위를 위한 과제도출로 전략에 대한 목표 뚜렷함.

· 소속된 구매인들의 목표 지향적인 동기부여를 제공함.

3. 구매 안에 SCM이 있다

SCM 정의

SCM(Supply Chain Management), 즉 일명 '공급사슬관리' 또는 '공급망 관리'는 어느 기업에서나 경영 강의에서 결코 빠지지 않는 감초 같은 용어이다. 한마디로 요약하면 '기업에서 원재료의 생산, 유통 등 모든 공급망 단계를 최적화하여 수요자가 원하는 제품을 원하는 시간과 장소에 제공하는 것을 뜻한다.'[8] 다시 말하면 물품과 정보가 생산자로부터 도매업자, 소매상인, 소비자에게 이동하는 전 과정을 실시간으로 파악하고 이를 통해 고객이 원하는 제품을 적기에 공급함으로써 재고비용이나 기회손실을 최소화할 수 있게 된다는 것이 경영이론이 설명하는 정의이다. 때문에 생산업체뿐만 아니라 각 단계별 유통업자, 고객에 이르기까지의 실시간 정보를 공유하여 수요자들의 요구에 긴밀하게 대응하도록 지원하는 것으로 SCM은 각 주체 간에 긴밀한 협력을 통한 가상의 조직이라고도 설명할 수 있다.

김 교수는 오래전에 강의를 통해 접했던 내용 중에 어느 전자제품을 만드는 A회사가 미주지역의 작은 소도시 고객에 이르기까지 인기를 얻고 M/S를 확보할 수 있었던 계기가 바로 실시간 정보를 통해 최소의 적정재고를 상시 공급할 수 있었기 때문이었다고 하였다. 즉, 본사차원에서 미주 어느 시골에 있는 대리점의 재고를 실시간

정보를 통해 관리하고 적정한 물량공급을 통해 재고비용을 줄이면서도 고객의 신망이 더욱 두터워지면서부터라는 것이다. 이에 반해 성능 면에서는 결코 뒤떨어지지 않았던 B회사는 고객이 주문했음에도 물품을 받기까지 많은 시간을 기다려야 하는 불편함이 있어 결국 고객의 니즈에 부응하지 못함으로써 기대하는 수준의 판매를 하지 못했고 고객의 신뢰마저 얻지 못했다는 내용이었다.

SCM의 가치

SCM은 이와 같이 생산단계에서부터 공급량을 결정 시 실제 시장에서 판매되고 있는 정보가 실시간으로 전달되고 이를 통해 각각의 SCM의 주체들에게 필요한 정보를 빠르게 제공함으로써 고객의 니즈를 충족하고 이와 더불어 판매량을 극대화할 수 있다는 점이 가장 중요한 SCM의 구성요소라고 볼 수 있다. 이와 더불어 이러한 공급망 체계는 결국 하나의 제품을 생산하기 위해 필요한 원자재 등 각종 자재에 대해 규모의 경제를 기반으로, 구매를 대행하는 사업 기회를 제공할 수 있다는 점에서 최근 유통기업에게 매력적인 사업으로 부상하고 있다. 즉, 완성된 제품을 만들기 위해서 필요한 자재를 규모의 경제측면에서 우위에 있는 기업이 SCM을 리딩하면서 필요한 자재를 최적의 가격으로 생산자에게 제공함으로써 원가를 줄이고 새로운 신규사업으로 발전시킨다는 것이다.

김 교수는 강의를 준비하면서 SCM에 대해 '좀 더 쉽게 설명할 수 있는 방법이 무엇일까'에 대해 골똘하게 생각했다. 왜냐하면 결국 구매전략을 수행하기 위해서는 반드시 공급망의 최적화를 기반으로 전략이 구상되어야 하고 결국 구매의 위상을 높이기 위해서도 SCM의 주체로서 구매가 바로 서야 하기 때문이다.

"SCM을 알아야 하는 목적중의 하나는 어느 기업이나 신규사업을 청출하고 새로운 매출을 기대할 수 있는 영역이 바로 내부와 외부가 연결되는 공급사슬에서 비롯되기 때문이며 구매의 역할이 확장된 배경이기도 합니다.

일반적으로 경영학에서 말하고 있는 SCM(Supply Chain Management)은 '다자간의 공급사슬 내에 존재하는 불확실성과 낭비요소를 제거하여 최저의 비용으로 고객이 요구하는 최고의 서비스를 제공하여 사업의 가치를 높이고 확장하는 총체적 Network'이라고 말하고 있으며 다음과 같은 당면과제들을 제시하고 있습니다."

SCM 최적화 당면 과제

"첫째, 시장, 고객의 니즈 및 환경의 다변화 등 불확실성이 높은 시장변화에 따라 각 공급체인들의 독립적인 경영전략이 소비자의 수요패턴에 대응하지 못하면 재고 과부족 또는 납기지연 등에 따라 불량품 생산 및 고객서비스 불만족, 이탈고객 발생 등으로 기업의 수익성을 악화시키게 된다는 점입니다. 따라서 Supply Chain 단계에서 실수요자의 정보를 공유하는 것이 필요합니다. 이를 위해서는 일반적으로 기업의 매출을 리딩하는 품목군에 주목할 필요가 있습니다. 즉, 파레토 법칙[9]에 따라 80%의 소비를 일으키는 20%의 아이템을 대상으로 고객의 니즈 분석을 통해 향후 추이를 예측하고 이에 대한 데이터베이스를 기반으로 수요예측의 정확도를 제고하는 것이 기업의 중요한 과제입니다."

둘째는, 공급망의 접점에서 정보전달이 지연, 왜곡됨으로써 마지막 단계에 있는 고객에게 납기지연, 결품 등이 발생하게 됩니다. 이러한 현상의 예는 기업에서 영업의 부풀려진 매출 판매수량 정보에 의해 이를 조달하는 부품재고 또는 생산품이 과소 또는 과잉으로 이어지는 문제 등이 해당됩니다(채찍효과[10]).

셋째는, SCM의 프로세스가 전반적으로 연결되지 못하고 부분적이거나 또는 연결되는 공급회사가 독립적으로 운영됨으로써 상품의 원활한 정보전달체계가 단절된다는 점입니다. 기업 간의 경쟁이 치열해지고 고객지향, 고객만족, 시장요구에 대한 효과적인 대응을 위해서 공급체인의 혁신적인 개선이 필요하기 때문에 시장변화를 신속하게 흡수할 수 있는 유기적인 Supply Chain 구조가 필요하다는 의미입니다. 이는 기업 내부적인 개선으로 인한 부가가치 향상은 한계에 다다르고 있기 때문에 기업외부에 연관되는 신사업과 같은 부가가치를 추구해야 하는 이유가 됩니다. 따라서 여러분 회사에 중요한 것이 무엇인지 판단하고 여기에 맞는 SCM목표를 정해 비용 대비 효율이 높은 사업에 집중해야 합니다."

넷째는, SCM의 조직체계가 수요를 창출하는 기업내부에서도 독립된 부서로 활동 시 부서 간 갈등 및 정보공유가 잘 안되어 민첩한 의사결정이 진행되지 않는다는 점입니다. 때문에 경영진은 이러한 SCM의 특성을 이해하고 지원함으로써 부서 간의 유기적인 협조체계가 원활하게 돌아가게 할 책임과 의무가 있다고 볼 수 있습니다.

다섯째, 가치사슬관리(Value Chain Management)[11]를 소홀히 하여 전체 프로세스 리드타임이 길어지고 가치(Value), 즉, 기업의 목표를 도달하는 기간이 길어진다는 점 등입니다."

SCM최적화를 위한 조직구조

"SCM 전체 최적화를 위해 아무리 좋은 시스템과 프로세스를 구축하였다 하더라도 결국 그 시스템과 프로세스는 외부 공급망 또는 내부 부서 간 갈등을 최소화하고 협업할 수 있는 유기적 구조에 의해 가동됩니다. 때문에 정보공유와 소통하는 의사결정이 가능하도록 하기 위해서는 부서 간 협동을 유도할 조직구조가 필요합니다."

김 교수는 SCM을 관통하는 구매부문이 R&D 기능을 갖추고 내부 주체들의 기획

기능을 통합하는 조직이 필요하다고 생각해 왔다. 왜냐하면 결국 SCM을 최적화하기 위해서는 공급망의 가치사슬 내에서 기업의 역량을 다지고 변화시키는 것이 기업의 생존을 결정하기 때문이다.

"SCM을 성공적으로 정착하기 위해서는 경영진은 물론이고 전사적인 차원의 변화 의지가 중요합니다. 이런 이유로 SCM은 변화관리를 동반합니다. 특히 CEO의 변화와 혁신에 대한 의지는 SCM 전략의 성공을 가름하는 결정적인 요소가 됩니다. 이러한 이유로 여러분이 듣는 구매 강의는 기업의 경영진들이 반드시 들어야 할 내용이라고 생각합니다."

여기저기서 긍정의 몸짓들을 보였다. 다소 피곤한 기색이지만 아마도 경영진들이 들어야 하는 강의라는 것에는 수긍하는 모습이었다.

김 교수는 잠시 설명을 멈추고 청중을 바라보고 질문을 던졌다.

"우리나라의 대규모 식자재(Catering)사업은 어떻게 시작되었을까요?" 다소 엉뚱한 질문이었는지 다소 지친 표정들의 눈망울이 금세 동그래지면서 답을 기다리는 모습이다.

"식자재(Catering)사업의 필요성은 먼저 기업체가 복지차원으로 시행하고 있는 구내식당의 Chef들 중심으로 공동구매의 필요성이 대두되었습니다. 물론 각 기업체의 특성에 따라 다소 차이는 있겠지만 1990년대 중반 무렵부터 이러한 공동구매가 현실화되기 시작했습니다. 따라서 초기에는 식당의 주방장, 즉, Chef들이 공동으로 시장조사를 하고 업체를 선정하고 이를 공급해주기 위해 물류기반을 갖춘 기업에게 배송을 맡기게 되면서부터입니다. 따라서 1990년대 후반에는 도매시장 한편을 할애받아서 물류차량이 동그랗게 원을 그리며 정차해 있으면 공급업체차량이 들어와서 물량을 차량에 얹어주는 원시적인 형태가 지금의 식자재 사업의 첫 출발이었습니다.

불과 20여 년 전의 일입니다."

언제 그랬냐는 둥 피곤해진 모습이 말끔히 사라진 모습으로 김 교수를 바라보는 청중을 향해 말문을 열었다.

"식자재 유통의 공급망은 그런 인프라에서부터 출발했습니다. 그러니 지금의 공급망과 비교한다면 얼마나 장족의 발전을 한 겁니까? 마치 골격만 갖춘 집의 모양이었습니다. 따라서 모든 것이 불안하고 위험했던 모습들이었습니다. 그러한 모습 속에서 외관을 채우기 위해 공동구매 형태의 구매방식에서 비로소 기업체로 구매가 이관되는 과정에서 저 역시 구매를 하게 되었습니다. 우리가 SCM을 배우는 것은 어느 학자가 발표한 이론으로 치부되는 것이 아니라 최소한 내가 하고 있는 구매와 관련하여 어떤 공급망의 역사를 지니고 있는지를 알게 되면 그 변화의 속도가 느껴지실 겁니다. 따라서 여러분은 급변하는 SCM의 변화의 주역으로 이 자리에 계시는 거라면 앞으로 여러분들이 SCM 내에서 새로운 가치를 만들 수 있는 과제들은 무궁무진하다고 말할 수 있습니다. SCM이 여러분의 업무에 얼마나 중요한지 아시겠죠?"

"네~!" 긴 여운이 강의장을 울리면서 10분간 휴식타임에 저마다 분주하게 간식코너로 몰려가는 모습을 바라보았다.

"지난 시간에 이어 마저 못한 얘기를 말씀드리고 SCM을 정리하고자 합니다. 공급체인에 걸쳐 있는 중요한 주체는 참으로 많습니다만 그중 기업 간의 협력 또는 파트너십은 매우 중요한 관계입니다. 예시로 앞 시간에 잠깐 에피소드에 언급했던 물류배송 역시 현재는 고도의 서비스가 3자물류(3Party Logistics)로 변화되면서 국내의 곳곳에 물류기지가 세워졌습니다. 이러한 방향은 결국 아웃소싱을 적극적으로 활용하여 기업의 경쟁력을 최대화하는 방향으로 자신 및 외부기업의 자원을 결합하도록 하는 게 무엇보다 중요하였습니다. 따라서 많은 기업들은 SCM의 부분최적화가 아닌 전체 최적화를 선택하고 있습니다. 한편, SCM의 최적화와 다양한 정보기술의 도움을 받아 업무처리절차의 단순화로 처리시간을 단축하고 Value Speed를 향상시켜 안정된 공급망을 통해 생산원가를 절감함으로써 더 품질 좋고 경쟁력 있는 가격으로 사업수익성을 개선하고 있습니다. 그로 인해 구매자는 좋은 구매가격으로 만족을 추구할 수 있고 더욱 좋은 품질의 필요한 상품을 공급받을 수 있도록 공급자 또한 장기적인 구매자를 확보하는 것으로 안정적인 생산활동을 벌일 수 있게 되는 것입니다.

결국, 구매자와 공급자사이에 Win-win전략을 구축되는 것이 중요합니다."

김 교수는 SCM의 변화를 준비하는 첫 단계에서 지난번 강의했던 '파레토 법칙'에 근거하여 20%의 품목이 80%의 매출을 차지한다는 관점에서 우선적으로 SCM 내 개선 여지가 있는 품목군에 대해 '공급망의 최적화'를 위한 실무과제를 도출해보기를 추천하면서 다음 강의를 기약했다.

구매인의 원가의식

구매인의 범할 수 있는 오류 중의 하나는 원가의식의 개념이 단일품목의 가격에 치중되는 경우이다. 즉, 계란으로 비유한다면 한 개의 값이 몇백 원으로만 이해하는 경우이다. 그러나 실제 저자가 근무했던 회사의 계란 사용량을 따져서 1원을 절감하면 연간 1억 원을 절감할 수 있었던 것을 비유하면 단위당 가격은 큰 의미가 없다는 것을 알 수 있다. 중요한 것은 사용량을 곱한 금액개념으로 원가의식은 설명되어야 하기 때문이다.

저자가 가공품을 담당하고 있을 때 늘 마시던 우유에 대해 1원을 Nego하기 위해 출장을 간 적이 있었다. 우유 역시 1원을 절감하면 1억이 절감되는 품목이었다.

사실 저자는 당시 '뭐 1원인데 Nego해 주겠지.'라는 안이한 생각을 가졌다. 물론 당사와의 전략적 관계임을 피력하고 설득할 수 있는 논리를 충분히 준비한 상태라서 어느 정도의 자신감은 있었다. 그러나 결과는 완전 참패였다. 협력사의 원가의식은 저자가 생각하는 정도를 넘어섰기 때문이다. 결국 목적은 달성하지 못했지만 절박함이 강할수록 원가의식은 더 확고하다는 것을 협력사를 통해 인지하게 되었다.

그도 그럴 것이 계란을 도매하는 경우는 '1원 몇십 전'까지 거래를 하는 세상인데 말이다. 그날의 교훈은 구매를 하는 매 순간 긴장감을 주는 동력이 되었다.

'결국 구매인의 원가의식은 개념적인 것이 아닌 절박함에서 비롯된다는 것을 상기하라.'

결국 구매가 최고의 경쟁력이다

잘 나 가 는   1%   C E O 만   아 는   구 매   시 크 릿

제4장

잘나가는
기업의
구매 역량

"지금까지 구매의 업무와 구매의 현 수준, 그리고 구매 위상을 찾기 위한 기본적인 방법론, 그리고 SCM상의 구매의 역할 등을 설명드렸습니다. 이러한 설명들은 구매의 심화과정에 들어서기 전에 먼저 숙지해야 다음 강의를 좀 더 쉽게 이해할 수 있기 때문입니다.

이제는 구매를 하는 분이라면 알아야 할 구매의 본질과 그에 따른 핵심역량이 무엇인지 하나씩 심도 있게 살펴보도록 하겠습니다. 아마도 아직까지 혹자는 '저런 게 왜 필요해? 구매는 발품으로 하는 거고 최저가에 구매하면 되는 거지.'라고 생각하시는 분이 계실 수 있습니다. 저 역시 국내외 유수기업의 컨설팅을 접해 보던 당시에는 내가 최고라고 컨설팅을 받는 동안 내내 반신반의했던 적도 있었습니다. 그런데 정말 중요한 것은 한참이 지나서야 알게 되었지만 제가 구매를 잘하고 있다는 것을 잘 설명할 수가 없었습니다. 여러분이 구매인으로서 진급도 하고 관리자가 된다면 여러분의 부하직원들이 잘 사고 있는 것을 친분의 정도로 평가하실 건가요? 회사 사장님이 구매는 잘하고 있는지를 물으신다면 여러분은 '구매MD 각 개인의 역량이 특출 나서 잘하고 있습니다.'라고 답변한다면 설명이 잘 된 걸까요? 기업은 끊임없이 검증하기를 좋아합니다. 때문에 저는 항상 구매인은 구매를 잘하는 기술자가 되기보다는 잘하는 구매를 효과적으로 잘 설명할 수 있는 이론적 배경을 갖춘 전략적 구매인이 되어야 한다고 강조합니다. 그 이유는 앞서 잠깐 말씀드렸지만 여러분 또는 부하직원이 구매를 잘하고 있는지를 측정할 수 있는 지표가 무엇인지, 실제 효과적으로 원가절감을 실현했다고 하는 사실을 타당한 Tool로 검증하여야 하기 때문입니다. 아마도 이 부분은 제 강의가 거듭될수록 그 의미에 대해 이해하게 되실 거라 생각합니다. 다시 말하면 이론적 배경을 가지고 실무에 접한다면 반복된 얘기지만 여러분은 단지 잘사는 기술자가 아니라 잘사는 비결을 이론적으로 설명할 수 있는 논리적인 구매인이 되실 수 있기 때문입니다.

여러분이 소속되어 있는 구매사업부 또는 각 구매부서의 핵심역량이 무엇인지 생각해보신 적이 있는지요?"

김 교수는 하나의 질문을 던지고 바로 답을 제시했다.

"우리는 앞 시간에 구매의 현 수준을 측정하는 방법을 함께 살펴봤고 이를 위해 가치를 창출하는 길은 SCM 체계 속에서 찾아볼 수 있음을 알았습니다. 이제는 다시 구매 내부로 돌아와서 구매의 핵심역량을 찾아가는 방법에 대해 설명해드리고자 합니다. 핵심역량의 정의는 '그 실체의 범위가 쉽게 측정되지 않아서 타 기업이 쉽게 모방하기 쉽지 않은 것으로 장기간의 노하우와 문화, 기술이 축적되어 발현하는 것'이라고 말할 수 있습니다. 따라서 구매에 있어서도 그러한 핵심역량을 정확하게 진단하고 찾아내어 가치를 창출할 수 있도록 세부 역량과제를 도출할 수 있어야 합니다."

1. 구매역량 뽑아내는 괜찮은 Tool

"구매의 개념은 고객이 원하는 식자재를 최적의 협력사를 통해 최적의 가격으로 공급함으로써 고객만족과 수익창출에 기여하는 가치창출 사업입니다. 여기서 '가치창출'이란 원가를 줄이는 것뿐만 아니라 고객이 원하는 상품을 개발하여 신규 매출을 발생시킬 수 있고 여기에 새로운 사업을 더하여 회사의 가치를 한층 더 높일 수 있는 것'이라고 말씀드렸습니다. 따라서 새로운 가치창출을 만들어 내기 위해서는 각 사마다 구매의 핵심역량이 무엇인지 고민하고 그에 대해 핵심역량을 도출하려는 노력이 필요합니다.

핵심역량이란 어떤 것들을 말하는 것일까요?

첫째, 고객들에게 뛰어난 가치를 줄 수 있어야 합니다. 즉, 경쟁자에 비해 강점을 개발할 수 있어야 하고 혁신을 할 수 있어야 하며 고객들이 그 가치를 인식, 인정할 수 있어야 한다는 것입니다.

둘째, 다른 비즈니스 부문에서도 그 가치가 활용 가능하여야 합니다. 다시 말하면 기업의 핵심역량은 신규사업을 위해서도 충분한 동력을 제공할 수 있어야 합니다.

셋째는, 경쟁자들이 따라하거나 대체할 수 있는 능력이 없어야 합니다. 따라서 시장에서 쉽게 도입가능해서는 안 되며 업무 프로세스상에서는 구현되지만 특정해서

떼어낼 수 없을 때 지속적 경쟁우위를 가질 수 있게 됩니다. 이런 관점에서 구매의 핵심역량을 살펴봅시다.

일반적으로 구매 핵심 역량의 영역을 크게 나누면 QCD(Quality, Cost, Delivery)로 대변할 수 있지만 시황분석, 가격관리, 상품 개발, 품질관리, 협력사관리 등으로도 분류됩니다. 시황분석은 구매전략 수립을 위한 품목별 장단기 시장동향을 수집 분석하는 것이고 가격관리는 매입하는 가격의 정확도 또는 신뢰도를 평가하기 위한 산출 프로세스를 통해 합리적인 가격을 결정하는 가격체계라고 말할 수 있습니다. 한편, 상품개발은 고객 니즈를 반영한 다양한 상품을 지속적으로 출시하는 프로세스 구축과 활동을 말합니다. 품질관리는 현장활동 등을 통한 선제적인 품질 클레임 제어활동으로 차별화된 맛과 균일성이 요구되는 역량입니다. 마지막으로 협력사관리는 협력사와의 전략적 협업 및 공동가치를 창출할 수 있도록 하며 이를 위해 지속적인 우수협력사 발굴과 육성이 요구되는 항목입니다. 이러한 역량을 좀 더 확고하게 정립해가기 위해서는 세부적인 과제를 통해 핵심역량을 총체적으로 관리해야 합니다.

우선적으로 이번 시간에는 각 구매부서의 핵심역량을 도출하는 방법에 대해 설명해드리고자 합니다. 이런 활동의 목적은 여러분이 생각하는 역량을 브레인스토밍[12]을 통해 함께 찾아내고 공감함으로써 조직의 결속력을 다지고 더불어 핵심역량으로 변화 발전시켜 구매경쟁력으로 자리매김하기 위함입니다."

VDT(Value Drive Tree) 분석

"먼저 앞에서 말씀드린 핵심역량의 영역 중 품질관리를 예시로 설명한다면 품질관리를 위해 어떤 것들이 필요한지를 우선적으로 알 필요가 있습니다. 왜냐하면 핵심역량은 업무프로세스 상에서 구현되고 조합된 결과물이라고 말씀드린 바처럼 품질관리를 위해 절대적으로 필요한 항목들을 찾아내고 이를 프로세싱해야 하기 때문입니다. 따라서 일반적으로 VDT(Value Drive Tree)[13]는 이러한 영역의 필요 항목을 찾아내고 각각의 항목들을 개선하고 결합함으로써 핵심역량을 프로세스화하는 데 상당히 많은 기업이 활용하는 Tool입니다. 예를 들어 다음의 표에서 보듯이 농산물을 유통하는 회사에서는 품질 경쟁력을 위해서 산지의 원물 품질과 공급사의 품질관리가 우선적으로 도출할 수 있는 필요 항목이며 이 2가지 요소는 좀 더 세부적인 활동요소를 도출하고 마지막 단계에서는 더 구체적인 실천항목들로 집약되게 됩니다.

아래표의 예시에 대해 추가 설명을 드리면 품질경쟁력을 확보하기 위해서 필요한 영역은 산지(원류) 원물의 품질관리 체계와 유통 협력사의 품질 경쟁력이 중요하다고 판단한 내용입니다.

또한 이를 위해서 필요한 항목은 산지의 경우 생산, 집하, 배송영역에서 정확한 품목규격 설정, 보관온도와 포장방법, 배송온도가 중요한 요소이며 이를 위한 상세 필요한 활동은 품목규격서를 운영하고 산지의 콜드체인화, 상품 포장 규격화 등이 필요 실천항목으로 도출되는 것을 예시로 볼 수 있습니다. 이런 도출 방식은 각 팀원들이 함께 브레인스토밍을 통해 도출해보면 어렵지 않게 도출할 수 있음을 경험하시게 될 겁니다. 한편 도출된 항목들은 상위의 항목을 충족시키기 위한 필요요소가 되는 것이므로 해당항목을 개선할 수 있는 과제를 도출하고 개선활동과 더불어 프로세스화한다면 비로소 핵심역량으로 자리 잡게 되는 것입니다. 다시 말하면 핵심역량은 하나의 키워드로 집약할 수 있지만 실질적인 의미는 그 키워드에 담긴 프로세스의 집합체임을 꼭 숙지하셨다가 현업에서 활용해보시기를 추천 드립니다. 분명 여기계신 구매인들의 부서가 당장 해야 할 역량과제들을 찾아내는 계기가 될 것입니다."

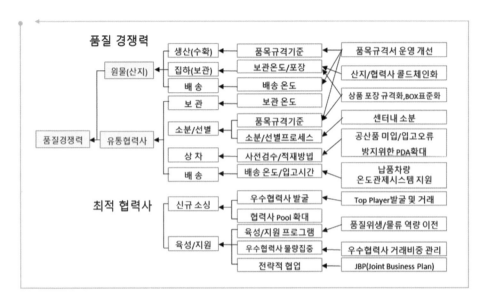

품질 경쟁력

원물(산지)
- 생산(수확) → 품목규격기준 → 품목규격서 운영 개선
- 집하(보관) → 보관온도/포장 → 산지/협력사 콜드체인화
- 배송 → 배송 온도 → 상품 포장 규격화,BOX표준화

품질경쟁력 ← 유통협력사
- 보관 → 보관 온도
- 소분/선별 → 품목규격기준 → 센터내 소분
- 소분/선별프로세스 → 공산품 미입/입고오류 방지위한 PDA확대
- 상차 → 사전검수/적재방법
- 배송 → 배송 온도/입고시간 → 납품차량 온도관제시스템 지원

최적 협력사
- 신규 소싱 → 우수협력사 발굴 → Top Player발굴 및 거래
- 협력사 Pool 확대
- 육성/지원 → 육성/지원 프로그램 → 품질위생/물류 역량 이전
- 우수협력사 물량집중 → 우수협력사 거래비중 관리
- 전략적 협업 → JBP(Joint Business Plan)

〈전략실행 VDT(Value Develop Tree)〉

VRIO(VRIO framework) 분석

"핵심역량을 도출하는 방법에는 VDT(Value Develop Tree)뿐만 아니라 VRIO 분석법도 기업 내에서 많이 사용되는 방법 중 하나입니다. 앞에서 VDT 분석이 상위의 역량항목을 충족하는 하부 필요요소를 찾는 과정에서 문제를 도출하고 이를 개선하는 활동과 더불어 각각의 필요항목의 요소를 프로세스로 결합한 Tree의 개념이라면 VRIO 분석은 이렇게 도출된 역량 중 우선순위의 역량이 실제 경쟁우위를 지닌 것인지를 밝히는 작업이라고 할 수 있습니다. 왜냐하면 이런 분석을 하는 이유는 기업마다 동종업체와 비교 시 차별화된 역량이 있는지 또한 이 역량이 경쟁우위를 점하고 있는지를 점검함으로써 지속 유지할 수 있는 역량과 보완이 요구되는 역량을 측정하여 개선활동의 우선순위에 따라 업무에 대한 집중도를 높일 수 있기 때문입니다."

1) VRIO 모형

김 교수는 VRIO 모형은 부서원 개개인이 자신이 속한 부서의 역량에 대해 의견을 교환하고 가장 핵심이라고 생각되는 역량을 도출하는데 상당히 유용하게 사용되고 있음을 강조했다. 또한 QCD관점의 핵심역량에 대해 설명하기 전에 먼저 VDT를 통해 필요항목들을 분석하고 그에 대한 결과물을 조합한 역량을 선정하는 것과 이를 VRIO 모형으로 경쟁을 비교하여 진정한 경쟁우위의 핵심역량을 도출하는 과정을 구체적으로 이해하는 것은 핵심역량을 이해하는 데 가장 필요한 프로세스임을 강조하였다.

"역량의 특징은 남이 따라 하기 힘들지만 내부적으로는 조직원들이 쉽게 적용, 활용되는 것이라고 볼 수 있습니다. 또한 전략을 수행한다는 것은 이러한 기업이 보유한 자원을 인식하고 보유 자원들 간의 관계를 기반으로 기업역량을 파악하고 역량 간의 조합으로 경쟁우위 산업에 참여함으로써 높은 수준의 이윤을 창출하는 것을 말합니다.

그렇다면 경쟁우위의 기반이 될 수 있는 자원은 무엇일까요?

지금부터는 앞에서 말씀드린 'VRIO framework'[14]을 사용하여 여러분 기업의 핵심역량을 찾아보도록 하겠습니다."

이 분석방법은 김 교수가 현직에 있을 때 구매부서의 역량을 파악하기 위해 워크숍을 통해 각 구매부서의 역량을 분석하였고 상당부분 효과를 검증한 방법인데 활용성, 희소성, 모방성, 조직화로 설명할 수 있다.

"다시 말하자면 이러한 4가지 자원이 적합할 때 핵심역량이 될 수 있습니다. VRIO 분석방법의 중요성은 다음과 같습니다.

첫째, 기업역량을 어떤 방법을 통해 경쟁자들과 비교하여 강점과 약점을 보완할 것인가가 중요하고 이를 통해 기업이 가진 자원과 능력이 경쟁우위의 원천이 될 수 있는지 판단하여 전략을 세울 수 있게 한다는 점에서 중요합니다. 다시 말하면 기업의 내부 자원이 어떤 것인지가 다른 기업에 비해 더 성공적일 수 있는지에 대한 근거를 제공하기 때문입니다. 즉, 기업의 자원과 역량은 기업의 경쟁우위의 원천이고 궁극적으로는 경제적 성과의 차이를 가져옵니다. 여기서 '자원'이란 유무형 자산으로 이러한 각기 다른 자원들을 최대한 이용함으로써 해당 조직의 역량으로 평가받게 된다는 점에서 중요한 요소가 될 수 있습니다. 또한 기업마다 서로 다른 자원은 몇몇 자원과 특정역량들이 합쳐서 생기며 전혀 새롭고 모방하기 힘든 역량으로 나타납니다. 따라서 기업 간에 자유롭게 인적자원이 이동되는 것은 어쩔 수 없는 현실이기 때문에 기업은 각자 보유한 자원들 간의 조합을 통해 만들어지는 비 유동성 자원을 강화하고 있습니다. 왜냐하면 특정인력, 부서원, 기술 등을 모두 스카우트하거나 입수하더라도 경쟁기업만큼의 성과를 내기 어렵고 그 자원을 보유하기 위해서는 해당기업이 가지고 있는 '자원들의 조합'을 통으로 가져와야 하기 때문에 사실상 불가능하고 이 역시 매우 높은 수준의 비용을 지불하여야 하는 구조가 되기 때문입니다.

둘째, VRIO 모형은 어떤 조직의 경쟁우위를 도출하는 데 도움이 되는 Tool로 해당자원이 우리에게 가치가 있는지, 희소성이 있는지, 모방성이 있는지, 또한 조직에 체화되어 있는지를 분별하여 경쟁우위를 판단하게 합니다. 즉, 가치 있는 자원은 기업의 수익을 증가시키는 결과를 가져옵니다. 또한 이러한 특정자원과 능력을 보유한 기업은 지속적 경쟁우위를 가질 수 있게 되는 거죠. 반면, 가치는 있는데 희소하지 않다면 경쟁 등위 수준이 됩니다. 모방가능성이 어렵다는 것 역시 그 희소성으로 인해 희소한 자원으로 인해 한시적(임시적) 경쟁우위는 지속될 수 있을 겁니다. 또한 이러한 자원을 운영하는 조직 역시 보유한 자원과 능력을 충분히 이용하기 위해 조직화되어 있는가도 중요한 요소가 됩니다. 이러한 기업의 자원 구조는 상호 보완작용을 하며 기업은 지속적인 경쟁우위를 가질 수 있게 됩니다.

따라서 VRIO에 대해 구매부서 내에서 각각의 품목군을 담당하는 부서마다 이 표를 이용하여 핵심역량의 경쟁정도를 비교한다면 경쟁우위를 위한 역량들에 집중하고 좀 더 차별화할 수 있는 역량을 위한 과제에 도전하게 될 겁니다."

2) VRIO 모형 적용 방법

"아래 표에서 보시듯이 먼저 여러분 품목군을 위해 가장 필요한 경쟁력이 무엇인지 역량을 먼저 도출하고 그 역량이 다음의 4가지 요건에 Yes인지 No인지 기록해보는 시간을 갖도록 하겠습니다. 우선 다음 표를 보면서 다시 설명을 덧붙이면 어떤 역량으로 도출한 항목이 4가지 요소(VRIO)가 모두 No로 표시된다면 이 역량은 사실 경쟁에 있어 열위에 해당됩니다.

또한 역량으로 도출된 항목이 기업의 자원으로서 가치가 있는가에 대한 답이 Yes이고 나머지가 No라면 타 동종업계와 비교 시 경쟁측면에서 동일한 조건이라고 설명됩니다.

마찬가지로 가치가 있고 희소한 것이 Yes이나 모방이 힘든지 여부가 No라면 지금 당장은 경쟁우위에 있을지라도 조만간 경쟁사가 따라 할 수 있는 임시적 경쟁우위에 있는 역량이라고 할 수 있습니다. 따라서 경쟁 열위와 경쟁 등위, 임시적 경쟁우위가 지속적 경쟁우위로 전환되기 위해서는 필요한 과제를 선정하여 자원 간의 조합을 좀 더 구체적으로 결합하는 활동이 요구될 것입니다. 물론 목표수준은 4가지 요소가 모두 Yes를 충족하는 지속적 경쟁우위를 확보하는 단계까지입니다.

자원이나 능력이 가치 있는가? (V)	희소한가? (R)	모방하기 힘든가? (I)	조직에서 이용하는가? (O)	경쟁적 시사점
No	No	No	No	경쟁 열위
Yes	No	No		경쟁 등위
Yes	Yes	No		임시적 경쟁우위
Yes	Yes	Yes	Yes	지속적 경쟁우위

〈VRIO 모형 적용 예시〉

우선 먼저 핵심역량을 도출하기 위해서는 앞에서 설명 드렸던 VDT를 사용하거나 부서원들이 각자 속한 구매부서 내에서 경쟁력 있는 자원이 무엇인지 브레인스토밍을 통해 도출해내고 각각의 역량별로 다음 표와 같이 질문을 했을 때 해당되는 Tree가 가리키는 영역이 여러분이 도출한 핵심역량의 현 수준 또는 경쟁력의 정도라고 말할 수 있습니다.

다음 표의 Tree를 참고하여 각자 소속된 부서끼리 토론해 보고 발표할 시간을 잠깐 가지려고 합니다. 여기서 '조직에서 이용(활용)이 가능한가'에 대한 질문에서 No인 경우는 활용되지 않은 경쟁적우위의 결과를 가져오므로 현 단계에서 논의대상에서 배제하도록 하겠습니다. 우리가 VDT(Value Drive Tree)는 실제 해보지 않았으니 좀 더 디테일한 역량은 다음에 현업에서 하는 걸로 하고 오늘은 부서별로 토론을 통해 각 부서의 핵심역량이 어떤 것인지 도출해보고 VRIO 모형에 적용하였을 때 경쟁의 유형이 어떻게 분석되는지 찾아보시기 바랍니다. 다소 귀찮다고 생각하시는 분도 계시겠지만 한 번 해보시고 나면 굉장히 유용한 Tool임을 아시게 될 겁니다.

실전을 익혀야 방법을 터득할 수 있겠죠?" 김 교수는 의미심장한 말을 덧붙이고 웃음 띤 얼굴로 부산하게 움직이는 청중을 바라보았다.

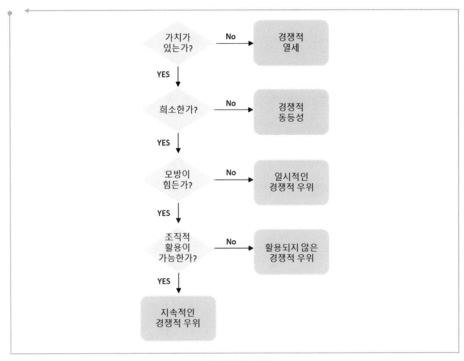

〈VRIO 모형 적용 방법〉

　김 교수는 각각 소속되어 있는 조직의 구성원들로 편을 나눠서 토론할 수 있도록
했다. 잠시 동안 강의장이 토론장으로 와자지껄해졌다. 주어진 시간이 지나고 김 교
수는 토론을 멈추고 제일 토론이 진지했던 팀에게 발표 요청을 했다. 그 그룹은 농산
품목을 취급하는 파트로 다음 4가지 역량을 도출했음을 발표했다.

구 분	자원이나 능력이 가치 있는가? (V)	희소한가? (R)	모방하기 힘든가? (I)	조직에서 이용하는가? (O)	경쟁적 시사점
우수협력사 육성 프로그램	Yes	Yes	Yes	Yes	지속적 경쟁우위
차별화 상품 개발	Yes	Yes	No	Yes	임시적 경쟁우위
바이어 역량 개발	Yes	No	No	Yes	임시적 경쟁우위
품질 대응력	Yes	No	Yes	No	경쟁 등위

〈VRIO 토론 결과 예시〉

"짧은 시간에 열띤 토론을 해주셔서 감사합니다. 우선 발표하신 그룹의 경우 지속적 경쟁우위인 우수 협력사 육성프로그램은 말씀하신 대로 단순히 만들어지기 어려우며 나름 투자비용이 수반될 수 있는 분야이기 때문에 동종사가 쉽게 모방하기 어려울 겁니다. 두번째 차별화 상품의 경우는 임시적 경쟁우위로 하셨는데 결과적으로 임시적 경쟁우위를 지속적 경쟁우위로 전환하기 위해서는 '특허등록' 또는 'PB'등으로 타사가 동일 제품을 개발하는데 제약요건을 만들어 지속적 경쟁우위를 갖추는 것이 필요할 것입니다. 또한 품질 대응력이 가치 있는 자원이긴 하나 기타 항목에서 NO로 선택되어 경쟁적 시사점이 경쟁 등위로 되었다면 '품질경쟁력'을 타사와 다르게 차별화하는 과제를 수립하여 실행하는 것이 향후 지속 경쟁력을 갖출 수 있는 요소가 될 것입니다. 그리고 오늘은 토론을 통해 핵심역량을 도출했지만 좀 더 시간을 두고 프로세스가 내재되어 있는 항목 중심으로 핵심역량을 선정해서 활용해보시기를 바랍니다."

한편, 김 교수는 경쟁우위가 변하면서 경쟁상황이 동일해지면 새로운 전략을 통해 핵심역량이 지속경쟁우위를 유지할 수 있도록 해야 한다는 점도 유념하도록 했다. 따라서 지속 경쟁우위를 위해서는 분기단위로 역량에 대한 VDT, VRIO 평가를 통해 해당부서에서 보완 또는 강화해야 할 역량이 무엇인지 파악하고 과제를 도출하여 혁신해 나가는 것이 필요함을 재차 강조하였다.

2. 레벨로 보는 구매 전략 방향

핵심역량	Level 1	Level 2	Level3	Level 4
Global 원가경쟁력	가격중심구매	품목특성별 통합구매	전략소싱구축 TCO관점 절감	구매/사업 전략의 통합
협력사 선진화	단순한 거래적 관계	등급별관리 부분적 협업	핵심업체 육성 공급사 정예화	전략관계구축 공동가치 창출
최적구매 SCM	수작업 비표준화	구매업무 System화	계획구매 System 구축	글로벌 통합 Infra 구축
구매 전문역량	조직세분화 전문성 부족	구매조직의 세분화/전문화	조직 내/외부 협업 강화	전략 집중형 전문가 집단

☐ 최근 중점 전략 영역

〈단계별 추진과제〉

"구매가 추구하는 핵심가치는 원가(Cost), 품질(Quality), 납기(Delivery)로 국내 유명기업인 'S'사의 경우 여기에 최근 협력업체의 경쟁력 역시 중요한 요소로 부각되어 공급 대응력(Response)과 기술(Technology)의 가치 역시 추가되고 있습니다.

여기서는 각 사의 품목 특성 또는 공급시장의 환경에 따라 단계별 구매 전략과제의 Level은 다소 다를 수 있겠지만 기본적인 핵심 역량은 1)원가경쟁격, 2)협력사 선진화, 3)최적구매SCM, 4)구매 전문역량 이 4가지 영역의 예시를 통해 설명할 수 있습니다.

표를 보시듯이 이 4가지 핵심역량에서 Global 원가경쟁력을 위한 전략방향은 초기 단계는 품질요소보다는 가격이 우선시되는 구매였고 이후 유사한 품목을 묶어 구매하는 통합구매로 발전하였으며 이후 전략방법론을 구체화하는 전략 소싱 구축과 더불어 구매에 총체적인 비용을 감안한 TCO관점의 구매 절감을 추구하게 되었습니다. 그리고 이제는 구매가 한 기업의 전략과 더불어 신규사업을 창출하는 순기능까지 담당하는 영역까지 부상되고 있습니다.

또한 협력사 선진화 역시 단순한 거래관계에서 출발하여 협력사의 취급하는 품목의 매출규모 또는 기여도에 따른 등급별 협력사 관리가 시행되었고 부분적 협업도 이루어지게 되었습니다. 이에 따라 우수 협력사를 육성화하고 규모의 경제를 위한 협력사 정예화를 추구하게 되었으며 현재 선진 구매기업의 경우 전략관계를 구축하여 공동의 가치를 창출하는 단계까지 와 있다고 볼 수 있습니다.

최적구매 SCM 측면에서는 초기 레벨에서는 비 표준화되어 있던 구매형태를 시스템으로 정착시키고 이후 사전 계획된 물량을 통해 최적의 가격결정을 사전에 준비할 수 있게 되었으며 대내외 인프라를 확대하면서 범 글로벌 시대의 구매 인프라를 확대하는 단계에까지 확장되었습니다.

마지막으로 구매전문역량은 조직의 전문성이 부족하여 조달구매에 국한된 구매형태였으나 구매조직을 세분화하면서 전문성을 추구하게 되었습니다. 그리고 구매는 독립적으로 운영되는 것이 아닌 유관부서와의 지속적인 협력체계가 필요한 조직으로 변화되면서 내 외부 협업체계를 통해 구매전문가 집단으로 전략을 집중화할 수 있는 단계로 발전하게 되었습니다."

김 교수가 전략 방향의 현 수준을 측정하고 해당 단계에서의 추진과제를 설명한 이유는 결국 구매가 지향하는 QCD 역량을 효과적으로 수행할 수 있는 전략적 기반을 구매기업이 갖추었는지를 평가한다는 의미도 담겨 있다. 왜냐하면 선진기업의 경우 Level 3, 4 전략과제 수행단계에서 가장 QCD역량이 프로세스화되어 효과적으로 수행되고 있기 때문이다.

따라서 기업이 전략 단계를 측정하고 과제수행을 통해 상위단계로 진입하는 것은 구매 본연의 본원적인 역량을 얼마나 효과적으로 달성하고 있는가를 보여주는 것과 같다는 것을 부연설명으로 덧붙이면서 다음 강의를 이어갔다.

"글로벌 기업들은 최고의 구매책임자(CPO)를 영입하여 제조 프로세스 전 과정을 분석하고 자사제품의 원가 경쟁력 확보를 위해 최적의 구매 프로세스를 구축하고자 노력하고 있습니다. 이는 결국 구매부문이 전략의 핵심으로 기업의 전략적 선도자로 자리매김하고 있다는 것을 단적으로 보여주는 것입니다. 왜냐하면 구매의 중요성은 원가측면에서 찾아볼 수 있는데 '기업의 원가측면에서 전체 매출 원가의 60%를 구매가 관장하고 있고 구매와 연관된 물류나 공급사슬까지 포함하면 제조원가의 90%까지 구매분야가 차지하고 있다'[15]는 것이 현실이기 때문입니다. 따라서 단순조달 개념의 구매에서 기업의 가치를 높이고 구매기업이 경쟁력의 근간으로 역량 확대를 통해 지속적인 혁신이 필요하다는 가치창출의 관점에서 보면 각 사마다 구매의 역량 수준이 다를 수밖에 없습니다. 때문에 우리 회사의 구매 역량은 무엇이며 어느 정도의 위치에 와 있는지 공급망 관리의 핵심인 품질(Quality), 원가(Cost), 물류/서비스

(Delivery) 관점에서 단계를 정의하고 각각의 항목에 대해 세부적인 역량을 기술할 필요가 있습니다.

자, 그러면 이제부터 QCD 관점에서 각 부문별로 일반적으로 규정하고 있는 핵심 역량을 구성하는 프로세스의 내용들이 무엇인지 알아보고 여러분 회사의 현 수준은 어디까지 와 있는지도 함께 찾아보도록 하겠습니다. 또한 현업에서 구매인들에게 꼭 필요하며 실제 대기업에서 활용되고 있는 사례 중심으로 설명을 드리고자 합니다."

김 교수는 좀 더 폭넓은 사례 소개를 통해 현업에서 바로 접목이 가능한 부분이 있다면 실질적인 도움이 되기를 내심 기대하고 있었다.

3. 실무로 익히는 품질혁신 사례

"교수님 그동안 안녕하셨어요."

"네. 오랜만에 뵙는 것 같습니다. 사업은 잘되시죠?"

"네. 그런대로 유지하고 있습니다. 하하."

김 교수는 현직에 있을 때 거래했던 김치업체 강 사장님과 인사를 나눴다. 강 사장은 젊은 시절부터 김치사업을 해서 이 계통에는 전문가라고 말할 수 있는 분이다.

"요즘에는 수입김치가 시장을 장악하면서 국내산 김치사업이 많이 힘들다고 들었습니다. 실제 그렇습니까?"

"아, 네. 김치업체가 많고 경기가 안 좋아져서 수입김치를 쓰는 거래선들이 많아지고 있습니다. 이 사업자체가 경쟁이 치열해서 매출은 늘었는데 수익성은 계속 떨어집니다."

"아무래도 김치사업이 HACCP이 의무화되긴 했지만 시설측면에서는 특별히 어려운 사업이 아니다 보니 신규업체가 계속 생겨나고 있어 더 그런 것 같습니다."

김 교수는 우리나라 식단에 빠질 수 없는 김치는 식자재를 취급하는 곳이라면 어디든 그 비중이 쌀과 비슷하게 중요한 품목이라는 것을 잘 알고 있다. 그러나 위생부분에 문제가 있거나 이물 등이 발견되는 경우가 많은 품목으로 까다로운 위생조건을 갖추지 않으면 한순간에도 거래가 중단될 수 있기 때문에 품질에 민감할 수밖에 없다는 것 역시 실감하는 내용이다. 때문에 '품질'에 대해 강의를 준비하기 위해 최근 품질부문이 실제 제조하는 기업의 입장에서 어떻게 변해가는지 알고 싶었던 것이 오늘 강 사장을 찾아온 이유이다. 김 교수는 지나온 시간 동안 강 사장의 균일한 품질 유지와 위생적인 공급을 위해 어떤 정책을 취하고 있는지 넌지시 질문을 던졌다.

"하, 네. 지금 생각하면 김치사업을 왜 시작했는지 후회 막심입니다. 하하." 강 사장은 품질이슈에 대해 누구보다도 개선하고자 했던 의지도 강했기 때문에 하고자 하는 말도 많았는지 자세를 고쳐 앉고 말문을 열었다.

"교수님, 진짜 억울한 일도 많았습니다. 볶음밥 메뉴에 이물질이 나왔다면서 왜 김치를 싸잡아 이물이 나올 확률이 많다고 걸핏하면 현장점검 나와서 문제를 삼는지 모르겠습니다. 그래서 금속탐지기는 기본이고 지금은 별도 인력을 배치하여 엑스레이 투시기까지 갖추고 지켜보고 있을 정도입니다."

"그래요? 고생이 많으셨군요. 그래서 지금은 많이 개선되었나요?"

"네. 지금은 그런 노력을 아시고 우수사례로 가끔씩 기업체에 가서 발표도 하곤 합니다. 원물 구매하는 시점부터 청정지역 원물 위주로 구매하고 있고 세척 역시 두 번 하던 것을 세 번으로 늘려서 하고 있어요. 엑스레이 투시기 효과도 조금은 보고 있습니다."

"와, 대단하시네요. 발표까지 하신다고 하니 그 노고가 이제야 빛을 보시는 것 같습니다."

"아, 네. 감사합니다."

"그런데 김치 맛이 업체마다 조금씩은 다른데 고객들 취향을 일일이 맞추실 수 있는가요?"

"그게요, 처음에는 한 가지 맛이었는데 지금은 지역별로 다 다르게 양념 배합을 하고 있습니다. 매운 맛 정도도 고객사의 요구대로 5개의 레시피로 만들고 있습니다. 더더구나 숙성정도에 대해서도 고객사 특성을 사전에 조사해서 숙성온도로 출하일 정을 맞추고 있습니다. 이제는 과학적으로 관리하지 않으면 고객을 만족시킬 수가 없어요. 하하."

강 사장의 웃음 뒤에는 그간의 수고로움에 약간의 피곤함도 분명 엿보였다.

"정말 훌륭하십니다. 일반적인 품질기준뿐만 아니라 고객마다 다른 주관적인 품질까지 생각하시는 것은 대단한 일입니다. 그 정도까지 세밀하게 준비하시는 업체는 국내에 몇 안 될 듯합니다. 제품에 대한 차별화만이 중요한 게 아니라 바로 고객만족을 유도하는 서비스 품질수준을 맞추는 일은 정말 많은 시간이 소요되는 일이기 때문입니다."

김 교수는 다음 강의시간에 설명할 '품질'에 대해 오늘 강 사장의 노력을 새삼 마음에 새기면서 꼭 구매인들에게 요즘 공급사들의 살아 있는 현장의 목소리를 전달해야하겠다는 의무감을 느꼈다. 한편 구매에 있어 각각의 핵심역량에 대해 기업체의 경험적인 내용들도 이론과 더불어 이해되도록 강의를 준비해야 하겠다고 마음을 다졌다.

차별화된 품질 정의 및 유형

구매부서에서는 품질 클레임이 발생 시 본질적인 품질문제를 해결하는 것이 아니라 매일 반복된 대응을 하다 보면 스트레스가 이만저만이 아니다. 어떤 경우에는 이직을 하거나 다른 업무로 보직을 바꾸는 경우도 있기에 해결책을 제시하는 것이 오늘 이 강의를 듣는 구매담당자 분들께 들려주고 싶은 내용이기도 했다.

"대부분의 기업에서는 고객 클레임 대응에 집중하다 보니 문제의 근본에 접근하기가 어렵죠? 먼저 이를 해결하기 위해서는 반드시 품질의 개념부터 이해하고 넘어가야 합니다. 일반적 식품의 품질특성 관점에서 알려진 내용은 앞서서 잠깐 언급한 바 있지만 자사 식재료에 대한 품질을 절대적 품질과 상대적 품질로 구분하는 방법입니다. 쉽게 설명하면 사과의 경우 '병충해 흠집이 없고 꼭지가 빠지지 않는 것, 당도 15~18브릭스 정도' 등 여기서 다 기술할 수 없지만 일반적으로 설명되는 기준을 절대적 기준으로 보는 것이고 주관적 기준은 고객사 담당자 취향에 따라 사이즈나 당도 등의 해당 고객사의 요구조건을 덧붙이는 경우 별도의 선별이 필요한 기준이 될 수 있습니다. 여기에 품질이 좋은 시기와 나쁜 시기간의 스펙트럼 품질기준[16]도 있는데 이 역시 품질을 나누는 세 번째 기준으로 구축이 된다면 웬만한 품질 문제는 이 안에 다 걸러지게 된다는 것을 아시게 될 겁니다."

김 교수는 품질에 대한 이슈를 해결하기 위해 많은 노력을 했고 비로소 많은 시간이 지나서야 깨닫게 되었다.

"따라서 이 주관적 품질기준을 포함한 3가지 관점에서 품질관리를 이해하고 선행관리가 되어야 할 것입니다. 이를 표로 나타내면 다음과 같습니다.

다시 말하면 절대적 품질은 식품의 기본 특성을 준수하고 있는지에 대한 기준으로 객관적 기준에 부응하지 못하다는 측면에서 중요 부적합 또는 중수량이 부족하게 입고되거나 물품이 고객사로 입고되지 않은 미입, 입고오류 등으로 분류되며, 상대적 품질은 고객 관점에서 구매 욕구를 자극화는 차별화 요소를 말하는 것으로 고객이 요청한 규격을 준수하거나 포장 및 고객응대 및 서비스를 포함한 것으로 대개 클레임은 품질 부적합, 사양 부적합 등으로 분류합니다.

한편 스펙트럼 품질은 가장 품질이 좋은 성출하기와 끝물단계의 품질저하기 시기의 변화를 스펙트럼으로 분류하여 관리하는 것을 말합니다."

* 중요부적합은 위해 물질 검출 또는 이물 등의 발견 등임

	세부 정의	해당 품질 예시	클레임 유형
절대적 품질	식품의 기본특성(영양,안전성)을 의미하며 반드시 확보/준수되어야 함	유해물질/원료 불검출 법적 기준 준수 정량/정시 배송	중요부적합 중수량 부족 미입/입고 오류
상대적 품질	식품의 기호/부가특성으로 고객의 구매욕구를 자극하는 차별화 요소	고객 요청규격 준수 최소발주단위/ 포장, 고객 응대 및 서비스	품질 부적합 사양부적합
스펙트럼 품질	성출하기 시의 품질수준에서 품질저하기 품질수준으로 변해가는 상태를 스펙트럼으로 분류	성출하기 도매시장 상품과 품질저하기 도매시장 상품은 품질수준이 동일하지 않음	품질 부적합

〈품질관리 형태의 구분〉

상생 Tip

스펙트럼 품질 기준 수립의 의미

스펙트럼 기준은 성출하기~품질저하기의 품질 상태를 일정 간격으로 측정하여 이미지로 구현하여 설명을 덧붙인 형태임. 고객 주문 시 품질수준을 확인, 주문할 수 있는 장점 있음.

고객에게 텍스트 형태의 품질수준을 알리는 것보다 이미지로 구현하는 것이 효과적인 전달 방법임. (구글맵을 시스템 내 연동하여 개발 필요) * 공급사는 품질 정보를 정기적으로 피드백 하여 품질기준 수립을 지원하는 것이 거래안전성을 위해 필요한 지원임.

품질에 대한 개념이 바로 서야 모든 가치사슬 단계에서 이 개념을 적용하여 어떤 방식으로 발생한 품질의 본질적인 문제를 접근할 수 있는지 판단할 수 있게 된다고 설명을 덧붙였다.

기업에서 품질이 직접적으로 발생하는 영역은 입고품질 및 유통단계 품질관리 부문에서다. 김 교수는 다음 품질의 유형 표를 보여주면서 설명을 이어갔다.

"다시 말하면 입고품질에서는 산지와 협력사가 절대품질기준에 부합한 상태인지를 사전 점검하고 그에 걸맞은 인프라가 구축되어 있는지 점검해야 합니다. 여기서 '인프라'라고 하면 산지의 경우 적합한 보관온도를 유지할 수 있는 예냉시설을 갖추고 있는지, 적합한 온도의 탑차로 운행되고 있는지 등을 말하며 절대적 품질 기준에 따라 규격대로 수확하고 선별되는지 등을 점검하여야 합니다. 협력사의 경우 자체 보관창고의 온도 조건이나 선별과정상 품질의 절대적 기준을 충족하는지를 재점검하고 고객사의 상대적 기준에 부합한 선별과정 또는 가공작업을 시행하는지 역시 이 단계에서 진행되어야 합니다.

한편, 유통품질은 물류센터에서 고객에 이르기까지 품질점검 또는 유통상의 품질을 변화시키는 요소가 없는지 면밀히 점검하고 센터에서 품질점검 시 품질부서의 검품 담당자는 절대적 기준의 품질 기준과 고객사의 상대적 기준을 사전에 숙지하여야 이에 따른 정확한 검품 작업을 시행할 수 있습니다. 이를 위해서는 입고품질의 경우 구매. 품질부서, 연구소 등이 참여하여 개선활동을 하며 유통 품질의 경우는 구매, 물류, 품질부서(CS)에서 담당하는 것이 조직 역할 상 적합하다고 볼 수 있습니다.

V/C	산지	협력사	물류센터	고객
유형	입고 품질		유통 품질	
핵심역량	상품 안전/우수성 및 인프라		검품, 상품 핸들링 및 배송 서비스 등	
관리요소	등급(외관, 당도 등) 규격(크기, 중량 등) 위생(이물, 잔류농약 등), 포장		검품기준, 핸들링기준 유통/보관온도, 배송서비스	
관리주체	구매/품질/연구소		구매/물류/CS	

〈입고품질과 유통 품질〉

한편, 이를 위해서는 기본적으로 협력사의 품질관리 수준이 제고되어야 하는데 공정관리 수립으로 클레임 근원을 차단하고 절대적 품질기준에 부합하는 '품질기준서'를 작성하여 객관적인 품질수준을 측정할 수 있어야 합니다.

여기서 공정관리 수립이라 함은 주요 클레임 다발 발생품목을 취급하는 업체를 우선적으로 선정하여 협력사에서 원물을 선별하고 규격대로 소분하는지를 포함한 모든 공정을 정확하게 분석하여 품질을 저해하는 요소(절대적 품질, 상대적 품질, 스펙트럼 품질)가 있는 공정을 구체적으로 개선한다는 의미입니다.

결국 차별화된 품질관리란 고객의 상대적 품질기준에 부합하는 품질관리가 정착되었을 때 고객의 지지를 얻어낼 수 있게 되는 것입니다. 이를 위해서 간과해서는 안 되는 부분 역시 품질관리를 통해 품질우수업체를 선정하고 수요예측을 통해 지속적으로 사전 공급량을 준비할 수 있도록 지원하여야 한다는 것입니다. 많은 기업들이 물품을 구매해주는 고객에 대해서는 관대한데 정작 물품을 공급해주는 협력사가 품질관리를 하는 데에는 지원은 인색한 경우가 많습니다. 따라서 공급사의 품질지원을 위해서는 품목군 특성별 최적 협력사 운영전략을 통한 공급기반 정예화와 예측구매 정보 공유를 통한 구매 지원이 집중되어야 그 효과적인 측면 역시 배가 될 것입니다."

품질 혁신 단계 분석

"그렇다면 여기서 이러한 역량들이 우리 구매부서에서 갖추고 있는지 점검해야 할 필요가 있습니다. 예시로 다음 표와 같이 역량단계를 구분하여 작성해보았습니다.

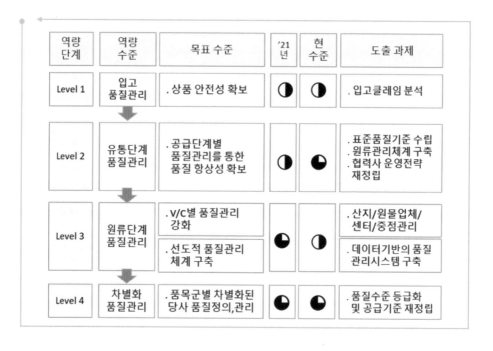

〈품질역량 단계별 예시〉

즉, 품질관리의 역량수준은 입고품질단계에서부터 유통단계 품질, 그리고 Value Chain별 원류단계 품질, 마지막으로 고객사의 니즈에 부합하는 차별화 품질관리가 필요하며 이에 따른 과거와 현재수준을 목표수준에 근거하여 비교, 측정해보고 목표에 도달할 수 있는 당면과제를 도출해보는 것이 필요합니다. 예시로 품질관리의 발전적 단계를 살펴보면,

레벨1 에서의 입고품질단계에서는 상품이 안전하게 입고되는 것을 목표로 관리되던 시기이고 이에 대해서 필요한 과제는 입고 클레임분석이 중요한 과제가 될 수 있습니다.

레벨2 유통단계 품질관리 단계에서는 각 공급단계별 품질관리를 통한 품질 항상성(恒常性) 확보를 목표수준으로 선정하고 이에 대한 과제는 표준 품질기준을 수립하고 원류관리체계를 구축하며 협력사 운영전략을 재정립하는 단계로 규정될 수 있습니다.

레벨3은 원류단계 품질관리로 '원류'란 이를 테면 농산물의 경우 산지 또는 협력사, 센터 등의 주체를 말하는 것으로 각각의 주체에서 품질관리가 선행되고 정량적으로 집계된 데이터를 통해 분석되어야 함이 과제로 선정될 수 있습니다.

한편, 레벨4 차별화 품질관리는 앞에서도 말씀드린 바처럼 상대적 품질기준에 따른 고객 니즈에 부응할 수 있도록 하고 스펙트럼 품질에 따른 품질수준을 등급화함으로써 고객과 소통되는 품질관리가 필요하다는 과제를 선정할 수 있습니다. 예시로 보여주는 것으로 4가지 역량수준에 따라 여러분 기업에 맞는 목표수준과 현 수준, 그리고 이를 해결할 과제를 선정하여 추진해보시기를 적극 권장해드립니다."

"저기, 교수님, 보여주신 표처럼 역량항목과 목표수준, 그리고 도출과제의 예시를 보고 '아 저런 과제가 필요하겠구나.' 하는 생각은 드는데 그러한 활동사례는 어떤 게 있을까요?"

김 교수는 환한 웃음을 내보이며 "네 지금 설명하려는 내용이 바로 활동 사례입니다. 어떻게 아셨나요?"

"네? 아, 그런가요? 하하." 질문한 사람은 다소 겸연쩍은 상황인지라 머리를 긁적이며 웃음을 웃었다.

구매인들에게 꼭 필요한 지식전달 내용 중에 제일 호기심을 자극하는 것은 실제 활동사례 라는 것을 김 교수는 현직에서 몸소 경험했던 바이다. 왜냐하면 실무자들은 현장에서 발생하는 생생한 활동내용에 더 많은 공감을 느끼고 바로 실무에 접목하기가 용이하기 때문이다. 김 교수는 질문의 내용이 강의의 순서와 우연히 맞아떨어진 것에 다소 신기해하면서 강의의 순서는 틀리지 않은 듯해 내심 흥을 느끼게 만들었다.

품질 혁신 활동 사례

1) 원물 상품규격 정립

"우선적으로 품질, 사양 클레임 빈도가 많은 품목은 상품 규격서를 수립하는 것이 필요하며 클레임 상위 90%까지 선정 시 대략 전체 품목 중 약 20~30%정도 품목이 대상이 되는 경우가 많습니다. (파레토 법칙), 이때 반드시 고려해야 하는 것은 앞에서도 설명해드린 절대적 품질기준과 상대적 품질기준, 더불어 다소 시간이 더 소요되겠지만 시기별 스펙트럼 품질에 대해 기술되어지고 이 정보가 고객접점에 있는 물류, CRM 또는 식당운영 관계자들과 공유되고 관리된다면 고객만족도는 한층 높아질 뿐만 아니라 여러분 회사의 차별화된 서비스역량으로 경쟁우위를 가질 수 있게 됩니다."

2) 원류단계 표준 공정관리 수립

"다음은 앞에서도 잠깐 말씀드린 품질 클레임 발생의 근원적 차단을 위한 원류단계별 표준공정관리 수립입니다. 이 프로세스의 수립의 과정은 협력사가 입고, 보관, 선별, 포장, 배송 공정에 이르기까지 품질위해 요소를 찾아 표준적인 공정방법을 수행하도록 프로세스를 수립하는 것입니다. 이는 문제의 본질에 접근하는 우선적인 방법이 됩니다. 또한 수립된 공정관리를 참고하여 공정관리 체크리스트를 작성하는데 이는 제품을 저장하는 온도와 수불관계, 선별하고 포장하는 단계, 출고 시 누락되는 경우를 예방하는 검품 단계, 마지막으로 센터에 입고 시 하차하고 Picking 하는 데 있어서 취급방법 등 공정 전반에 대해 클레임이 발생될 수 있는 근원을 차단하기 위한 점검 리스트입니다. 이를 위해서는, 첫째로, 선정된 품목의 유사성에 따라 품목을 그룹으로 분류를 해야 합니다. 둘째는, 협력사와 공동으로 프로젝트를 수행해 나가는 것이 절대적으로 필요합니다. 왜냐하면 공동프로젝트를 통하는 것이 일방적이거나 형식에 치우치지 않는 실질적인 결과물을 얻어낼 수 있기 때문입니다. 셋째로, 얻어진 표준공정관리기준을 가지고 업체의 공정관리 심사 체크리스트를 만들어 대상업체 현장방문을 통해 검증하고 실천할 수 있도록 독려하는 것이 필요합니다. 또한 대상업체에는 목표 클레임율을 반영하여 구매와 공급사간 상호 노력하는 체계를 구축하는 것이 요구됩니다."

김 교수는 임원시절 품질문제의 빈도가 높은 품목이나 업체에 대해서는 클레임 유형을 분석한 후 해당 공급사 실사를 통해 이런 클레임 유형이 발생할 수 있는 공정을 찾아 그 해당 공급사의 특성에 따른 공정관리를 구축하여 클레임을 획기적으로 감소시켰던 경험을 가지고 있었고 그 사례를 예시로 설명을 하였다.

3) 품질 클레임 제어를 위한 인프라 구축

"협력사가 주문이 들어온 내용을 상차 시에 'PDA'로 점검을 하는 방법도 주문한 물품이 누락되는 경우를 줄일 수 있는 방법입니다. 'PDA'는 상품포장에 부착된 배송지의 바코드라벨을 읽어 구매기업의 발주내역과 업체에서 출고한 내역이 일치한지를 검증하기 위해 필요한 장비입니다. 또한 발주를 한 구매기업의 시스템에 연동하여 운영한다면 우수업체의 경우 구매하는 회사의 센터에 물품이 입고된 후 재 검수를 거치지 않아도 되는 효과도 있어 입고에 따른 시간을 줄일 수 있게 되는 장점도 있습니다. 한편, 센터에서 집결된 물품을 배송지로 가기 전에 출고확인을 구매기업과 계약된 배송기사가 물품을 상차 시 PDA로 하기도 하는데 이 경우는 배송지로 보낼 물량이 정확한지를 확인하는 기능이라고 할 수 있겠습니다. 이러한 기능들은 결국 공급사의 물량이 정확히 입고되었는지 또 배송지로 보낼 물량이 정확하게 상차되었는지를 분별하여 고객에게 안전하게 배송하기 위하여 필요한 공정이며 책임소재를 분명히 하기 위해 절대적으로 필요한 기능이라고 할 수 있습니다."

4) 상품의 정보 공유

"물품을 받는 고객이 상품에 대한 지식을 상호 공유한다면 클레임을 크게 줄일 수 있습니다. 다시 말하면 상품에 대한 정보 부재로 발생하는 클레임을 예방하기 위해서는 상품의 특성과 계절별 상품의 변화 등에 대해 물품이 배달될 때 주문사이트 상에 정보를 공유하는 것입니다. 이는 현재의 작황이나 배송되는 상품의 품질수준을 고객이 확인하고 주문을 할 수 있어 클레임을 줄일 수 있는 데 큰 도움이 됩니다. 이런 경우는 대부분 농축수산 등의 원물이 해당된다고 볼 수 있습니다."

김 교수가 현직에 있을 때 구글맵을 활용하여 고객이 주문하는 상품이 어느 지역에서 생산되는 농산물인지와 해당 품목이 현재 성출하기인지 아니면 마지막 끝물단계인지를 주문을 하기 전에 이미지 Map을 통해 산지와 현재 작물의 시황을 쉽게 확인할 수 있는 기능을 프로그램으로 만들어서 좋은 평을 받았던 기억이 새삼 떠올랐다. 이는 스펙트럼 품질을 정착시키기 위한 시도 중의 하나였다.

5) SCM 전반 온도제어

김 교수는 구매부서는 지속적으로 창의적인 연구활동을 독려하고 결과에 따른 보상체계를 갖고 있어야 매너리즘에 빠지거나 부정적 사고를 가지지 않고 더 독창적인 구매활동을 전개할 수 있다고 믿는다. 예를 들어 농산물의 품질수준을 유지하는 것은 지극히 어려운 문제이고 4계절에 따라 그 품위차이는 현격하게 차이가 나지만 공급하는 협력사만 탓할 수는 없다. 김 교수는 더 근본적인 관리를 하기 위해 구매부서 내에 별도의 농산물 품질관리를 위한 연구회를 발족하여 산지 예냉 시설부터 차량온도관리, 예냉기의 성능까지 다방면에 걸쳐 원류 프로세스 상에서 발생할 수 있는 품질위해요소를 개선하는 활동을 독려했었다. 대신 상부 하달식의 지휘체계가 아닌 구매부서원들의 수평적인 협력을 통해 창의적인 아이디어를 도출할 수 있게 했다. 물론 이에 대해 주기적으로 발표를 갖고 우수 아이디어에 대해서는 즉각적인 연구회단위 보상체계도 마련하였다. 김 교수가 현직에서 부서장으로 있을 당시, 몇 개의 연구회활동이 활발히 진행되었는데 우수한 아이디어로 선발된 연구회는 해외 벤치마킹 기회를 준 바 있었고 벤치마킹을 통해 새로운 시장에 대한 접근도 시도해볼 수 있었으니 더할 나위 없이 구매담당자들에게는 동기부여가 되었다.

"일반적으로 상품을 유통하기 위해서는 표시사항에 준한 온도를 반드시 준수해야 합니다. 더더구나 몇 단계 유통단계를 거치는 동안 적정온도가 지켜지지 않는다면 품질이 손상되어 고객의 불만을 자아내게 되는데 이 경우 구매자는 책임소재가 불분명하다는 이유로 협력사에 책임이 전가되는 사례가 많은 데다 빈도가 많아지면 본질적인 문제가 해결되지 않은 채 새로운 업체로 대체하는 방법만을 선택하게 됩니다. 협력업체 입장에서도 짧은 시간 안에 구매자가 지정한 장소에 입고시켜야 하기 때문에 산지에서 도착한 차량이나 업체의 창고의 온도관리도 지켜지지 않은 채, 선별할 시간적 여유도 없이 입고되는 사례가 다반사로 발생합니다. 따라서 이를 위해서 산지 또는 1차 제조업자로부터 도매시장 또는 직접 협력사로 입고되는 물량에 대해 전반적인 온도제어 모니터링이 필요하게 됩니다. 이는 조금만 관심을 가진다면 큰 비용이 들지 않더라도 SCM 전 과정의 유통온도를 제어할 수 있어 실질적인 사전관리가 가능하고 사후관리에 추가적인 비용을 줄이는데도 기여를 할 수가 있습니다."

김 교수는 산지 또는 1차 제조사의 차량에 통신 모듈을 설치하여 실시간으로 차량의 위치 및 온도 등 전반적인 상태를 PC또는 스마트폰으로 확인 가능한 시스템을 구축하였던 경험을 사례로 설명하였다.

"이는 UVIS(Ubiquitous Vehicle Information System)라 부르는 일명 '온도관제시스템'입니다. 즉, 일반적인 차량의 위치 정보뿐만 아니라 식품유통 시 적정온도를 유지하고 있는지를 실시간으로 확인이 가능한 기능이라고 할 수 있어서 원류에서부터 온도관리의 적정성 여부를 확인하는 데 용이했습니다. 따라서 산지 또는 시장에서 추적차량의 온도정보를 효과적으로 모니터링함으로써 자칫 놓치기 쉬운 공급망상의 온도관리를 시행할 수가 있었습니다. 이러한 예는 우리나라의 경우 일일 생활권 하에 있기 때문에 그동안 소홀했던 품질관리의 하나였다고 생각됩니다. 이 모든 인프라가 갖춰지면 결국은 산지에서 출발 시 품질관리에만 역량을 더 집중하면 온도관리는 완벽한 체계를 갖출 수 있게 됩니다."

불현듯 어느 물류관계자가 온도관리에 대해 얘기했던 기억이 떠올랐다. '캘리포니아에서 수확한 농산물이 집하장에 도착하기까지 일주일이 소요되는데 도착한 물품을 보니 전혀 품위가 손상되지 않았다'는 얘기였다. 이는 산지에서부터 배송차량, 입고센터까지의 온도관리를 제어하는 기술 및 이를 모니터링하는 체계가 갖추어졌다는 것을 의미하는 것이다.

6) 물류센터 내 품질관리

"물류센터에서 시행할 수 있는 품질관리는 오(誤)분류 및 식자재 핸들링, 포장개선과 출고스캔 시행 등을 통해 물류 클레임을 개선해야 합니다. 즉, 분류 시 사업장 혼동, 작업자 피로도 증가 등 오(娛)분류 원인을 찾아 클레임을 개선하는 것이 필요합니다. 한편, 입고 시 Box 표준화 등 핸들링 개선을 통한 품질유지 또한 중요합니다. 식자재 기업들 중 대다수의 경우 소분 상품의 박스가 표준화되지 않아 센터 내에서 분류작업 시 파손 및 분실의 원인이 되기도 하기 때문입니다. 따라서 산지에서부터 품질 관리된 원료의 표준화 Box를 별도의 소분 없이 발주처에 전달되는 것이 가장 이상적인 품질관리이지만 아직은 산지에서부터 일원화된 관리체제가 다소 미흡함은 해결할 과제입니다."

전처리 정의 및 분류

"다음은 전처리 상품 역시 품질관리를 위한 활동사례 중 하나입니다. 전처리는 처음에는 주로 원물로 공급되는 농산물을 대상으로 진행이 되었으며 균일한 품질을 공급할 수 있다는 장점과 더불어 다소 원물상태에서는 상처가 있더라도 제거하고 남는 부위 역시 활용할 수 있다는 측면에서 많은 기업들이 관심을 가지고 상품을 늘리고 전처리센터를 검토한 바 있었습니다."

1) 전처리 정의

"농축수산물 원물을 조리효율을 위해 빠른 조리와 식사제공을 목적으로 일정부분 선작업이 된 원물을 말하며 이는 균질하고 안전한 상태로 절단, 가공 처리되어 입고되기 때문에 오래전부터 식당 또는 대량의 식자재 유통기업에서 추진해왔던 사업방향 중 하나였습니다. 이는 고객의 니즈에 부합하는 방식인 상대적 품질기준에 따라 고객사의 일손을 줄이고 고객이 요구하는 규격단위로 선 작업을 해서 보낼 수 있다는 점에서 클레임의 빈도를 획기적으로 줄일 수 있다는 장점이 있습니다. 물론 전처리가 필요한 당위성은 이 외에도 최저시급 증가 및 선진급식, 외식형 레스토랑이 증가함에 따라 식자재 Cost 대비 인력 Cost 절감이 시급해지고 있어 조리효율을 위한 전처리장 구축이 필연적으로 대두되었던 것도 하나의 원인이기도 합니다. 전처리장의 효과는 다음 네 가지로 설명할 수 있을 겁니다.

- 조리효율 제고를 통한 인력효율화
- 레시피와 일치된 제품공급을 통한 맛의 균질화
- 설비 및 위생관리 강화로 품질수준을 향상하는 것
- 센터기능을 확대하여 전처리된 제품을 공급받고자 하는 고객의 요구수준을 받아들여 수주 영업력 향상

한편, 한동안 자가 전처리를 검토하고 실행했던 기업들이 많이 있었으나 비용대비 막대한 투자를 해야 하기 때문에 자금의 회수기간이 길어 전처리 사용으로 인한 인력효율측면에서 실제로 원가절감으로 파생되는 결과물이 적정한지에 대한 의문이 제기되었습니다. 때문에 자가 전처리뿐만 아니라 외부 소싱과 비교를 통한 효과를 산정하는 것도 바람직한 방법이라고 할 수 있습니다."

	자가 전처리	외부 소싱
재무 효과	인력 효율화	MOU
비재무 효과	품질 Upgrade 식자재 공급 고객 홍보 효과 등	품질 / 위생 확보 상생 문화 전파 등

〈검토 범위〉

전처리의 정의를 구체적으로 표현한다면, 농, 축, 수산 원물에 대하여 단순세척, 탈피, 규격절단 및 내장제거(수산)의 사전 처리과정을 거친 제품 또는 별도 추가 작업을 줄이고 바로 조리에 투입될 수 있도록 준비되는 상품들을 말하며 1, 2차로 정의

합니다. 1차는 식당에서 추가적인 절단이나 선별작업이 필요한 경우를 말하며 2차는 바로 조리에 투입되는 경우의 식자재를 일반적으로 말합니다. 이를 세부적으로 분류하면 다음 표와 같습니다. 전처리 품목 중에서 축산물과 수산물은 이미 기존에도 절단된 상태로 가공된 제품이 유통되었기 때문에 별도의 전처리 상품을 개발할 필요가 덜했지만 조리 메뉴에 따라 좀 더 고객의 니즈에 부합하는 용도별 규격이 더 세밀하게 추가되고 추세입니다. 다시 말하면 고객에 따른 상대적 품질기준에 부합하는 규격이 만들어진다는 의미입니다."

2) 품목군별 전처리 분류

"한편, 운영하는 식당에서 가장 많은 시간이 필요한 영역은 농산물이었기 때문에 전처리가 거론되기 시작할 때는 주로 농산물에 대한 전처리가 우선적으로 대두되었던 것이 주요 이슈였습니다. 그러나 말씀드린 바처럼 축·수산 전처리 역시 통합메뉴, 즉, 운영하는 식당들이 공통의 메뉴를 제공함에 따라 규모의 경제 측면에서 가격을 인하할 수 있는 여지가 생기면서 좀 더 조리 용도에 부합하는 규격의 축·수산 전처리에 대해서도 관심의 대상이 되었습니다."

상생 Tip

전처리 제품의 효과적인 가격 결정 방식

· 전처리 제품 특징은 고객의 주관적인 기준에 부합, 조리편의임.

· 작업 공정 시 수율 및 부대비용에 대한 측정 후 원물가 적용.

· 예상견적을 추정하는 Cost-Table 방식의 가격결정 구조는 향후 가격을 통제하고 거품비용을 줄이는 효과가 있음.

* 전처리 업체라면 이러한 조건들을 전제로 상담 추천함.

구분		처리 정도에 따른 정의
농산	1차	- 단순 탈피/세척만 이루어 지고 조리 시 절단 등 추가 공수가 필요한 농산물 *깐무우, 깐마늘, 깐감자, 세척당근 등
	2차	- 반달썰기/채썰기 등 절단/선별 까지 완료되어 조리 시 추가 공수가 필요치 않은 농산물 * 양파/나박썰기, 주키니/채썰기 등
축산	1차	- 부위별 부분육 작업까지 작업이 된 축산물 * 지방제거 덩어리 정육 : 목살, 등심 등
	2차	- 조리에 바로 사용 가능한 크기/형태로 잘라진 축산물 * 목살/찌게용, 돈등심/탕수육용 등
수산	1차	- 내장제거 또는 단순절단,자숙, 반건조 등 일부 작업만 되어 있어 추가 공수가 필요한 수산물 * 할복 오징어, 절단삼치(내장 미제거), 북어코다리 등
	2차	- 내장 제거와 절단이 동시에 이루어 졌거나 채/살 상태로 조리 시 추가 공수 가 필요치 않은 수산물 * 오징어채/샐러드용, 소제갈치(내장제거), 절단 코다리 등

〈농축수산 전처리 정의〉

운영 식당 공정 개선

"앞서 전처리의 필요성은 Cost대비 인력효율측면도 고려 대상이었기에 1차의 경우보다 2차 전처리 제품이 한결 간편하게 전처리단계를 더 줄일 수 있어 식당을 운영하는 부서 또는 고객사에서 선호하는 품목군이었습니다. 그러나 전처리 상품을 통해 운영식당 내에서 불편 했던 전처리 작업을 더 간편하게 수행하게 되었지만 인력 효율측면에서는 기대했던 결과를 가져오기는 어려웠습니다. 가장 큰 요인은 2차 전처리 식자재의 조리비중이 실상 분석해보니 3% 이내에 불과했기 때문입니다. 따라서 결국 조리에 투입되는 인력을 줄일 수 있는 방법은 전처리 비중이 30%선까지 도달해야 인력 효율화를 기대할 수 있었기에 전처리제품 외에 즉석 가공식품류 역시 조리효율화 품목으로 상정하여 검토하게 되었습니다. 가공식품류는 '양념된 주물럭'과 같은 비가열식품 RTC(Ready to cook), 또 '초밥'같이 바로 먹을 수 있는 제품인 RTE(Ready to eat), 1차 조리가 되어 있어 렌지로 가열하여 먹는 '김치 찜' 같은 완제된 상품, RTH(Ready to heat), 또한 조리의 편의성을 위해 세정 후 소량 포장된 식재료RTP(Ready to prepared) 즉, 최근 대두되는 밀키트(Meal-Kit)상품으로, 요리를 하기 위해 필요한 재료들을 소량씩 세척하여 별도의 부재료가 필요 없는 품목들이 대상이 됩니다.

한편, 식재료의 전처리 품목 확대와 더불어 인력효율화를 가져올 수 있는 방법으로 식당 내에서 이루어지는 공정 전반을 혁신적으로 통합하고 단축하는 것 역시 검토하게 되었습니다. 이는 각각의 단계에서 필요한 시설 및 외주 용역 등을 고려하여 최소한의 조리공정의 단축을 검토하는 것을 의미합니다. 다시 말하면 일반적인 조리단계는 총 11개 정도로 분류할 수 있으나 자동화 또는 외주용역 등으로 최소 6단계 수준으로 단축하는 것 등이 예시가 되겠습니다. 이를 표로 설명 드리면 다음과 같습니다."

김 교수는 구매부서장으로 재직하면서 중국에서 약 2년 정도 근무한 경력을 가지고 있었다. 간혹, 중국 현지 식당에서 식사를 하곤 했을 때 식기류 등이 밀봉되어 제공되는 것을 신기하게 생각했다. 알고 보니 중국은 이미 오래전부터 식기세척을 따로 하는 업체가 있다는 것을 알게 되었다. 어쩌면 지금 설명하는 인력효율화를 위해서 식사를 제공하는 공정을 줄여야 한다면 바로 이와 같이 청소나 식기류를 세척하는 외주업체가 필요하다고 김 교수는 생각하고 있었다. 한편 야간 배식이 있는 사업장의 경우 보온/보냉이 되는 카트를 인력대신 설치하거나 위에서 말했던 식기세척을 외주업체에 맡기는 등의 조리공정을 최소화하는 노력이 필요하다는 것을 예시를 들어 설명하였다. 결국 최소한의 공정을 나열하면 검수, 전처리, 조리, 배식, 정리, 위생관리가 필수적인 운영식당의 식사공정이 될 것이며 이 외의 공정 등은 설비물 또는 외주를 통해 단순화시키는 것이 중요한 운영식당의 과제가 될 것이라고 부연설명하였다.

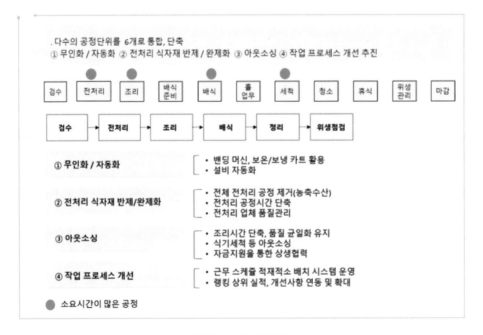

〈중장기 식당 운영 혁신 모델〉

"따라서 인력효율화를 측정하기 위해서는 앞서 말씀드린 확대된 전처리까지 고려하여 전반적인 인력효율화를 측정하는 것이 바람직한 방향이라고 설명해드리고 싶습니다. 그러나 주목할 점은 인력을 효율화 하는 것이 운영측면에서는 도움은 될 수 있으나 한편으로는 서비스 측면에서 대면하는 인력의 감소로 고객의 불만을 야기할 수 있기 때문에 '인력 효율화'는 결국 적정 인력에 대해서 홀 서빙 또는 고객 이벤트 활동 등에 추가로 투입하여 고객의 만족도를 높이는 방향까지 고려하여 검토해볼 필요가 있습니다.

운영식당의 조리공정에 대한 부분을 품질 경쟁력 제고를 위한 활동내용으로 함께 설명해드린 이유는 품질체계는 구매뿐만 아니라 SCM 전반에 걸쳐 개선되어야 할 사항이기에 전처리 제품과 관련하여 함께 설명해드렸습니다. 또한 제가 앞서 설명드린 내용과 다음 강의의 내용 중에서 여러분 회사에 적합한 요소가 있는지 시사점을 도출하여 적용할 수 있다면 오늘 강의에 대한 보람을 충분히 찾을 수 있으리라 생각합니다."

단계별 품질관리

"이번 시간은 좀 더 체계적인 품질관리체계를 공급사슬 면에서 설명하려고 합니다. 즉, 크게 보면 사전예방, 실행관리, 사후관리 등 단계별 품질관리 내에서 차별화된 품질 경쟁력 확보가 중요한데 이를 위해서는 산지~협력사~고객까지 유통단계별로 사전 점검체제를 구축하고 세부 공정관리 정립과 주요 품목에 대한 품질이력 등을 확인하여 품질 안전성 여부를 검증하는 프로세스를 개선해야 합니다. 이 내용들은 다음 표의 내용으로 함축할 수 있는데, 품질의 사전 예방을 위해서는 공급사슬의 각 단계별로 구매와 관련 부서 간의 협력을 통해 사전 품질관리가 선행되어야 합니다.

또한 고객에게 전달되기 이전까지의 실행 단계인 입고~배송에서는 구매와 품질 부서의 경우 우수 협력사 등록을 위한 역할에 따라 등록심사부터 품목 위험도 여부를 점검하여 품질관리가 우수한 업체가 선정되도록 하고 센터 내에서는 검수/검품 체계 또는 온도관리 등을 통해 발생할 수 있는 고객불만 요소를 차단하는 것이 중요한 품질관리의 과제입니다.

물론 고객의 불만을 야기하는 사후관리 영역은 클레임의 유형을 분석하여 그에 맞는 대응책을 마련하고 협력업체육성을 위해 적절한 상벌제도를 통해 보상과 책임을 분명히 하는 활동 등을 꾸준히 해 나가는 것이 품질체계를 완성하는 방법이라고 말씀드릴 수 있습니다."

상생 Tip

식당을 운영하는 기업의 사업장 효율화를 위한 제언

1. 우선적으로 운영식당의 조리공정을 분석하는 것이 필요함.

  1) 조리공정상 외주가 가능한 공정의 비용조사.

  2) 공정단축 시 추가 비용과 인력효율화를 통한 상쇄 효과 검증.

2. 추가적으로 배식의 신속성을 위해 사용되는 전처리 품목 확대.

1, 2에 대해 추가되는 비용과 감소비용 분석 후 Pilot Test 진행

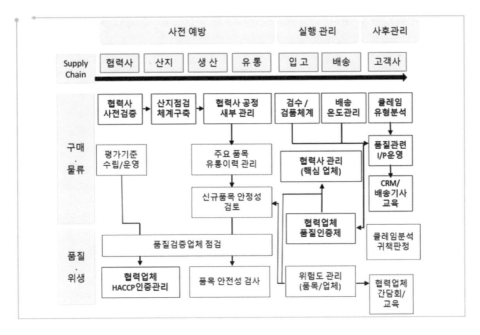

사전 예방	실행 관리	사후관리

Supply Chain 협력사 · 산지 · 생산 · 유통 · 입고 · 배송 · 고객사

구매 · 물류
- 협력사 사전검증
- 산지점검 체계구축
- 협력사 공정 세부 관리
- 검수/검품체계
- 배송 온도관리
- 클레임 유형분석
- 평가기준 수립/운영
- 주요 품목 유통이력 관리
- 협력사 관리 (핵심 업체)
- 품질관련 I/P운영
- 신규품목 안정성 검토
- CRM/배송기사 교육
- 품질검증업체 점검
- 협력업체 품질인증제
- 클레임분석 귀책판정

품질 · 위생
- 협력업체 HACCP인증관리
- 품목 안전성 검사
- 위험도 관리 (품목/업체)
- 협력업체 간담회/교육

〈단계별 품질관리 체계〉

1) 사전예방

"사전예방은 해당 협력사~유통에 이르기까지 사전점검을 통한 품질관리의 예방 활동을 말하는 것으로 특히 클레임 많은 업체 또는 품목, 수입품, 비축품 등 주요품 목의 점검이 필수적입니다. 예를 들면 전년비 품질 클레임 주문건수 대비 10% 이상 증가한 업체의 경우는 정기적인 검사를 통해 해당 협력사의 공정상 개선여지가 있는 지를 살펴야 하며 원물의 경우 품질이 떨어지는 기간, 즉, 동절기 또는 하절기에는 집중점검을 실시함으로써 하자가 발생되는 상품을 사전에 차단하는 활동이 필요합 니다.

수입품의 경우에는 해외에서 선적 전에 바이어가 방문하여 검식 및 검품을 실시하

는 것이 수입이후 발생될 수 있는 문제를 사전에 차단할 수 있기에 이 역시 별도의
검사프로세스를 세워 진행되어야 합니다."

구분	세부 내용
정기 검사	• 품질 클레임 발생 상위 업체 바이어 방문 실시(매월) • 장기/ 비축계약 시 사전 Capa. 및 품질관리현황 실사
집중 점검	• 품질 저하기(동절기, 하절기 등) 협력사 점검 * 농산원물
수입 검사	• 직수입 품목 대상 선적 전 바이어 검식, 검품 * 최초 수입품목 선적 전 검품 의무화, 필요 시 통관 후 추가 검품

〈사전예방 검사 종류〉

– 축 · 수산 원물 품질관리 프로세스

"사전 예방 검사 종류 중 수입검사 프로세스는 다소 까다로운 부분이 있어 수산물
품질관리 프로세스를 예시로 추가하여 설명해드리겠습니다. 다음의 표를 보시면 수
입이 계약된 건에 대해서는 사전점검이 중요합니다. 이는 수입된 이후 문제가 발생
되어 이를 제기하기에는 복잡한 절차가 발생될 수 있기 때문입니다. 따라서 수출사
가 선적 전에 최초 구매 담당자가 현지 출장을 통해 확인하는 것이 필요하며 수입이
완료되면 제품의 위해성 여부 검사를 통해 품질을 평가하는 것이 필요합니다. 또한
고객사나 자체 운영식당에 공급이 되면 일 단위 클레임 현황 등을 모니터링하는 것
이 필요합니다.

김 교수는 멀리 브라질에서 캔용 갈비탕을 개발하던 때를 상기하며 예시를 들어
설명하였다.

"당시 중국에서 생산된 갈비탕이 국내에 많이 반입되었는데 이슈가 발생되어 새로운 소싱처 발굴이 필요했습니다. 때문에 전문 Chef와 함께 브라질 업체에 방문하여 조리 시연을 통해 설명하고 샘플을 요청했습니다. 그리고 제품이 개발되어 샘플을 받아 시연을 하였으나 번번이 살이 뼈에서 너무 쉽게 분리되는 현상을 잡아내지 못했습니다. 겨우 최종 샘플이 합격을 받게 되었으나 실제 물품은 샘플과 다르게 들어와서 소진까지 꽤 어려움이 있었습니다. 결국 최종 생산품이 이상이 없는지에 대해서는 선적 전 최종 검품 시식이 필요하다는 결론을 얻게 됐습니다. 따라서 필요하다면 선적 전 최종 생산품에 대해서는 최초 구매담당자가 직접 현지방문을 통해 시식 검품을 실시하거나 미리 위탁을 준 현지업체에게 대행하도록 하는 것이 중요하게 되었습니다. 물론 글로벌 검시기관을 통해 현지에서 사전 위해요소가 없는지에 대해서 검사의뢰를 하는 것 역시 사전 예방 검사를 위해 중요한 요소라고 할 수 있습니다. 결국 이러한 활동이 수입품에 대한 안전성을 확보하고 품질경쟁력을 확보하는데 중요한 요소가 됩니다. 이에 대한 프로세스는 상기 표의 예시를 참조하시기 바랍니다."

구분	MAP	검사 주체	검사 항목	주요 관리 대상
(수입) 냉동 수산물	계약(품목 및 가격 결정)			
	원료제품 검수	최초 구매 담당자	저 품질 원료 투입여부 화학약품 사용 등 육안 검사	-원물에 대한 육안검수 . 신선도/이물(취) . 조직도
	선적 전 자체검사	현지 업체 품질 부서	중금속, 병원성 미생물, 수분	
	제품 품질 평가	구매 부서 품질 부서	크기(SPEC) 이물,이취 조직감 등	- 구매 결정 후 선적 전 계약사항 이행여부
	통관 시 검사	수산물 검역원	항생제, 중금속 관능검사(중량)	
	산출물 규격 및 수율 측정	구매 부서	해동 및 산출 수율 측정	- 해동 및 작업공정 프로세스 . 품질저하 방지 . 규격 사양서
	제품 품질 평가(랜덤)	식품 연구소	중금속 및 위해성 검사	
	일 단위 상황조회	구매 부서	일 3회 이상 업체 동일 반복 상황 특별관리	- 상황회의 . 상황처리 프로세스
	특별관리 운영식당 SPEC조정	구매 부서	운영식당 SPEC확인 전용코드 생성 여부	-특별사양 합의 시 . 전용코드 생성 . 가격 차등 필요

《(수입)냉동 수산물 품질관리 프로세스》

2) 협력사 품질관리를 위한 자격조건

김 교수는 품질관리의 사전예방을 위해 적격한 업체를 결정하는 것 역시 중요한 부분이라고 설명을 덧붙였다.

"식자재를 유통하거나 식당을 운영하는 큰 기업들이 품질부서를 별도로 두고 업체 등록 시 품질부문 비중을 확대하여 점검하거나 Haccp품목이 확대되는 등 협력사 심사기준을 명확히 하여 우수업체를 선별, 등록해야 할 당위성을 가지게 된 시점이 아마도 2010년 전후였던 것으로 기억합니다. 그 이후로 대기업의 경우 등록업체의 품질 위생수준에 대해 구매부서가 아닌 별도의 품질부서가 주관하여 평가를 실시하였습니다. 따라서 등록을 위한 기본적인 결격사유가 없어야 입찰 또는 견적참여가 가능한 업체로 등록될 수 있었습니다. 기업마다 다소 차이는 있겠지만 아래 조건은 대형 유통업체가 일반적으로 자격조건을 설정하는 항목으로 해당조건을 충족하여야 협력사로서 등록될 가능성이 높아진다는 점은 그만큼 품질문제가 중요하게 부상되었다는 반증이라 할 수 있습니다."

	기 존	변 경
품질 심사 강화	-	품질 평가 70점 미만 시 과락
영업 년수	제한 없음	1년 미만 신생업체 등록 제한
HACCP 인증	필수 품목 한정	필수 품목 확대 *PB, 즉석 섭취식품

〈협력업체 자격 조건〉

3) 실행관리

- 검품 및 배송 효율 확대

"사후관리 전에 마지막으로 점검사항은 월 2회 이상 주기적으로 클레임 상위업체를 대상으로 입고 전 협력사 방문 검품이 필요하며 한편 구매기업 센터에서도 품질부서의 검품 역량강화 등 능동적 검품 활동을 추진해야 합니다. 이를 위해 센터 내에도 관능검사와 병행하여 금속 검출기, 수분/당도/Ph 측정기 등 검품 기기를 활용하여 전문적인 검품 역량을 확보하여야 합니다. 물론 집중해야 할 검수활동에 대해서도 각 영역을 다음 표와 같이 구분하여 진행하는 것이 효율적이라 말씀드릴 수 있습니다.

사전 검수 강화	정확성 향상	고객 맞춤 검수	검수원 역량 강화	사전 검수 강화
협력업체 현장 검수 실시	계절성 및 단기 트랜드 반영	고객별 검수 집중도 구분	품질교육 강화 자격증 취득 독려	직송 반품 및 업체전환 유도

〈검품 효율성 점검 내용〉

한편, Cold Chain 강화 및 ULD 차량확대를 통한 배송품질 역시 중요한 항목인데 이를 위해서는 배송차량 개선 및 배송서비스 마일리지 등을 통해 배송기사의 서비스 마인드를 향상시킬 필요가 있습니다.

	세부 내용	기대 효과
온도관리 개선	• PCM차량 도입 • 드라이아이스 분사기 추가 도입	• 냉각 효율성 증대 • 급냉기능 강화
ULD차량 확대	• 도입 타당성 검토 중	• 제품 파손 및 배송오류 감소
베송서비스 향상	• 배송서비스 마일리지 제도	• 배송기사 마인드 향상

〈배송 효율 향상 내용〉

*콜드체인 강화 및 ULD차량 확대를 통한 배송 품질 향상
1) PCM(Phase Change Material): 축전지 축냉을 통한 열교환 냉각방식
2) ULD(Unit Load Device): 수화물 탑재 용기(롤테이너, 팔레트 등)

앞에서 기술했던 핵심업체 운영을 통한 품질관리 역시 중요한 요소입니다. 핵심업체 선정 시 협력업체의 품질경쟁력 부문에 있어 정량 평가를 실시하여 품질 클레임율 순위/개선율 등의 종합위험도를 측정합니다. 종합위험도는 중대 클레임, 품목검사 결과 등을 종합하여 산출한 지수이므로 각 사에 맞는 정책이 필요하리라 봅니다.

한편, 종합위험도 측정 후 품질인증업체에 대해서는 핵심업체 선정 시 가산점을 부여하는 방식도 유용합니다. 이는 정기적인 품질검사를 토대로 축적된 데이터를 통해 우수업체로 인증된 업체의 경우에 해당됩니다. 이러한 제도는 결국 핵심업체에 물량을 집중하게 됨으로 협력업체의 성장에도 도움이 되는 상생 프로그램이 될 수 있습니다."

4) 사후관리

– 품질 클레임 분석 대응

"단계별 품질관리 체계의 마지막 부분인 사후관리는 결국 고객에 전달된 상품의 결격사유가 추후 재발되지 않도록 하는 것이 관건입니다. 따라서 품질 클레임 발생 유형별 통계분석을 통해 취약업체 및 품목에 대한 집중개선이 필요합니다. 이를 위해서는 품질 클레임 유형을 분석하고 고객사, 협력업체, 클레임 품목에 대한 통계분석 결과에 따라 한정된 자원으로 효율적으로 집중 검수 및 개선모니터링. 그리고 공급사에는 인센티브 또는 페널티를 부과하는 방식이 병행됨으로써 우수업체가 진입되도록 지원하는 것이 필요합니다."

– 품질 I/P(Incentive & Penalty) 체계

"앞에서 언급 드린 바처럼 품질 I/P 체계운영을 통해 품질 개선에 대해 공급사의 동기부여가 필요하며 각 사마다 적정한 방법을 선택할 필요가 있습니다. 다시 말해 우수업체에게는 추가적인 보상책으로 물량을 확대하거나 기업의 조건에 따라 혜택

이 주어져야 하며 사업에 부정적인 영향을 끼치는 경우에는 물량을 감소하여 경각심을 고취하거나 공급사의 공정상 문제점을 조사하여 공동으로 개선을 해가는 것도 중요한 요소가 될 것입니다. 이때 Penalty는 징계가 목적이 아니라 우수업체로 진입할 수 있도록 하는 것이 목적임을 간과하지 않도록 출발점에서 공동의 개선목표를 두고 시작하시기를 권합니다. 내용은 다음 표를 참조하시기 바랍니다. 협력업체운영 부문은 뒷부분에서 상세히 설명할 기회가 있으니 그때 다시 말씀드리겠습니다.

	세부 내용
Incentive	• 협력업체 간담회 등 우수 품질업체 시상, 물량 확대 • 핵심업체 선정 시 품질 경쟁력 반영을 통한 혜택 제공
Penalty	• 대량 미입 및 중대클레임 등 중요 이슈 사항에 대해 패널티 적용 ＊경고장, 물량감소, 패널티 부과, 이물, 사회적 이슈 등 고객 및 회사에 심각한 영향을 줄 수 있는 상황 • 중대 클레임에 대해서는 품질부서와 협업을 통해 협력업체 공정상 문제점 확인 및 귀책 판정 실시

〈Incentive & Penalty 활용 예시〉

CRM(Customer Relationship Management)시스템

"따르릉! 여보세요. 아, 네. 김과장님. 여기 CRM인데요. 고객사에서 전화가 왔는데 오늘 입고된 생선이 사이즈가 균일하지 않다고 교환해달라 하는데 어떡하죠?"

"그건 고객사의 주관적인 판단이니까 알아서 업체한테 잘 얘기해 보세요."

CRM 조직이 있는 경우 CRM 담당자와 구매 MD간의 대화 내용이다. 딱히 주관적인 내용이라 구매 MD 입장에서도 답답하고 CRM 역시 고객과의 접점에서 명확한 솔루션을 주기 어려운 내용일 수 있다. 이러한 문제는 결국 해당고객이 어떤 구매 히스토리를 가지고 있고 어떤 상품을 기대하고 있는지 등 고객 정보를 가지고 있지 않으면 클레임 자체가 스트레스일 수밖에 없고 클레임을 제기한 고객 역시 합당한 조치를 받지 못해 고객불만으로 나타나게 된다. 김 교수는 개인의 대응능력에 기반한 CRM의 한계로 고민했던 기억을 새삼 떠올리며 이를 해결하기 위한 시스템적 접근에 대해 상당한 관심을 가졌던 것을 떠올렸다. CRM 시스템에 대해서는 그동안 연구해 온 경영노트를 참고하여 주요 내용에 대해서 간추려 설명하고자 하였다.

"고객접점에 있는 CRM의 중요성은 기업의 매출이 확대될수록 시스템 적인 접근이 필요하게 되었습니다. 다시 말하면 각 구매기업에서 CRM의 역할은 접점에서 고객과의 소통을 한다는 점에서 중요한 역할을 담당하게 되었고 이를 체계적으로 지원하기 위해서 시스템 도입이 필요하게 됩니다. 따라서 CRM 시스템의 정의는 조직전체에 산재되어 있는 고객데이터들을 포착하고 통합하는 동시에 이러한 데이터들을 합치고 분석하며 그 결과물을 조직 전체에 걸쳐 다양한 시스템과 고객접점(Touch Point, Contact Point)에 제공함을 말합니다."

1) CRM 시스템의 고객관리

"CRM시스템은 다양한 측면에 있어 고객의 정보를 제공하는 데 어떻게 홍보할 건지 어떤 내용으로 할 건지 어떤 패턴이 있는지 등을 데이터 분석을 통해 유추할 수가 있습니다. 따라서 CRM의 고객관리 소프트웨어는 다음과 같은 기능을 포함하게 됩니다.

첫째, CRM의 자동화 시스템으로 고객과의 접촉정보, 제품 구입정보 확보.

이는 고객에 대한 사전정보를 확보하여 판매 및 서비스에 있어 수익성을 높여주고 고객들의 니즈에 부합하는 판매노력을 집중함으로써 영업직원들의 생산성을 증대시키는 데 도움을 줍니다."

둘째, 마케팅에 잠재고객 또는 기존고객에 대한 데이터 분석/활용.

CRM시스템에서 분석된 고객의 제품 및 서비스에 관한 정보는 타깃 마케팅을 위한 대상자를 선정하여 다이렉트 마케팅, 즉, 메일 또는 이메일을 계획하고 발송하는 기능을 제공합니다. 또한 마케팅 데이터 및 고객 데이터를 분석하기 위한 도구를 포함하여 교차판매. 즉, A라는 상품을 사는 사람이 B라는 상품도 많이 산다는 정보 등을 통해 묶음판매(Bundling) 등을 할 수 있습니다.

결국, 포괄적인 CRM의 기능은 고객정보를 기록하고 Sales의 판매추이를 통해 고객의 패턴 등을 자동적으로 찾아주며 우리에게 이익을 주거나 손해를 끼치는 고객이 있는지를 보여주고 고객이탈 정보 등을 통해 마케팅에 활용할 수 있다는 점입니다. 따라서 이러한 CRM 시스템을 통한 비즈니스의 가치는 1) 고객만족 증가, 2) 다이렉트 마케팅 비용감소, 3) 효과적인 마케팅 수행, 4) 고객유지 및 이탈방지 등으로 결국 고객의 니즈를 효과적으로 대응함으로써 기업의 성장에 지대한 역할을 수행할 수 있다는 것이 큰 장점이라 할 수 있습니다.

앞서 말씀드린 바처럼 고객의 클레임을 접수 시 CRM이 고객정보를 확인하게 되면 주로 사용되는 품목인지 아닌지를 확인하고 그에 따른 상품정보 공유를 통해 문제를 해결할 수 있는 솔루션 역시 CRM시스템을 통해 찾을 수 있을 겁니다. 물론 예외사항은 있겠습니다만."

몇 사람이 그 의미를 이해하는지 웃음소리가 간헐적으로 들려왔다.

"그래서 다음 강의 내용은 신속한 고객 클레임 대응 프로세스에 대해 설명해드리고자 합니다."

2) 고객 중심 신속 대응체계 구축

　김 교수는 품질관리 강의를 진행하면서 실질적으로 현업에서 가장 예기치 않게 발생되고 있는 것이 고객 클레임이고 이를 그냥 방치하고 프로세스화하여 관리하지 않는다면 그 기업의 발전적 모습을 기대하는 것이 어렵다고 생각해왔기 때문에 품질관리를 정리하면서 그 대응체계에 대해 꼭 설명이 필요하다고 생각했다.

　"고객 클레임에 대한 신속한 대응과 개선을 위해서 일일 상황관리 프로세스를 정착시키고 조치결과에 대한 피드백을 통해 고객 대응력을 강화할 필요가 있습니다. 이를 위해서는 당일 발생한 클레임에 대해서는 당일처리 기준을 원칙으로 하고 중요 클레임 및 동일건수 주 3회 이상(누적 클레임) 발생하는 경우, 공급사의 현장점검을 통한 개선 조치를 시행하고 이를 영업 및 고객에게 피드백해야 합니다. 이를 표로 설명하면 다음과 같습니다. 즉, 전일 및 야간에 발행한 상황(클레임)이 발생된 집계표를 분석하여 중요 클레임의 경우에는 해당 제품을 공급한 업체 또는 발생된 운영식당 또는 고객사의 의견을 청취하고 원인을 파악하여 1일 이내 조치 가능한 내용은 시정조치 후 고객사와 영업 또는 CRM에 즉시 피드백되도록 하는 것이 중요합니다. 1일을 초과해야 하는 사안일 경우 일정을 수립하고 영업 및 발생된 식당 및 고객사에 내용을 공유해야 합니다. 이 프로세스 역시 구매기업마다 다소 차이는 있으므로 기업의 특성에 따라 일일 상황관리 프로세스를 구축하여 운영하는 것을 권장해드립니다.

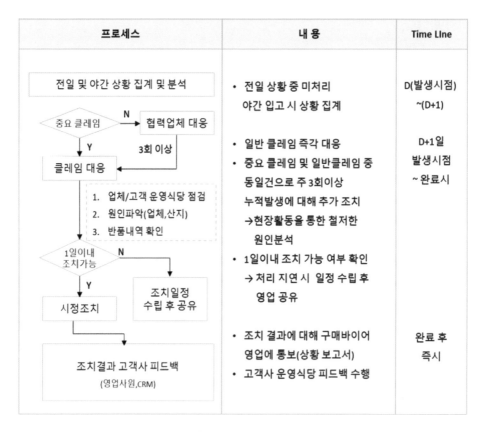

프로세스	내용	Time Line
전일 및 야간 상황 집계 및 분석 중요 클레임 — N → 협력업체 대응 Y / 3회 이상 클레임 대응 1. 업체/고객 운영식당 점검 2. 원인파악(업체,산지) 3. 반품내역 확인 1일이내 조치가능 — N → 조치일정 수립 후 공유 Y 시정조치 조치결과 고객사 피드백 (영업사원,CRM)	• 전일 상황 중 미처리 야간 입고 시 상황 집계 • 일반 클레임 즉각 대응 • 중요 클레임 및 일반클레임 중 동일건으로 주 3회이상 누적발생에 대해 추가 조치 →현장활동을 통한 철저한 원인분석 • 1일이내 조치 가능 여부 확인 → 처리 지연 시 일정 수립 후 영업 공유 • 조치 결과에 대해 구매바이어 영업에 통보(상황 보고서) • 고객사 운영식당 피드백 수행	D(발생시점) ~(D+1) D+1일 발생시점 ~ 완료시 완료 후 즉시

〈일일 상황관리 프로세스〉

한편, 품질이슈 및 시황관련 교육을 통해 고객 대응을 정기적으로 지원하거나 관련 부서 간의 품질 및 VOC 대응 절차에 대한 교육 등 구매/영업/품질부서와의 상호 정보공유가 중요합니다. 예를 들면 '상품 FAQ' 등이 있습니다. 이는 주요 클레임의 내용 중 고객이 상품에 대한 정확한 인지의 부족으로 발생하는 클레임도 다수 상존하기 때문에 다음 표의 예시처럼 영업을 통해 고객사의 검수담당자 또는 CRM에게 상품에 대한 정확한 정보를 공유하는 것입니다. 앞서 CRM이 구매MD에게 통화한 클레임 역시 사전에 CRM이 다음 표의 예시내용을 숙지하고 있었더라면 충분히 설명될 수 있었다고 생각됩니다."

상품 FAQ 예시를 보는 청중 중 한 사람이 아마도 수산물 담당인 듯 맞장구를 치며 공감을 해주었다.

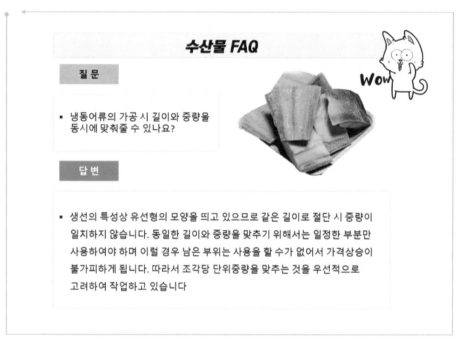

〈상품 FAQ 예시〉

협력사 품질관리 운영전략

1) 협력사 품질관리 역량

"협력사 품질관리는 결국 우수업체가 많을수록 기업의 브랜드 이미지가 상대적으로 높아지고 신규 고객을 확보할 수 있는 기반이 됩니다. 따라서 계속 말씀드리는 바이지만 협력사의 특성을 고려한 공정관리를 수립하여 클레임 근원을 차단하고 절대적 품질기준에 부합하는 품질기준서, 또한 공정관리 체크리스트를 활용한 실사를 통해 지속적인 품질우수업체를 육성하여야 합니다.

한편, 수요예측을 통해 협력사에게 사전 공급량을 준비할 수 있도록 지원하여야 합니다. 이는 앞에서도 설명해드린 바처럼 절대적 품질과 상대적 품질, 그리고 특히, 농산물의 경우 스펙트럼 품질기준서를 기반으로 협력사가 품질 면에서 시간적인 여유를 두고 사전관리를 하기 위함입니다. 따라서 이를 위해서는 사전 물량 예측시스템을 통해 협력사에게 향후 예상되는 물량 정보를 제공함으로써 공급안정성을 확보하는 것이 협력사 품질관리 역량을 확보할 수 있는 방안이라고 정의할 수 있습니다.

또한 품질에 민감한 품목군을 취급하는 업체에 대해서는 평가리스트를 통해 대상 업체를 평가하고 품질관리 우수업체에 대해서는 계약에 우선권을 부여하거나 물량 및 기간을 보증하는 관계가 필요합니다. 결국 이러한 활동은 품질안전성을 확보하여 회사의 로열티를 한층 향상시킬 수 있게 됩니다. 도식화된 다음 표를 참고하여 전체적인 프로세스를 숙지해주시기를 바랍니다."

김 교수는 품질관리 Road-Map 자체가 선진기업의 체계를 기준으로 설명하는 것이 다소 생소하겠지만 목표 지향점이 된다는 것을 잊지 않고 청중에게 설명하고 강의를 이어갔다.

공정관리 Check List	품질기준서, FAQ 수립	품질 우수업체 우선선정	예측시스템 활용
원물저장(온도/수불)	**식품 유통 부서 지원**	대상 선정	**수요예측을 통한 사전 공급관리**
선별/포장(검품/계량)	**품질 기준서 작성**	.평가리스트 작성 .대상업체 평가	대상 선정
출고(검품/인력)	.품목 특성, 원산지 .외형/색상/품질유의기 .검수기준, 표시사항 .포장기준,제품 사진 등	물량 및 기간 보증	.유통기한 집중 관리 .품질 사전 관리 필요 .재고관리 요주의 품목
센터입고(하차,피킹)		.다수 협력업체 중 품질관리 우수업체 계약 반영	RTF 활성화
품질 클레임 발생 근원 차단	**상품 지식 제공** **FAQ 작성**		**수요예측 시스템 활용도 제고**
산지~센터 전 Process 체크리스트 작성,평가 품질관리/개선 유도	.내/외부 고객 상품 이해도를 높여 불필요한 클레임 예방하며 품질 기준 정보제공	기대효과 .회사 로열티 향상 .품질 안정성 확보	수요 예측 시스템 활용도를 높여 공급 안정성 확보

RTF(Return To Forecast) : 업체가 전달받은 향후 수요에 대해 회신을 주는 것을 말함
FAQ(frequently asked questions) 자주 묻는 질문들

〈협력사 품질관리 역량 확보 Road-Map〉

2) 협력사 정예화

"일반적으로 구매부서는 우수 협력사여부를 판단하기 위해 정기평가를 실시하여 결과에 따라 핵심업체에게 물량을 집중하는 획일적인 단일전략을 사용하는 것이 다반사가 되다 보니 핵심업체와의 유착관계로 더 이상의 구매전략을 실행하기 어려운 경우가 자주 발생되기도 합니다. 따라서 품목군의 볼륨이나 공급사의 특성, 또는 평가 결과에 따른 운영체계의 전환이 필요합니다. 운영체계를 쉽게 설명해드리면 큰 축으로 협력사 정예화와 경쟁입찰 방향으로 구분할 수 있습니다.

정예화 품목군에 해당되는 공급사는 우수한 역량을 갖춘 공급사를 대상으로 육성과 지원을 강화하고 목표하는 매입가를 기반으로 협상을 통해 가격을 결정하는 방식이 바람직하며, 경쟁입찰 품목군의 공급사들은 신규협력사를 추가로 발굴하여 입찰 형태로 진행하는 것이 바람직합니다."

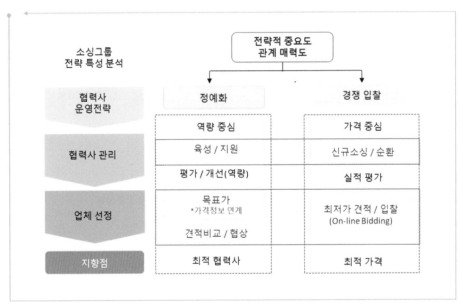

〈품목 특성 별 협력사 운영전략 체계〉

3) 상시평가체계

"보통의 구매기업에서는 년 1회 정도 협력사를 평가하거나 아예 이런 활동을 하지 않는 경우도 있습니다. 간혹 우수업체로 지정했던 공급사의 재무구조가 나빠지거나 상황변화 등의 요인 등에 따라 품질문제가 발생되는 이상징후를 보이는 경우가 나타나곤 합니다. 따라서 이를 제어하기 위해서는 정기평가 외 실적/기여도에 대한 평가를 추가 시행하여 평가기반의 계약/물량배정 관리를 시행하는 것이 바람직합니다.

이는 기존 협력사 역시 핵심업체라 하더라도 품질관리가 소홀해지는 것을 방지하

면서 지속적으로 경쟁력을 갖추어야 하는 당위성을 제공해주기 때문입니다. 일반적

으로 상시평가는 분기단위로 시행하는 것이 적정하다고 생각됩니다. 왜냐하면 제 경

험상 구매부서의 업무가중을 줄이고 공급사 역시 더 나은 품질관리를 위한 프로세스

구축을 위한 시간이 필요하기 때문입니다. 한편 품질 위해요소의 평가 등에 대해서

는 품질부서가 별도로 정기적인 일정을 수립하여 관리하는 것이 구매와 상호 역할을

구분하면서 효율적인 협력사 품질관리 방안이 될 수 있습니다."

	평가 방법	시행 주기	사후 관리
품질 평가	• 품질 지수 • 품질 부서 심사 점수	분 기	거래 제한
가격 평가	• 원가 절감액	분 기	물량 조절
현장 평가	• 협력사 방문 / 점검 • 년간 이벤트 이력관리 (대량 미입, 위생사고 등)	수 시	정기 평가 반영

〈상시 평가 유형별 운영 기준〉

4) 우수협력사와의 협업체계 구축

"구매부서에서는 언제든지 신규 공급사나 기존 협력사를 만나는 것을 업무 중 우

선순위로 생각해야 합니다. 왜냐하면 구매기업의 지속적인 발전을 위해서는 우수업

체 진입이 용이하도록 제도화되어야 하기 때문입니다. 현재 우리 사회는 협력업체

가 기업의 동력을 제공하는 동인이 된다고 하여 상생협력체계를 강조하는 시대에 살

고 있습니다. 하지만 아직도 실질적인 지원책은 그리 많지 않다는 것도 아쉬운 부분

입니다. 우수협력사를 육성하는 지원프로그램 등은 공급사와 상생측면에서 경쟁력을 유지하는 데 큰 도움이 될 수 있기 때문에 구매기업의 연구소 또는 품질관리 등의 인프라를 제공하거나 컨설팅 등의 지원 또는 우수협력사가 차별화 역량 확보를 위해 인프라 투자지원도 검토해볼 수 있습니다. 예를 든다면 농산물의 경우 '산지 예냉 시설' 등과 같은 인프라를 지원하는 것 등을 들 수 있습니다. 이러한 시설 투자는 결국 여러분 기업만이 보유한 품질경쟁력의 원천을 만들 수 있습니다. 한편 구매와 공급사간 상호 이익 Share 또는 매출확대 등의 공동목표를 설정하여 이익확대와 사전 품질관리를 공동으로 시현할 수도 있습니다."

품질은 몇 번을 강조해도 그 중요성을 다 얘기할 수 없다. 품질관리의 역량을 도출하고 이를 위한 여러 형태의 품질 개선활동에 대한 사례를 소개하면서도 김 교수는 미처 다 하지 못한 내용이 남겨진 듯한 느낌을 배제할 수 없었다. 왜냐하면 여기 모인 구매인들이 원하는 것은 구체적이고 바로 접목이 가능한 실무형 방법들을 보여주는 것이어야 하기 때문이다. 왜냐하면 김 교수 역시 현직에서 구매 강의를 하는 강사가 들려주는 설명은 조금은 추상적인 내용이거나 이론적인 것들 위주였기 때문에 강의가 끝나고 나면 식상한 얘기처럼 잊어버리기 일쑤였기 때문이다. 김 교수는 강의한 내용을 더 세세하게 설명 드리지 못한 것이 있을 수 있기 때문에 현업에서 활용하면서 궁금한 것은 꼭 메일로 연락주기를 당부하면서 핵심역량 두 번째 원가혁신에 대한 운을 띄웠다.

"이제 두 번째의 핵심역량의 발전적 단계는 원가 혁신입니다."

4. 기대 수익을 높이는 원가혁신 사례

"여러분은 간혹 회사의 임원진에게 구매부서의 원가절감 활동에 대해 보고하는 기회가 많으실 겁니다. 그때마다 여러분이 듣는 질문이 무엇인가요?"

김 교수는 경청하는 구매부서 직원들을 쭈욱 둘러보고 설명을 이어갔다.

'그래요. 열심히 원가절감 활동을 하는 건 좋은데 원가절감을 했으면 수익이 좋아져야 하는데 도대체 원가절감한 수익금은 어디로 간 겁니까?'

"구매부서가 가장 많이 듣는 질문이 바로 이 질문이라고 해도 과언이 아닐 겁니다. 실제로 원가절감을 표현하는 로직은 첫째, 현 시장가 대비 결정단가의 절감 정도, 둘째, 동일 시장가 기준 전 단가 대비 결정단가와의 차이. 셋째, 유사품목을 대체함으로써 발생하는 원가차이 등이 있을 수 있습니다. 문제의 본질적인 문제는 이렇게 절감한 금액이 영업에 전달되거나 운영식당에 전달되면 어떻게 되나요? 영업에서는 수주 경쟁력을 확대하기 위해 고객에게 좀 더 저렴한 가격을 제시하는 데 활용이 되고 운영식당에서는 메뉴를 좀 더 구성해서 고객의 만족을 이끌어 내는 데 활용되기도 할 겁니다. 결국 누군가 절감한 금액에 대한 검증과 더불어 이 금액이 영업이든 운영 식당이든 보이지 않는 수익으로 남겨져야 하는 로직이 필요하겠죠?"

김 교수는 청중의 반응을 살피면서 동일한 고민을 갖고 있는지 궁금해졌다.

"앞에 앉은 팀장님이 웃으시는 걸 보니 보고하시는 기회가 많아서 충분히 공감하신다는 것 같군요?"

"네. 맞습니다. 처지를 이해해주시니 감사합니다 하하하."

덩달아 청중도 공감하는 듯 웃는다.

"자, 이 문제의 해결은 간단하지 않습니다. 때문에 좀더 전사차원에서 설명이 필요한데 그보다 먼저 구매 내부적으로 정리해야 할 사항은

첫 번째, 원가절감에 대한 타당한 근거입니다. 단순하게 설명할 내용은 아닙니다. 하지만 한편으로는 간단하게 경영진 분들께 설명하지 않으면 자칫 변명처럼 들릴 수도 있는 내용입니다. 따라서 사실에 근거한 요약된 설명이 필요합니다. 이 부분은 다소 충분한 설명이 필요하기 때문에 전략 소싱 강의에서 다루고자 합니다.

두 번째는, 시스템적으로 절감한 내용이 수익으로 남겨져야 합니다. 앞에서도 말씀드렸지만 원가절감의 당위성이 제대로 입증되지 않는 조건에서는 영업이나 식당을 운영하는 부서 입장에서는 달갑지 않은 사항이기 때문입니다."

"저기, 교수님. 저희 회사의 경우 구매에서 영업이 이 가격 이하로는 팔 수 없도록 판매가를 설정해두는 기능이 있습니다. 그런 경우를 말씀하시는 건가요?"

다소 상기된 표정을 짓는 질문자는 아마도 그런 기능이 있다는 것을 알리고 싶은 마음이 앞서 있는 듯 보였다.

"네. 알고 있습니다. 회사마다 부르는 명칭은 다르지만 그런 기능은 만들어져 있는 곳이 있습니다. 그러나 그런 기능들은 대부분 구매담당 개인이 설정하고 있는데 그 타당성에 대해서 검증하고 통제하는 곳이 있을까요?

김 교수는 잠깐 말 중간에 침묵의 시간을 두고 질문을 던졌다.

"지금 말씀해주신 질문자분은 그런 기능이 제대로 작동되고 있나요? 그렇다면 정

말 대단한 구매시스템을 구축하고 있다고 단언할 수 있습니다."

"아, 네. 아직 그 정도 수준은 아닙니다. 하하."

멋쩍은 표정을 짓는 모습을 보고 김 교수는 설명을 이어갔다.

"질문 주신 분의 내용에 대해 좀 더 설명해드린다면 일정 가격 이하로 판매하지 못하도록 하기 위해서는 기본적으로 설정한 '판매가 이하'에 대해 신뢰할 수 있는 근거가 마련되어 있어야 합니다. 이를 위해서는 원가절감의 원칙을 정하고 이를 Logic으로 자동 업데이트되는 기능이 필요합니다. 즉, 원가절감의 항목이 1)기존가 대비, 2)시장가 대비, 3)대체재 절감 등이라면 해당 내용에 대해 구매절차에 따라 원가절감이 구체적으로 입증된 경우는 Logic을 시스템에 반영하여 자동 업데이트 하는 기능이 필요합니다. 예를 들어 시장가 대비 절감 부분은 요즘에는 공신력 있는 도매가격을 자사의 시스템에 연동하여 지속적으로 시장가와 결정가격과의 Gap을 판매가로 자동 업데이트되도록 하는 방법이 연구되고 실제 활용되는 사례도 있습니다. 서두에 말씀드린 바처럼 원가절감에 대한 타당한 근거가 모든 경영진과 유관부서가 공감하는 수준이 되지 못한다면 이런 기능 역시 제대로 발휘되지 못할 겁니다. 일례로 '시스코'라는 회사는 구매내부에 박사급 R&D 연구원들을 두고 이들이 산지에서부터 유통비용을 분석하여 구매하는 단가가 적정한지를 검증하는 기능을 두는 경우도 있다고 합니다."

김 교수는 현업에 있을 때 이 회사를 벤치마킹했던 기억을 떠올리면서 당시 가장 인상 깊었던 내용을 예시로 설명하였다. 약간 격앙된 느낌이 들었던 김 교수는 넌지시 웃음을 던지고 말문을 이어갔다.

"아직 원가혁신에 대한 강의에 들어가기도 전에 너무 깊이 들어와버렸습니다. 하하. 서두에 말씀드린 화두는 하나의 문제제기와 방향성에 대해 공감을 위해서 말씀드렸고 그에 대한 해답은 지금부터 찾아가보도록 하겠습니다.

자, 그럼 우선은 원가혁신의 발전적 단계를 한번 살펴볼까요?"

원가혁신 단계 분석

"구매 전략의 효과를 극대화하기 위해서는 지속적인 Cost Leadership[17]을 확보하여야 하는데 식당에서 인건비를 줄이고 간편하게 조리할 수 있는 효율화 식자재 개발, 고객 니즈에 부합하는 PB확대 등 원가에 대한 목표를 설정하고 관리하는 원가관리체계가 필요합니다. 또한 가격정보 시스템 구축을 통해서 성과에 대한 지표관리가 신뢰성을 확보할 수 있도록 하는 것 또한 중요합니다. 이를 위해서는 물량예측~가격결정까지의 선제적 관리 프로세스를 구축하고 언급했던 바처럼 구매시점마다 원가구조에 대한 신뢰성을 담보할 수 있는 시장 정보체계를 시스템화하여야 구매의 노력이 헛되지 않을 것입니다."

김 교수는 제조사인 S사의 구매 변천사를 연구하면서 상품을 개발하고 그에 대한 원자재 조달을 위해서 개발단계에서부터 구매가 참여하는 개발구매가 부각되었던 것을 알고 있다. 이러한 제조업에서도 구매는 단순 조달구매가 아닌 적극적인 개발자의 역할을 수행하게 된 사례를 들려주면서 역량단계의 변화를 설명하였다.

"다음 표에서 보듯이 구매의 원가역량은 단순 상품을 조달하는 단계에서 시세를 기준으로 원가를 분석하고 이후 유통구조 분석을 통해 공급망을 최적화한 뒤 계획구매를 통한 예측물량을 기반으로 추가적인 원가 경쟁력을 확보하게 되었습니다. 마지막 단계에서는 TCO(Total Cost Of Ownership)[18]관점의 원가관리 체계를 고도화하고 신규시장 및 고객을 창출하는 신규상품 개발 등을 통해 구매의 원가역량을 발전시키고 있습니다. 물론 이 단계별 발전단계가 품질역량 단계의 발전단계와 동일하게 모든 기업이 최종단계에 와 있는 것은 아니겠죠. 따라서 여러분 기업에 있어서도 표의 예시처럼 현 수준을 측정해보고 예시를 참조하여 각각의 과제를 도출하고 발전단계를 높여가는 것이 무엇보다 중요하다고 할 수 있습니다."

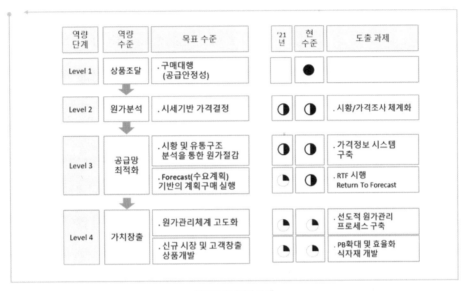

〈원가역량 단계별 예시〉

상생 Tip

일정 가격 이하 판매가 설정의 신뢰성

· 구매 원가혁신 활동을 통해 결정된 Logic에 대한 타당성에 검증은 별개의 절차를 통해 확인 작업 필요함 * 최종 경영진 승인.

· 시스템으로 Logic을 설정하여 최저 판매가 설정이 자동으로 구현.

· 분기단위 적정성 검증 후 절감액에 대한 금액 산정.

· 목표가에 대한 예측 정확도 평가를 위한 도매시장시세 연동 필요.

"이러한 기업 활동 중에서 '공급망을 최적화'한다는 것은 전국 공급망을 보유한 협력사를 활용하여 지역 간 원가차이를 줄이거나 거점센터를 만들어 동일한 원가의 통합구매를 실현하고 있는 것도 하나의 예가 될 수 있습니다. 또한 지역단위로 분산되어 있는 생산자조직 등과 연계하여 가격을 통합하는 구매공급사를 선정하는 것도 하나의 방법이 될 수 있겠죠. 한편 소량 다품종의 경우 대형 벤더와의 전략적 제휴를 통해 원가절감을 실현하는 것도 역시 마찬가지입니다. 이는 물량을 집중하여 원가절감 및 우수협력사 중심의 공급망을 재편하게 되는 것이므로 중요한 구매전략 중 하나입니다. 이 부분은 추후 전략 소싱을 다룰 때 구체적으로 설명 드릴 예정입니다."

한때, '저점에 구매하여 고점에 판다'는 비축구매가 중요한 이슈로 부각되어 적극 권장되었던 적이 있었다. 물론 지금도 중요한 전략 중 하나인 것은 맞지만 총체적인 관리비용을 감안했을 때 과연 저렴한가에 대해서는 충분히 고민하지 않아 결과적으로 비싸게 구매하게 되는 경우도 발생하게 된다.

김 교수는 대표적인 실패사례로 국내산 사과를 비축함으로써 비축 초기에는 시세보다 30%의 절감효과를 가져와 성공적인 사례로 평가받았으나 결과적으로는 생물이다 보니 상품성이 떨어지고 생물을 비축하여 관리했던 경험부족으로 비축 후반기에는 로스율을 감안하고 창고 보관비 등을 감안했을 때는 협력업체에서 납품하는 가격수준보다 못한 결과를 가져왔다. 이 역시 시황 및 유통구조를 명확히 이해하지 못한 공급망 최적화 실패사례라고 볼 수 있다.

TCO(TotalCostofownership) 관리

TCO관리, 즉, 총 소유비용은 특정 상품의 구입가격과 더불어 이를 운영하는 기간 동안 발생하는 모든 비용을 포함하는 것을 말하다.

따라서 소싱처 다변화를 위한 수입상위품목에 대해서도 품목군별로 TCO(Total

Cost of ownership)관리를 통해 수입부터 보관, 출고에 이르기까지 비용이 발생되는 총체적인 원가구조를 분석하여 가격경쟁력이 있다고 도출되는 품목 중심으로 소싱처를 발굴하는 것이 중요하다. 한편, TCO관점의 원가관리의 또 다른 예시를 하나 들면 추정 원가분석을 통한 합리적인 목표단가를 결정하는 방법 역시 TCO관리 방법이라고 할 수 있다. 예를 들어 쌀 원재료 배합비가 50%이상 되는 품목(면류, 떡류 등)의 경우 쌀의 원가는 단일품으로 구매하고 있고 가공품에 들어가는 쌀의 가격을 사전에 조사하였다면 가격에 대한 정보는 알고 있는 상태이므로 기본적인 품목의 구성성분의 함량과 공급사의 직접비, 간접비, 물류비 등을 조사하여 합리적인 매입 목표가를 정하여 최적의 원가로 구매하는 전략도 하나의 활용Tip임을 설명하였다.

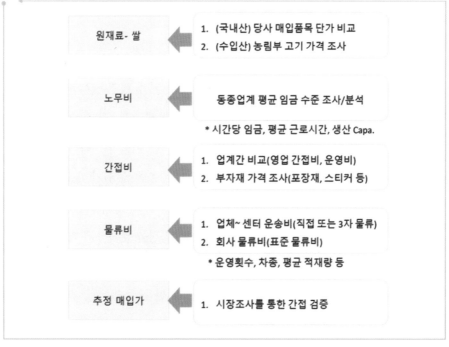

〈TCO관점의 원가관리〉

TCO(Total Cost of Ownership)는 모든 기업에게 중요한가?

· 구매기업, 제조사 역시 상품을 유통하거나 완제품을 생산하기 위해 필요한 원료 구입비용은 상시 발생됨.

· 초기 자재 구입 시 예상되는 소진기간 고려하여 비용분석 필요.

[TCO관리 원칙]

· 소진기간을 월 단위로 측정하여 비용 분석 필요.

· 소진기간 내 시장가격 추이에 따른 식자재 경쟁력 비교 분석.

· 월 단위 수익율 고려, 판매 계획 조정(고 마진 시 판매 확대).

원가(Cost) 혁신 방향

김 교수는 원가 혁신에 대해 설명하기 위해서는 몇 가지 경영이론에 대한 설명이 필요하다고 판단했다. 왜냐하면 원가를 낮추는 것은 구매관점에서 지극히 당연한 것이지만 원가혁신으로 인해 파생되는 시장의 변화추이를 이론과 접목하여 이해하고 있어야 시장이 요구하는 상품 개발 등을 효과적으로 수행할 수 있기 때문이다.

1) 저원가 전략[19]

"경영이론에서 보면 일반적으로 기업의 내, 외부 환경을 분석하는 기법으로 많이 활용되는 Tool은 SWOT분석으로 외부의 기회와 위협, 내부의 강점과 약점을 분석합니다. 일단 이 2가지 분석을 끝내면 전략적 대안을 만들 수 있는데, 전략적 대안은 사업부수준(business-level strategy)과 전사적 수준(corporate-level strategy)의 2가지로 경영이론에서는 표현합니다. 사업부 수준의 전략은 기업이 특정한 시장이나 산업에서 경쟁우위를 얻기 위해 활용하는 전략을 말하며 전사적 수준의 전략은 한 기업이 여러 시장이나 산업에 걸쳐 있을 때 경쟁우위를 얻기 위해 활용할 수 있는 전략을 말합니다.

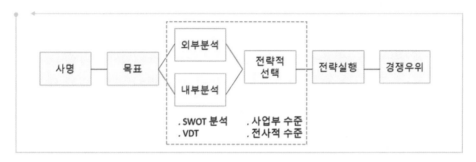

〈경영 전략의 로드맵〉

포터의 경쟁이론에서 보면 사업부 수준의 전략은 3가지가 있는데 저원가 전략과 제품 차별화전략, 집중화전략(특정 고객segment에 집중)입니다. 앞의 두 전략의 중요성은 너무나 잘 알려져 있어 종종 본원적 전략(generic business strategy)이라 불립니다. '저원가 전략'은 경쟁기업보가 낮은 원가를 유지하여 경제적 가치를 창출하는 것을 말하며 '제품 차별화전략'은 경쟁기업보다 구매자들에게 선호되는 제품을 판매하여 경제적 가치를 창출하는 것을 말합니다. 따라서 구매인은 누가 시장에서 원가우위를 가지고 있는지 파악해야 합니다. 또한 좀 더 세심한 관심이 필요한 것은 다음의 표에서 보듯이 일반적으로 기업규모가 증가하는 규모의 경제하에서는 평균적 단위원가가 낮아져 제품원가가 감소하는 경향을 보이며 기업의 생산규모가 너무 커지는 규모의 불경제 하에서는 관리비용 증가로 원가상승이 발생하므로 구매인은 시장의 공급사에 대한 재무구조와 동향에 대해서도 어느 위치에 있는지 충분한 관심을 가져야 경쟁력 있는 우수업체를 선정하는 데 도움이 됩니다.

그렇다면 저원가 전략과 차별화전략을 동시에 추구할 수 있을까요?

이 2가지 요소의 속성은 배타적인 양상을 보이는 건 사실이지만 두 전략은 동시에 추구될 수 있다고 봅니다. 이는 생활수준의 향상으로 소비자들은 다양한 욕구충족을 원하고 있고 시장포화로 인해 경쟁이 심화되면서 가격 파괴현상이 벌어지고 있습니다. 즉, 원가우위와 차별화를 동시에 요구하는 경영환경에 직면하게 되었다는 것을 의미합니다. 차별화전략은 대표적으로 시장분석과 조직 내에서 학습한 내 외부 분석을 통해 틈새시장을 발견한 후 그 시장에 적합한 차별화된 제품을 개발하여 시장을 선점하는 전략을 말합니다. 한편 제품차별화가 규모의 경제를 확보하게 되면 높아진 시장점유율을 기반으로 규모의 경제, 학습효과 등을 통해 여러 방법의 원가절감 효과들을 경험할 수 있게 된다는 점이 이 질문에 대한 답이 될 수 있습니다."

2) 규모의 경제와 규모의 불경제

"이처럼 일정기간 동안 규모의 경제 측면에서 판매량이 증가하게 되면 생산의 단위원가가 낮아짐으로써 원가경쟁력이 높아지지만 최적생산량을 초과하게 되면 별도의 투자설비 등이 수반되지 않는 한 생산 단위원가가 증가하는 규모의 불경제를 초래하게 됩니다."

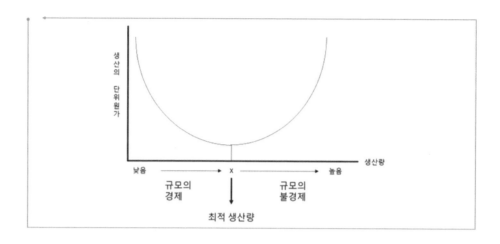

〈규모의 경제와 규모의 불경제〉

　김 교수는 젊은 시절 축산물 구매를 오랫동안 했던 적이 있다. 당시 공급받던 축산물의 원가를 추적하기 위해 일 작업 생산량, 원물가격 등을 조사한 후 업체 작업자 인건비 및 관리자 인건비 등을 분석하여 업체의 생산원가를 측정해보았다. 이를테면 전문 작업자 한사람이 일 8시간 500kg 작업량을 소화하고 원물가격이 5,000원이라면 원물가 기준으로 한 명의 작업자가 하루에 약 250만 원어치 작업을 한다고 볼 수 있고 시간당으로 환산하면 63kg작업, 원물가로 약 31만 원어치 작업량이다. 전문 작업자 인건비가 예를 들어 시간당 20,000원이라면 원물가에 차지하는 작업 인건비는 kg당 317원의 원가가 산출되었다. 이런 작업인력이 총 10명이고 작업물량이 현 조건에서 포화상태라면 결국 현 공간에서 생산을 늘리기 위해서는 인력을 추가로 투입해야 했다. 그러나 전문성을 갖추기 위해서는 일정 시간이 요구되며 공간이나 시설이 추가되지 않으면 인당 생산성은 떨어지게 마련이고 결과적으로는 단위당 생산원가는 상승할 수밖에 없다. 따라서 동종업체의 이러한 조건들을 분석해보면 업체마다 현 조건에서의 최적 생산량을 도출해 낼 수 있었다. 물론 관리인력이나 기타 금융비용 등에 대해서는 고려하지 않았다. 그러나 중요한 것은 작업장의 시설이나 인력의 전문성, 투입인력 등을 감안 시 최적 생산량은 도출할 수가 있기에 공급사의 거품비용이 어디에서 발생되는지를 가늠할 수 있다는 것은 구매 담당자로서 협상의 유리한 카드를 가지고 있을 뿐만 아니라 공급사의 비용지출 면에서 컨설팅 역할까지 할 수 있으니 공급사 역시 반기는 일이 되었던 것을 설명했다.

"이처럼 규모의 경제에 의해 만들어진 저원가 구조의 전략은 공급자 입장에서도 진입장벽 구축으로 후발 진입자들의 추격을 지연시키는 효과를 가져올 수 있으며 이를 통해 구매기업의 원가경쟁력을 발판으로 브랜드파워가 형성되어 지속적 경쟁우위를 다질 수 있습니다."

이 2가지 전략을 병행하는 것이 가능하지 않다는 견해도 있지만 김 교수는 앞에서 언급한 바처럼 제품차별화가 높은 판매량을 확보하게 되면 높아진 시장점유율을 기반으로 하여 규모의 경제, 학습효과로 인한 생산성증가 등에 따라 원가절감효과를 경험할 수 있다고 판단했다.

"우리가 원가혁신에 강의하기 전에 이러한 저원가와 차별화 전략을 먼저 설명한 이유는 시장환경에서 원가우위를 점유하기 위해서 필요한 전략임을 먼저 각인하기 위해서입니다. 한편, 저원가와 차별화를 지속하기 위해서는 구매 최적화, 즉, 구매 경쟁력을 위한 가장 최적의 조건들을 갖추는 것이 요구됩니다."

구매최적화 운영 전략

"구매 최적화를 지속 추진하여 회사의 이익 창출을 주도하기 위해서는 원가에 대해서 충분한 경쟁력을 갖추는 과제를 구매부서는 안고 있습니다. 이를 위해서는 크게 5가지 관점의 전략이 필요합니다.

첫 번째는 구매 플랫폼을 구축하는 것입니다. 플랫폼이란 한번 구조를 만들어놓으면 지속적인 시너지를 창출할 수 있는 것이라고 표현할 수 있는데 플랫폼 영역은 3가지 관점에서 볼 수 있습니다. 즉, 거점, 브랜드, 계열화입니다.

1) 거점 플랫폼: 구매부서가 해외에서 수입하는 품목이 있다면 가격과 품질이 우수한 업체와의 제휴를 통해 지속적인 경쟁력을 갖추는 것이라고 말할 수 있으므로 신규 상품 발굴과 더불어 그에 맞는 해외 우수업체를 조기에 발굴하여 플랫폼화하는 것입니다.

2) 브랜드 플랫폼: 브랜드 상품을 독점계약한다거나 차별화된 PB제품을 통해 브랜드 이미지를 구축하는 방법 등이며 이를 위해서는 독점계약 또는 차별화된 특허 출원 상품 등이 될 수 있습니다.

3) 계열화 플랫폼: 가공되기 전 원료를 구매하는 단계에서부터 상품을 개발하는 전체 단계로 구매부서가 주도적으로 참여하여 유통과정상 추가적으로 발생할 수 있는 거품비용을 제거하는 것을 말합니다.

구매최적화를 위한 두 번째는 상품경쟁력을 갖추는 것입니다. 이를 위해서는 자사의 PB상품 개발을 통해 고객을 확보하고 수익을 창출하는 것이 필요합니다. PB제품을 개발하기 위해서는 다음 3가지 기본 전략이 요구됩니다.

1) 상품 전략: 이는 원가절감과 메뉴의 효율성, 타 상품 대비 차별화된 포인트를 가지는 것입니다. 다시 말하면 기존 NB의 원가구조를 파악하기 위해서는 한계가 있지만 PB의 경우는 상품에 소요되는 원재료 레시피를 기준으로 원가를 산정하고 운영식당 또는 고객사가 사용하기 편한 차별성 등을 고려하여 기존 NB대비 효율적인 차별화가 가능하다는 것입니다."

김 교수는 운영하는 식당의 효율화 상품 개발이 한참 이슈가 되었을 때 냉동 다진 마늘이 벌크 형태로 공급되었기 때문에 식당에서 일정량을 사용하기 위해서는 조각을 내야 하는 불편함이 있었다. 이를 개선하기 위해 초콜릿처럼 분리하기 쉽게 제조 공정을 도입하여 공급하였는데 기대이상의 판매량을 보였던 기억이 새삼 떠올랐고 차별화 상품이라는 게 알고 보면 그리 어려운 일은 아니라는 것을 에피소드를 통해 전달하였다.

"다음은 브랜드 전략입니다.

2) 브랜드 전략: 브랜드를 다양화하고 브랜드마다 고유한 콘셉트를 부여하는 것입니다. 다시 말하면 고객은 가격이나 품질 측면에서 선호하는 기준이 있기 때문에 거기에 걸맞은 브랜드를 설정하여 구매하고자 하는 고객이 해당 브랜드의 일관된 콘셉트에 부합되어 지속적으로 사용하도록 하는 것입니다.

3) 운영 전략: 이는 PB개발프로세스를 구축할 때 일반적인 NB상품을 등록하는 방식과는 달라야 한다는 것입니다. 왜냐하면 PB제품의 경우에는 책임의 주체가 유통회사이기 때문에 엄격한 관리프로세스를 갖추지 않으면 안 된다는 것입니다. 따라서 실제 사용하는 운영부서와 공조하여 메뉴 품평회 등을 통해 차별화 포인트를 찾아내고 제품 개발 초기부터 메뉴편성에 대한 계획이 설정되어 사용량을 확대하는 것이 결과적으로 규모의 경제를 통한 원가혁신을 가능하게 만듭니다.

구매 최적화를 위한 세 번째는 협력사 운영 선진화를 통한 경쟁기반을 강화하는 것이 필요합니다. 이를 위해서는 우선적으로 협력사 운영전략을 정비하여야 하는데 품목 군별 거래업체 현황을 조사한 뒤 추가업체 발굴이 필요한 품목군을 도출한 후 조사된 업체 방문을 통해 우수업체를 선정하여야 합니다. 또한 협력사의 안정적인 거래관계를 위한 평가체계가 구축되어야 합니다. 이를 위해서는 기존 거래협력사까지 신용도 평가를 확대 실행하고 협력사의 재무 리스크 관리를 통해 공급안정성을 확보하는 것이 우선적으로 중요합니다. 요즘에는 신용평가사마다 공급사의 재무 리스크가 발생 시 알람 기능을 갖추고 있어 구매부서 내 시스템과 연동시키는 방법을 추천합니다.

구매 최적화를 위한 네 번째 요소는 Forecast(예측) 기반의 계획구매 실행입니다. 수요−계획 기반 구매 예측 수량의 협력사 공유를 통해 조달역량을 강화하고 원가경쟁력을 확보하는 것이 관건입니다. 다시 말하면 구매 예측정보를 협력사에 미리 제공함으로써 협력사가 산지로부터 사전에 물량을 확보할 수 있도록 하여 당일 조달비용 감소를 통해 원가절감이 가능하다는 것이죠. 다음 표에서 보시듯이 예측된 식자재의 예상 사용량 정보를 협력사와 공유하게 되면 협력사 역시 가격 사전 물량을 확보하는 데 드는 비용의 절감과 더불어 안정적인 물량공급이 가능하게 된다는 점입니다.

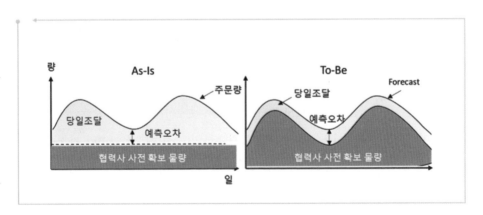

〈계획기반 조달 안정화 비교〉

이때 수요계획 프로세스 안정화로 예측 정확도를 검증하기 위해서는 수요계획과 실행의 편차를 최소화하여야 하는데 일반적으로 식자재를 유통하는 기업에서는 고객사의 주문패턴을 통해 예상 수요량을 예측하게 됩니다. 다시 말하면 자재소요계획인 MRP[20]를 통해 공급할 시기의 자재의 양에 대해 사전에 파악하여 시장수요에 적용시키는 과정이라고 말씀드릴 수 있습니다. 따라서 이를 위해서는 우선적으로 주로 사용하는 품목을 선정하되 물량수급의 어려움이 있는 품목을 우선순위로 선정하는 것이 바람직합니다. 이는 수요계획에 대한 Data 축적을 통하여 구매부서와 협력사의 적정재고 운영 및 사전비축과 연계하여 운영하는 것이 요구됩니다.

구매 최적화를 위한 다섯 번째는 시황대응 프로세스인데 이는 변동성이 높은 농산물 등의 시황에 대한 조사 및 예측을 통해 선제적으로 대응하여 가격, 품질, 수급 안정성을 확보하는 것이 목적이며 이를 위한 대응프로세스는 시황조사, 예측, 대응의 단계별 프로세스를 거치며 조사된 시황은 대응전략을 통하여 계약에 반영하여야 합니다. 다시 말하면 다음 표에서 보시듯이 시황이 바뀌는 주기를 사전에 파악하고 산지, 품목에 대한 특성을 이해했다면 어떤 경로를 통해 조사할 것인지 어떤 내용을 조사할 것인지를 파악 후 정보수집을 시작해야 합니다. 수집된 정보는 수요와 공급측면에서 예상되는 가격을 추론하여 계약조건을 변경, 또는 업체Pool을 확대하거나 대체 품목이나 소싱처를 발굴, 현재의 유통구조를 단축시키는 방법 등을 총체적으로 분석하여 진행합니다. 이는 결과적으로 물량수급의 안전성뿐만 아니라 가격을 유추하여 사전 원가절감의 요소를 찾아 공급사 협의 또는 비축 등의 전략을 시도할 수가 있습니다. 이를 통해 시황대응에 대한 적중여부가 품목별 원가절감 실적으로 반영되었는지 최종 검증하는 방식이 바람직합니다."

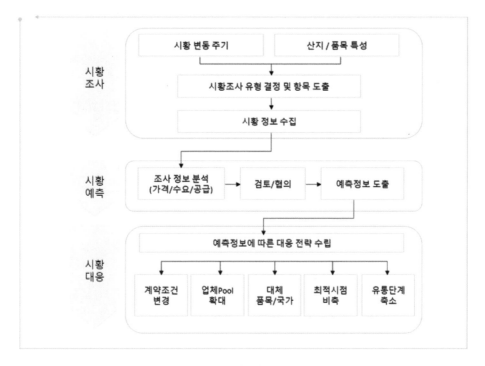

시황
조사

| 시황 변동 주기 | 산지 / 품목 특성 |

시황조사 유형 결정 및 항목 도출

시황 정보 수집

시황
예측

조사 정보 분석
(가격/수요/공급) → 검토/협의 → 예측정보 도출

시황
대응

예측정보에 따른 대응 전략 수립

| 계약조건 변경 | 업체Pool 확대 | 대체 품목/국가 | 최적시점 비축 | 유통단계 축소 |

〈주요 품목군 시황 대응 프로세스〉

　김 교수는 약속장소인 넓은 홀의 카페 베란다에 앉아 잠시 눈을 감고 따스한 햇볕에 잠깐 몸을 맡기고 있었다.

　"안녕하세요, 여기 계셨군요." 김 교수는 낯익은 목소리에 고개를 들고 반가운 인사를 건넸다. "아, 네. 잘 지내셨나요? 하나도 안 변했네요. 하하."

　김수미 팀장은 김 교수의 전 직장 동료인데 메뉴개발을 담당하는 팀장으로 식자재를 유통하는 사업부와 다르게 직접 식당을 운영하는 사업부에서 계속 활동하고 있다.

　"요즘 하시는 업무는 어떠세요?" 김 교수는 최근 회사 근황에 대해서도 궁금했던 터라 질문을 먼저 건넸다. "예나 지금이나 어떤 메뉴를 선택해야 고객만족과 동시에 수익성도 높이느냐인 것 같아요. 그래서 구매부서와 항상 기획화 상품을 제안받고 테스트하고 메뉴에 접목하는 작업을 하고 있어요."

기획화 식자재는 김교수가 현직에 있을 때 전체 식자재 중에서 수익을 높일 수 있는 품목을 정책적으로 반영하도록 사전 대상품목을 선정하여 개발하고 공급하는 활동을 권장하기 위해 제안되었던 식자재 분류였다. 우선 이해를 돕기 위해 원가혁신 활동 예시에 기획화 식자재를 먼저 설명하면 다음과 같다.

원가혁신 활동 사례

1) 기획화 식자재

회사의 이익을 극대화하고 식자재 운영효율을 위해 추천하는 식자재로 다음 표의 선정기준에 부합되는 품목을 List-Up한 후에 담당MD가 후보품목을 선정하고 메뉴 개발과 같은 운영부서에서 최종 확인하고 운영하는 식당에 공급하는 식자재를 말한다. 김 교수는 기획화 식자재를 처음 제안하던 때가 생각났다. 당시 식당을 운영하는 사업부의 수익이 상대적으로 낮았던 원인과 누적된 재고에 대한 소진이 필요했던 시점이라 수익측면과 정책적 측면에서 식자재를 분류하고 이를 메뉴부서와 식당을 운영하는 부서와 함께 대처하고자 만들어지게 되었다. 아마도 식당을 운영하는 기업체라면 용어는 다르더라도 이러한 관점의 식자재 분류가 필요하리라고 본다. 그 내용을 살펴보면,

이익율 관점에서는 운영하는 식당에 제공하는 이익율이 상대적으로 높은 품목으로 유형을 구분하였고 일반적으로 5가지 유형으로 분류하였다.

첫 번째는, 상시(연중) 식자재로 이는 해당 운영식당의 식자재 평균 이익율을 최소 3% 이상 상회하는 품목을 정하는 것이 바람직하다.

두 번째는, 제철 식자재인데 역시 특정시기에 가격이 저렴하기 때문에 고품질, 저 단가가 형성되는 시점에 공급확대가 가능한 품목군이다.

세 번째, 행사상품은 공급사의 재고증가로 조기 소진이 필요한 상품 또는 삼계 등 과 같이 특정시기를 위해 비축해둔 상품들을 말한다.

한편 네 번째는, 회사가 추구하는 전략적 정책에 의해 사용하는 상품, 예를 들면 전처리 식자재 등의 전략상품 등을 말하고

다섯 번째는, 회사의 자체 재고소진이 요구되는 장기 재고 상품군이 이에 해당된 다.

기준	유형	특징	운영기간
매익율	연중	• 상시 운영되는 품목군 중 전년 운영식당의 평균 매익율을 3%이상 상회하는 품목	상시
	제철	• 특정시기 고품질, 저단가 형성되어 공급확대가 가능한 품목	단기
	행사	• 메뉴다양성을 통해 고객 니즈를 충족시킬 수 있는 식자재 (복대비 삼계탕, 또는 공급자의 재고 소진 등)	단기
정책	전략	• 전략적으로 공급품목 확대가 요구되는 품목 (전처리 농산물, 저 매익 카테고리 내 최고 매익 품목 등)	상시
	장기	• 운영식당 등에 공급을 확대하여 재고소진이 요구되는 비축품	필요시

〈기획화 식자재 유형〉

"요즘에는 운영식당의 인건비 상승 등으로 수익성이 매우 저조한 데다 고객의 다 양한 니즈를 반영하기 위해서는 더더욱 이러한 기획화 식자재 개발이 필요해요. 그

래서 구매부서와는 절대적인 협력체제가 필요하게 되었어요."

김 팀장은 예전과 다른 환경변화를 주시하면서 새로운 상품개발의 중요성이 한층 대두되고 있다고 말했다. 때문에 요즘 구매부서 역시 운영식당과도 긴밀하게 Co-work하고 있다면서 기획화 식자재뿐만 아니라 운영식당에서도 조리공정 효율을 위해 효율화 식자재를 적극 개발하고 있다고 하였다.

2) 효율화 식자재

김 팀장의 말을 정리하자면 다음과 같다. 효율화 식자재는 급식사업장 운영효율을 위해 조리공정상에 인력을 효율적으로 배치할 수 있는 전처리된 상품 또는 즉석에서 조리할 수 있는 상품을 말한다. 이를 위해서는 다빈도 사용메뉴 및 레시피 품목에 대한 완제, 반제품 등이 주 대상이 될 수 있으며 즉시 사용 또는 단순가열 후 제공할 수 있는 레토르트형 식자재를 개발하는 것이 필요하다. 따라서 우수협력사와의 전략적 제휴를 통해 R&D 역량 등 인프라를 공유하는 것이 필요하기 때문에 상품 경쟁력이 있는 제조사와의 제휴를 통해 OEM[21]또는 ODM[22]등의 공동 참여를 통한 상품개발을 적극적으로 활용하고 있다고 하였다.

3) 식자재 원가지수

한편, 식자재 원가지수를 분석하여 메뉴를 편성 시 식재료의 가격지수가 낮은 상품을 선택하는 활용법도 사용한다고 하였다. 물론 '원가지수가 낮다는 것이 비단 상품성이 떨어지는 식자재를 선택한다는 말은 아니다.'라고 설명을 덧붙이면서 가장 출하량이 많을 때, 또는 제철상품이 아니지만 상품수급이 원활한 상품군을 말하는 것으로 이를테면 요즘에는 겨울철에도 심심치 않게 삼계탕을 즐겨먹는 고객들이 많아졌는데 연중 상대적으로 겨울철이 삼계가격이 가장 저렴한 시기라는 설명도 덧붙였다. 그리고 이러한 원가지수 분석을 통해 운영하는 식당의 식재료 메뉴편성을 조절할 수 있다고 하였다. 이는 과거 시황분석 및 실적자료를 분석하여 주요품목군의 최저가격 시점을 도출함으로써 식재료비를 절감할 수 있는 기회를 확대하는 것인데 구매부서는 이러한 데이터 공유를 통해 운영 부서와의 유기적 협조가 중요한 내부 전략이 될 수 있다고 한다.

좀 더 이해를 돕는다면 다음 표 에서와 같이 A상품의 가격 원가지수는 6월 100을 기준으로 1~2월, 9~12월에 최저가격을 형성하는 것을 볼 수 있는데 이 시기에 해당 식재료를 활용하면 원가측면에서 식재료비를 절감할 수 있다는 것이다. 따라서 구매의 신상품 개발뿐만 아니라 식당을 운영하는 측면에서도 원가지수에 따른 선택적 상품이 반영되는 메뉴개발 역시 중요한 역할을 담당하고 있다고 하였다.

월	1월	2월	3월	4월	5월	6월	7월	8월	9월	10월	11월	12월
지수	73	75	78	80	90	100	110	97	85	80	80	75

〈기획화 식자재 유형〉

식품을 차별화한다는 건 정말 어려운 일임에는 분명하다. 그러나 한편 '서비스'라는 관점에서 보면 상품은 '보기 좋은 떡이 먹기도 좋다'는 말처럼 맛뿐만 아니라 상품의 포장, 또는 사용하기 편함 등 다른 각도에서 고객의 선택을 받을 수 있는 조건들을 개선하면 얼마든지 소비자들의 사랑을 받을 수 있다. 김 교수는 이러한 차별화된 상품에 대해 충분한 가능성이 열려 있다는 것을 알려주고 싶었다.

4) 차별화상품 특허 경영체계 구축

제품의 라이프 사이클상에서 성숙기 시장에 진입한 품목은 업계 간 경쟁이 심화되면서 타사에서 쉽게 모방할 수 없는 차별화 요소들을 추가하여 시장의 진입장벽을 더 단단히 구축하는 것이 절실해졌다. 차별화상품은 특허상품, PB개발, 독점 가능 품목의 경우가 이에 해당된다. 차별화 상품을 개발하기 위해서는 상품개발 역량 및 특허 등 관련 프로세스 이해도를 제고해야 하는데 월 1회 이상 시장조사 및 개발회의 정례화로 상시적인 협의체가 필요하며 일반적으로는 조리현장에 있는 종업원 또는 외부 물품을 공급받는 고객사의 니즈를 적극적으로 수용하여 대상품목을 선정하여 개발하는 것이 필요하다. 김 교수는 현직에 있을 당시 조각형 다진 마늘 특허사례, 기부형 음료 등을 추진한 바 있었는데 이러한 특허출원 등으로 시장진입 장벽을 구축할 수 있었으며 추가 품목의 확대가 용이함에 따라 추가매출을 창출할 수 있다는 것을 확신할 수 있었다. 일례로 기부형 상품을 예로 들면 다음과 같다.

갈수록 기업의 사회적 책임(CSR, Corporate Social Responsibility) [23]은 기업의 자발적 선행에 기초한 노력으로 인식되어 왔으나 최근 전 세계적으로 각국 정부의 CSR에 대한 관심과 더불어 법으로 의무화하는 움직임을 보이고 있어 국내뿐 아니라 구매기업이 해외진출 시 해당국가의 법제화 단계에 따라 희귀 난치 질환 아동을 위한 기부, 아프리카 아동급식 지원 등 선제적 CSR활동의 강화가 요구되고 있다. 따라서 자사의 역량에 적합한 지역사회 접근 콘셉트에 부합하는 유형의 상품을 개발하여 고객의 참여를 유도하는 Story Telling화가 필요하고 지속적인 수요를 창출하는 '사업확장성 플랫폼'으로 구축해가는 것이 요구된다.

김 교수가 현직에 있을 때 추진했던 일이다. 기부형 콘셉트의 정의가 따라 음료품목군을 우선적으로 추진하기로 하고 상품 콘셉트 개발 → 상품선정 → 추진방향도출 → 기부대상결정 → 홍보마케팅 → 기부 → 개발확대 순으로 우선순위를 정했다. 추진방향 도출은 국내 소외계층, 빈곤층. 해외는 식수가 절대적으로 필요한 지역을 대상으로 선정하였다. 홍보마케팅은 홍보부서를 통해 진행하여 판매분의 일정금액을 기금으로 조성하여 지원하는 것으로 하였다. 이는 중소기업과의 동반성장과 더불어 기업이미지를 부각시킬 수 있었으며 이를 계기로 다양한 Story의 기부형 상품개발의 토대를 만들 수가 있게 되었다. 따라서 특허사례 또는 기부형 상품 등의 개발을 위해서는 상시 '시장조사 리포트'를 작성하여 학습형 연구회 또는 정례적인 연구과제로 육성하는 것이 필요하다는 말을 김 교수는 김 팀장에게 설명하였다.

"오늘 제가 교수님 뵙게 되어 너무 많은 것을 배우고 있습니다."

김 팀장은 구매가 해야 하는 역할 중 메뉴개발에서 함께 협력할 수 있는 활동들에 대해 구체적인 용어와 설명을 듣고 필요사항에 대해서는 일일이 기록하면서 다음 설명을 기대하고 있었다. 김 교수는 김 팀장의 열의 있는 모습에 짐짓 놀라면서 메뉴부서가 처한 상황이 얼마나 절실한지를 조금 더 느낄 수 있는 시간이 되었다.

"식자재는 외부환경, 즉, 유가, 환율, 원자재 가격상승 등 물가 상승 압력에 따라 가격, 수요, 품질 등의 민감도가 큽니다. 최근에 지구환경에 대한 관심이 전 세계적으로 확대되고 있는 것은 이상기후, 곡물가 불안에 따른 수급, 품질 불안정이 심화되고 있는 이유 등에 기인합니다. 따라서 구매기업에서는 시황 대응을 통한 원가 및 품질경쟁력 확보가 관건인데 구매할 수 있는 최적시기를 결정하는 것이 무엇보다 중요하며 이를 위해서는 메뉴개발 역시 식당을 운영하는 부서나 식자재를 공급하는 영업부서에서 예측 가능한 사용량을 계획하는 것이 원가를 낮출 수 있는 중요한 활동이 됩니다."

따라서 구매역할 중 상품을 비축할 때 최적의 시점에 구매하기 위한 노력도 필요하다는 것을 강조하면서 설명을 이어갔다.

5) 최적시점 비축

"구매에 있어 원가를 낮추는 전략 중에 적정시점에 비축하여 시세가 오름으로써 수익을 더 낼 수 있는 전략 역시 중요합니다. 그러나 이는 막연한 기대감으로 했다가는 큰 손실을 볼 수 있기 때문에 충분한 조사와 분석이 필요하겠죠. 때문에 제목도 가장 좋은 시점, 즉, 시장조사를 근거로 적합한 시점에 비축한다는 의미에서 '최적시점비축'이라 표현하였는데 이를 위해서는 품목별 특성을 파악, 비축 가능품목을 선정하고 시황추이를 분석, 물량 및 가격변화 예측력을 향상시킴으로써 최적구매시점을 포착하는 것이 중요한 요소라고 할 수 있습니다. 따라서 대상품목군은 매입규모가 큰 품목 중 품질변동이 작고 저장이 용이하며 가격변동이 큰 국내비축 또는 수입품 비축 품목이 대상이 될 것입니다."

김 교수는 가지고 있는 경영노트의 표를 보여주면서 설명을 이어갔다.

"먼저 품목을 선정하고 시기별로 구매 리드타임 또는 가격추이, 외부 변수, 국내 수요공급에 대한 실적 등을 참고하여 연간 구매계획을 수립하게 됩니다. 이에 따라 최적시점 및 구매 량, 목표가격을 설정한 뒤 수입품이라면 offer를 요청하게 됩니다. 물론 여기에서 주지해야 할 사항은 일시에 구매한다는 것은 아닙니다. 다시 말하면 연간 계획량을 판매 추이분석에 따라 시점별 구매량을 정하는 것이 중요합니다. 왜냐하면 과잉재고는 재고비용의 증가를 동반하기 때문에 총량에 대한 가격 결정은 진행하되, 입고되는 시점은 별개로 운영하는 것이 재고에 대한 비용증가를 방지할 수 있습니다. 그래서 최적시점구매는 보통 연말에 다음 해를 준비하기 위해 사전 시장조사 및 시황분석을 통해 연간 예상물량을 추정하여 월별 비축계획을 세워야 합니다. 따라서 월별 가격에 영향을 주는 생산량 및 소비량을 충분히 검증하여 계획을 수립해야 하는 것이기 때문에 메뉴부서에서 제공하는 예측 소요량은 구매에게 있어서 더없이 중요한 정보가 되는 것입니다."

축산부문 부서장 시절, 김 교수는 연 단위 비축물량에 대해 과거의 시황패턴을 분석, 향후 가격변수를 고려하여 구체적인 구매일정을 부서단위로 진행한 바 있었고 결과적으로는 기대 이상의 효과를 가져왔던 것을 청중에게 설명하였다.

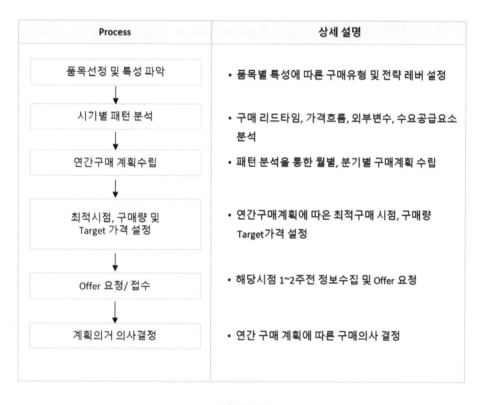

Process	상세 설명
품목선정 및 특성 파악	• 품목별 특성에 따른 구매유형 및 전략 레버 설정
시기별 패턴 분석	• 구매 리드타임, 가격흐름, 외부변수, 수요공급요소 분석
연간구매 계획수립	• 패턴 분석을 통한 월별, 분기별 구매계획 수립
최적시점, 구매량 및 Target 가격 설정	• 연간구매계획에 따은 최적구매 시점, 구매량 Target가격 설정
Offer 요청/ 접수	• 해당시점 1~2주전 정보수집 및 Offer 요청
계획의거 의사결정	• 연간 구매 계획에 따른 구매의사 결정

〈비축 프로세스〉

김 팀장은 고개를 끄덕이며 다음번에는 메뉴개발 회의 때 따로 시간을 마련할 테니 오늘 말씀을 다시 한번 정리해서 말씀해달라고 부탁하였다.

카페문을 나서면서 김 교수가 현직생활에서 항상 기대했던 구매기업의 조직구조에 대해 더 절실함을 느꼈다. 그것은 결국 SCM이라는 내·외부 환경의 가치사슬 내에서 서로가 가지고 있는 역량을 바탕으로 협력할 수 있는 내용들이 너무나 많고 그 효과 역시 가히 폭발적일 수 있음에도 이를 이해하는 리더가 많지 않다는 것이다. 때문에 정말로 구매를 이해하는 경영진이 나온다면 SCM 사업본부 산하에 구매를 포함한 내부 유관부서를 두고 각각의 기획기능을 통합, 운영한다면 기업의 가치사슬을 가장 효과적으로 운영할 수 있는 기반을 갖추게 되는 것이고 남은 것은 가치창출의 우선순위를 정해 실행하는 것이 될 것이다.

김 교수는 강의준비를 하면서 상품개발을 위해 구매기업 또는 유통회사들이 중점적으로 추진하고 있는 PB에 대해 충분한 설명이 필요하겠다고 생각했다. 왜냐하면 PB에 대한 개념은 알고 있으나 실제로 어떤 품목들을 PB화 하여야 하는지에 대해서는 저마다 생각이 다르고 기준이 다르기 때문이다. 따라서 PB 프로세스 전반에 대한 구체적인 이해가 수반될 필요가 있다고 생각했다. 결국, 상품개발의 가장 큰 영역이 PB이기 때문이다.

6) PB의 정의

"앞에서 말씀드린 경영이론을 기반으로 실제 여러분 회사가 추구하고 있는 PB에 대해 알아보도록 합시다. PB(Private Brand)는 시장개척과 판매의 주체가 제조사가 아닌 유통업체가 주도하는 상품과 서비스를 의미하며 모든 유통업체가 취급가능한 생산자의 상표인 NB(National Brand)와 상반되는 개념입니다. 즉, 유통사가 OEM, ODM 방식으로 개발하고 판매하는 유통기업의 자체브랜드를 의미합니다. 통상 PB는 모든 유통업체가 취급 가능한 생산자 상표인 NB(National Brand)에 비해 소요되는 마케팅, 판촉비용이 필요 없고 판매영역이 유통업체 내부로 국한되어 가격조절이 용이하며 가격협상이 유리하다는 측면이 있습니다. PB제품은 시장지배력이 제조업체에서 유통업체로 이동되는 시기에 활발하게 진행되는데 할인점 등 리테일 시장에서 PB화가 먼저 진행되었으며 식자재 유통(B2B)시장 에서도 PB 개발이 가속화되고 있습니다."

– PB, NB, MPB, NPB[24]

"그렇다면 어떻게 상품들이 분류되는지 알아봅시다. 먼저 PB는 유통업체가 개발하고 통제하는 상품으로 유통업체가 판매원이 된다는 것이 특징이며 이에 반해 NPB는 제조업체와 유통업체가 함께 상품을 개발하되 제조사가 판매원이 되나 해당 유통업체에만 공급하는 품목을 말합니다. MPB의 경우 중소제조업체를 지원하는 차원으로 중소제조업체 브랜드와 유통업체 브랜드를 함께 병기하는 상품을 말합니다. 따라서 MPB는 NPB와 유사한 성격이지만 제조업체의 유명도에 따른 차이가 있어 발주업체의 브랜드와 중소업체 브랜드 이미지가 함께 표기되는 것으로 상생의미가 부여된 개념이라고 보시면 됩니다. NB제품은 말씀드린 바처럼 제조업체가 다수의 유통업체에 상품을 공급하고 브랜드나 판매에 대한 권리 역시 보장되는 상품을 말합니다. 이를 표로 정리하면 다음과 같습니다."

구분	Full Name	Concept	브랜드 표기
PB	Private Brand	유통업체가 개발하고 통제하는 상품	유통업체
NPB	National Private Brand	유명 제조업체와 유통업체가 함께 브랜드를 개발하여 해당업체에게만 독점적으로 공급하는 상품	제조업체
MPB	Manufacturing Private Brand	우수한 상품력을 보유하고도 브랜드 파워가 약한 중소제조업체를 지원하는 프로젝트 차원에서 중소제조업체 브랜드를 함께 병기하는 상품	제조업체 + 유통업체
NB	National Brand	제조업체가 다수의 유통업체에 자사 상품을 공급	제조업체

〈PB, NB, MPB, NPB에 대한 분류〉

구 분	NB	NPB	PB	비고
브랜드	제조사	제조사	유통사	
판매원	제조사	제조사	유통사	NB는 제조업체
법적책임	제조사	제조사	유통사	PB는 유통사의 매출,이익에 유리함
장/단점	가격조정 어려움 차별화 조정 어려움	도입초기 Risk 관리기능 차별화 가능	역량 필요 차별화 조정 가능 고객충성도 높음	

〈NB, NPB, PB 구분〉

제조사를 수없이 다녀봤던 김 교수에게는 너무 좋은 상품임에도 불구하고 판로를 찾지 못하거나 브랜드 이미지가 낮아 저가로 공급할 수밖에 없는 안타까운 현실을 자주 직시하였다. 때문에 이러한 제품의 경우 브랜드 인지도가 있는 기업의 PB로 판매량을 확대하거나 또는 MPB 등으로 상생하는 판로를 찾게 된다.

때문에 제조사에 PB를 의뢰하는 구매기업은 해상품이 개발되는 과정에서부터 판매에 이르기까지 전반적인 부분에 있어 일정부분 책임이 수반되는 것이므로 구체적인 프로세스에 따라 판매계획을 수립하는 것이 바람직하다는 것을 청중에게 강조하여 설명하였다.

- PB의 목적

"PB는 고객 니즈를 기반으로 제품을 출시, 신규매출을 발생시키고 수익성을 개선하며 브랜드 통합으로 브랜드 인지도를 향상시켜 상품차별화를 가져올 수 있다는 장점이 있습니다. 구체적으로 분류해서 목적을 설명 드리면 원가경쟁력 확보와 영업경쟁력 제고로 나뉠 수 있습니다.

원가경쟁력 측면에서는 유통단계 축소 또는 NB제품에 투입되는 광고비 등 제반 비용이 필요하지 않기 때문에 자체 PB의 원가를 줄일 수 있고 PB제품의 가격인하는 반대적으로 PB와 유사한 NB제품의 가격인하를 가져오는 레버리지 효과가 있습니다. 즉, 레버리지 효과는 PB제품의 원가경쟁력을 바탕으로 유사한 NB제품 역시 원가를 낮출 수 있는 근거로 활용된다는 의미입니다.

한편, 영업경쟁력측면에서는 NB와 직접적으로 가격비교가 어려워 영업이 제조사의 가격정책에 영향을 받지 않는 차별화를 가져올 수 있으며 자사와의 거래를 통해서만 공급받을 수 있는 상품으로 고객 충성도를 높일 수 있게 됩니다.

목적		내용
원가 경쟁력 확보	이익 극대화	유통단계 축소 및 광고비 등 제반비용 절감
	NB 레버리지	카테고리 내 경쟁 NB 가격인하 요인 발생
영업경쟁력 제고	상품 차별화	NB와 직접 비교되지 않는 PB로 영업 차별화
	고객 충성도 높음	당사와만 거래 시 공급되는 독점 상품

〈PB의 목적〉

따라서 PB의 활성화는 당면 과제이며 유통업체의 브랜드의 질적향상을 위해 필수 불가결한 과제라고 할 수 있습니다. PB활성화의 배경은 다음 3가지 거시적 관점에서 살펴볼 수 있습니다.

즉, 고객(Customer), 회사(Company), 경쟁력(Competitor) 이 세 가지입니다.

첫째, 고객관점에서는 전세계적으로 경기침체와 더불어 소비자 가치의 인식이 가치(Value)=품질(Quality)/가격(Price)로 진행되면서 PB를 선호하는 고객이 늘어나고 있으며 이에 따라 고객의 PB니즈에 부응하는 품목개발이 절대적으로 요구되고 있습니다.

둘째, 회사 관점에서도 유통이 산업화되며 제조사에 대한 유통기업의 영향력이 강화됨에 따라 양질의 PB를 공급받는 것이 과거대비 용이 해졌다는 점입니다. 이에 따라 유통기업 입장에서는 성장성 및 수익성 제고를 위해 PB상품의 필요성이 과거보다 크게 대두되고 있습니다.

셋째, 경쟁력관점에서는 대형유통사의 매입액이 증가하고 있어 확실한 경쟁우위를 점하기 위해서는 제조사의 NB제품만으로는 경쟁에서 이기기 어려워 PB상품개발에 주력하고 있습니다."

김 교수는 이러한 PB의 중요성에 대한 언론 자료를 화면에 띄우면서 그 중요성에 대한 당위성을 설명했다.

'최근 세계적인 식재료 물가 상승 속 온·오프라인 유통업체들이 PB 전쟁을 벌이고 있다. PB 전통 강자인 오프라인 대형 마트는 PB제품 라인업을 늘리고 온라인 이커머스 업체들은 추격전을 벌이고 있다. 현재 국내 대형마트들의 PB제품 비중은 20~30%에 이른다. 유통기업과 이마트 사업보고서 등에 따르면 이마트는 2021년 노브랜드(6,000억)와 피코크(4,000억)를 합친 매출이 약 1조 원을 육박한 것으로 추정된다.'

'국내 대형마트 3사는 2000년대 초반부터 PB 상품 드라이브를 걸었다. 2010년 유통업체 연감에 따르면 이마트(22.6%), 홈플러스(26%), 롯데마트(19.2)%)의 PB상품 비중은 20%에 달했다. 홈플러스도 2020 회계연도 최소 연 1조원 이상의 PB 매출을 내는 것으로 알려졌다. 지난해 말 홈플러스는 600종이던 자사 PB 시그니처 제품을 1,459종으로 2배 이상 확대했다. 홈플러스는 지난해 3~11월까지 전체 PB상품 매출이 전년 동기 대비 39% 성장했다.'[25]

Customer	Company	Competitor
• 경기침체로 'Value for Money' 트렌드 가속화 (Value=Quality/price) • PB에 대한 인식이 개선되며 PB를 선호하는 고객 증가	• 유통이 산업화되며 제조사에 대한 유통사 영향력이 강화 • 이에 양질의 PB를 공급받는 것이 과거 대비 용이	• 대기업 식자재 유통사의 매입액 증대 • 아울러 PB비중을 증가시키기 위한 각 사의 노력 전개

거시적 환경 변화

"고객 PB니즈 대응"	"성장성 및 수익성 제고"	"경쟁우위 점유"
• 국내 고객들의 PB니즈 증가, 성공 가능성 높음 • 유통기업 고객 역시 PB확대 요구 증가	• 상당수의 고객기반을 확보한 유통기업의 경우 PB활성화 유리 • PB를 개발하는 유통기업의 의지에 따라 성장성 및 수익성 제고 가능함	• 확고한 매입액 우위를 점하지 못하는 상태에서 NB만으로 원가 경쟁우위를 점할 수 없음 • 기업형 외식, 유통사는 NB제조사와 경쟁하는 시장으로 NB만으로 경쟁이 불가함

유통회사 PB활성화 당위성

〈PB 활성화 목적〉

상생 Tip

PB가 구매기업과 공급사에 도움을 주는 이유

PB상품의 경우 기본적으로 구매기업의 입장에서는 품질과 수익이 높은 상품으로 구매기업 자체적인 마케팅 홍보가 필수적임.

따라서 제조사 관점에서는 별도의 마케팅 비용 없이 판매량 증가됨.

PB제품의 원활한 판매가 안정이 되면 PB제조사는 PB에 대한 경험과 PB가 가지는 품질, 위생 관리 등의 검증이 완료된 업체이므로 구매기업 입장에서도 추가적인 PB개발이 용이함.

– PB상품 유형

"어느 기업이나 PB상품을 기획할 때는 매입상위 품목 중 대상후보군을 선정하는 것이 일반적이며 이런 류의 상품이 다양한 메뉴 레시피에 포함될 수 있는 품목이라면 사용범위가 넓어질 수 있기 때문에 바람직한 선택이 될 수 있습니다. 그러나 PB상품 대상을 선정 시 우선적으로 고려해야 할 사항은 다빈도의 클레임이 발생되는 품목은 제외하는 것이 바람직한데 이는 현 수준에서 이물 등의 클레임 빈도가 높은 경우 이를 유통업체가 제어하기에는 어려움이 있는데다 브랜드 이미지를 실추시킬 수 있기 때문입니다. 또한 유통기한이 짧아 상하기 쉬운 품목 역시 유통기업이 관리의 한계가 있기 때문에 제외되어야 합니다. 다시 말하면 유통회사의 규모의 경제 측면에서 제조사의 매출을 견인할 수 있지만 모든 유통과정상의 생산, 보관, 유통상의 품질관리가 수월하지 않은 품목은 배제하는 것이 맞다고 봅니다. 결국은 PB제품은 회사의 브랜드이자 판매주체가 제조사가 아닌 유통회사의 책임이기에 더더욱 그렇습니다. PB제품의 개발 방향은 우선적으로 원가절감형 제품을 개발하고 다양한 메뉴 레시피에 사용되는 효율화상품, 그 다음이 차별화상품 순으로 개발하는 것이 일반적입니다. 물론 이 3가지 유형은 교집합처럼 2가지 이상의 콘셉트를 포괄하고 있다면 상품개발의 우선순위로는 손색이 없을 겁니다. 따라서 동일시점에 병행해서 개발이 가능한지를 살펴보고 개발 목적이 어떤 방향에 기초하고 있는지를 분명하게 해둘 필요가 있습니다.

– PB(Private Brand)상품 확대

앞서 설명 드린 내용을 기초로 질문을 다시 드리겠습니다. PB상품은 왜 만들어야 할까요? 어떤 부분을 관리하고 개발해야 할까요?"

김 교수는 질문을 던지고 잠시 청중을 보고 답을 이어갔다. 현직에 근무할 당시 여러 차례의 시행착오를 겪었던 바이기에 잠시 경험을 전달하고 싶었다. 공급사의 브랜드인 NB(National Brand)의 유통망에는 이미 공급사가 구축해놓은 가격정책이 있어서 공급사의 대리점 또는 공급하는 거래선에 가격이 노출되는 경우가 많아 항상 분쟁이 되곤 했었다.

"아마 지금도 여러분이 구매를 잘해서 저렴하게 NB제품을 구매했다면 영업은 매출을 올려야 하기 때문에 싸게 팔게 되는 경우가 발생되고 그런 판매가격이 공급사의 대리점 등에 노출이 되면 공급사는 대리점의 항의를 받아서 구매기업의 판매가격을 올려달라고 하거나 대리점 출고가격을 낮춰달라고 대리점은 공급사에 요구하게될 겁니다. 때문에 공급사는 아예 PB로 전환해줄 것을 요청하는 경우가 많았습니다. 왜냐하면 최소한 PB상품은 NB상품과 차별화된 다른 Spec의 제품으로 인식되기 때문에 기존NB 대비 저렴하게 판매하였더라도 기존 NB제품의 가격정책에서 벗어날수 있었기 때문입니다.

한편, 원가경쟁력 관점에서 기존 NB와 비교하여 상품을 개발한다면 3가지 관점에서 개발되어야 합니다.

첫 번째, NB와 동등한 품질이나 더 낮은 가격의 PB,

두 번째, NB보다 더 높은 품질이면서 유사한 가격의 PB,

세 번째, NB와 품질과 가격은 동등하지만 브랜드 파워를 통해 수익성을 제고하는 PB입니다.

PB제품이 원가 경쟁력을 가질 수 있는 이유는 다음 표에서 보시듯이 품질이 기존 NB대비 다소 올라가더라도 제조사의 마케팅 비용이 빠지고 규모의 경제측면에서 제조사 마진 등이 조정되면서 실질적으로 원가는 기존 NB대비 저렴한 가격구조를 갖기 때문입니다. 따라서 PB의 전략적 의미는 '확보된 원가경쟁력을 고객의 니즈에 맞게 브랜딩하여 활용하는 것에 있다.'라고 요약할 수 있습니다.

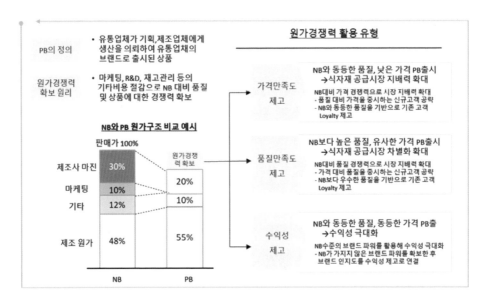

〈PB 원가경쟁력〉

PB제품의 개발을 위해서는 시장환경에 따라 개발 우선순위를 정하게 되는데,

첫 번째, 타깃 시장 공략효과를 확보할 수 있는 품목, 예를 들어 식자재 유통업체라면 일반 급식뿐만 아니라 외식업장에도 가능한 범용성, Spec 일관성을 기준으로 매입액이 큰 품목이 우선순위가 될 것이며

두 번째, 개발용이성으로 품질/위생 Risk가 낮아 안정적으로 운영할 수 있는 품목군.

세 번째, 계절성 등 수요 편차가 심하지 않고 안정적으로 재고 이슈가 적은 품목군.

네 번째, 독보적 NB 또는 PB가 존재하지 않아 시장진입 시 경쟁이 가능한 품목군을 우선적으로 선정하는 것이 바람직합니다.

마지막으로 제조기반이 없는 유통사의 경우 제조사에 대한 교섭력이 큰 품목을 선정하는 것이 수익성을 높일 수 있는 데 기여할 수 있습니다.

그렇다면 유통사의 독점권을 인정받는 PB성격을 가지면서 제조사가 판매원인 NPB 사용을 확대하여 PB와 동일한 원가경쟁력을 갖출 수 있을 것인가 하는 의문이 생기게 됩니다. 결론적으로 말하면 NPB는 PB와 동일한 원가경쟁력을 갖출 수는 없습니다. 왜냐하면 NPB는 제조사와 공동개발을 하였다고 하나 제조사의 개발비용이 포함되어 있고 기본적으로 NB의 마케팅비용을 포함하고 있어 PB만큼의 경쟁력을 갖출 수는 없습니다. 또한 NPB의 경우 해당 제조사와의 계약종료 시 동일 제조사가 다른 유통사에 공급하는 상품으로 전환될 수 있기 때문에 고객이 이탈할 가능성이 있습니다. 따라서 PB수준의 가격경쟁력 또는 신규상품일 경우 PB 개발 전 사전 판매추이를 보기 위한 목적이거나 지속적인 고객 로열티를 확보할 수 있는 제한적인 경우에만 NPB 활용이 권장되고 있습니다.

– PB핵심역량

PB상품을 개발하기 위해서는 상품개발역량, 구매역량, 마케팅역량 이 3가지의 핵심역량이 요구됩니다.

첫 번째, 상품개발역량은 아래 표의 4가지 핵심요소 분석을 통해 콘셉트를 도출하여야 합니다. 즉, 고객이 요구하는 소구점을 분석하여 개발 상품을 선정하는 니즈 분석, 국내외 히트상품을 분석하여 그 시사점을 도출하는 트랜드 분석, PB 개발주체인 유통사의 매출상위 또는 사용량 증가가 예상되는 상품을 도출하는 Spend 분석, 마지막으로 품질, 위생 관리가 가능한 품질 Risk 분석 역량에 따라 상품 개발 역량이 결정된다는 점입니다.

	내용
Needs 분석	회사의 고객 소구점 분석, 개발상품 선정
Trend 분석	국내외 히트상품 분석, 시사점 적용
Spend 분석	당사 매출상위 및 사용증가 예상 상품 분석
품질 Risk 분석	품질/위생 관리 가능 여부 분석

〈4대 상품 개발 역량 분석 내용〉

또한 상기의 조건을 충족하는 콘셉트를 도출하였다면 성분, 규격, 가격, 디자인 등을 고려, 콘셉트가 충족되는지에 대해서는 관능평가단을 통해 최종 결정하는 것이 바람직합니다. 관능평가단은 외부기관에 의뢰하거나 회사내부에서 자격을 부여하고 구성하는 것이 향후 추가적인 동일 사안에 활용할 수 있는 장점이 있습니다. 이렇게 선정된 품목은 개발된 상품의 콘셉트에 적합한 브랜드를 선정합니다. 즉, 개발 콘셉트에 따라 정의된 브랜드를 채택한다는 의미입니다.

두 번째, 구매역량은 Cost Table을 분석하여 원가경쟁력을 높이고 NB와 PB물량을 배분하여 PB사용량에 대한 예측치를 산출하여 예상되는 원가절감액을 산출하는 것입니다.

세 번째, 마케팅역량은 메뉴를 관장하는 부서에서 표준메뉴를 개발하고 고객사와 운영식당 등에 샘플제공, 홈페이지 홍보, 팸플릿 제작 등을 통해 기존 NB 사용물량의 대체제로 활용되도록 하여야 합니다. 또한 고객 클레임에 대한 전문적인 교육을 통해 고객이탈이 발생되지 않도록 하여야 합니다.

일반적으로 PB의 브랜드 유형은 기존 NB 대비 품질수준을 유지하면서 수익성이 높은 유형인 실속형, 품질을 우선시하는 신규고객층에 맞는 프리미엄형, 그리고 조리효율이 높은 효율중심유형 등으로 분류하여 각각의 조건에 부합하는 상품을 선정합니다. 한편, 식품안전을 부각하기 위해 친환경, 유기농 제품류를 별도로 분류하는 기업도 있습니다. 물론, 이러한 PB유형의 용어는 임의적으로 붙인 것이니 개발하는 기업의 특성에 따라 조정할 수 있는 영역입니다. 그러나 이러한 니즈 분석을 통해 개발 콘셉트가 정해진다면 그에 따른 기대효과 역시 목적하는 바에 분명히 명시되어야 하고 추구해야 하는 목표가 되는 것임을 명심해주시기 바랍니다.

시장 환경	고객 니즈	PB 유형	개발 컨셉	목 적
식재료비 상승 불황지속	가격	실속형	기본품질 최저가	고수익율 시장확대
경쟁심화 손익악화	합리	표준형	NB동급 품질	고수익율 NB레버리지
고객수준 향상 외식 확대	고급	프리미엄	고급 품질	시장확대 고객충성도 ↑
선진급식 확대 인건비 상승	편리	기능성	조리효율	운영표준 확립 효율증대
식품안전 부각	건강	건강식	유기농 인증 등	시장확대 고객충성도 ↑

〈PB 유형별 개발 콘셉트〉

– PB 추진전략

이제는 PB의 추진전략은 무엇이 있는지 살펴보겠습니다.

첫 번째는, 품질 전략입니다. 이는 품질/안전성확보가 사후 관리 중심이 아닌 사전

Risk 제어를 위한 적극적인 활동과 상품 선정, 생산, 사후관리를 세분화하여 단계별로 관리하는 것을 말합니다.

다시 말해 PB의 양적 성장을 위해서 필요한 품질관리는 품목의 정기검사를 확대하고 고객의 모니터링 및 방문 청취를 통해 고객의 니즈를 분석하며 정기적인 위생점검 등을 확대하는 것이며,

품질 및 서비스의 질적 확대를 위해서는 제품의 공정과 원료에 대한 위해성 여부를 점검하고 위생안전 규격을 신설한다거나 운영식당을 점검하여 고객의 니즈에 부합하는지와 더불어 지속적인 교육 및 인증제를 통한 우수업체 자체 역량을 키우는 전략이 요구됩니다.

〈PB 품질관리 콘셉트 변화〉

따라서 PB상품은 품질, 상품, 브랜드/마케팅 관점의 관리기준이 필요합니다. 첫번째, 품질관리 전략은 3단계의 품질관리 기준으로 세분화하여 사전제어에 필요한 기준을 신설하여 다음과 같이 강화된 관리기준을 확립하여야 하는 것입니다.

· 품질개발 단계: 품목선정, 업체개발, 신규 심사기준 강화
· 생산관리 단계: Spec설정, 원류관리, 이력추적, 계약서
· 사후관리 단계: 정기심사, 클레임관리 이력추적, 교육실행 등입니다.

두 번째는, 상품 전략입니다. 고객 니즈가 반영된 개발 로드맵을 수립하여 원가 경쟁력을 제고하는 상품개발을 진행하면서 고객 니즈별로 기능성 중심의 PB제품을 개발하는 것입니다.

세 번째는, 브랜드/마케팅 전략입니다 브랜드에 대한 핵심 이슈는 유통업체가 보유한 '보증효과'와 외부진출에 따른 마케팅 타깃 설정과 더불어 지속적인 브랜드 홍보가 요구됩니다. 이를 위한 마케팅 4P전략의 예를 살펴보면,

· 상품(Product): 고객 니즈 기반으로 등급별 Brand 유형을 구축하되 중심유형은 실속형과 표준형입니다. 왜냐하면 이 두 유형은 타 상품 대비 고객층이 두텁고 수익율이 높은 시장을 형성하고 있기 때문입니다. 고객 니즈의 신속반영을 위해서는 테마제안, 신상품 아이디어 등 사내 '집단지성'을 활용하는 것이 효과적인 방법입니다.

· 판촉활동(Promotion): 상품을 개발한 뒤에는 영업사원을 통해 카탈로그, 샘플 등을 고객사에 배포하여 고객반응을 탐색 후 신제품 품평회 등을 개최하거나 SNS 광고 등을 통해 제품을 알리는 적극적인 프로모션 활동이 필요합니다.

· 가격(Price): 자사가 추구하는 타깃 시장을 세분화하여 상품 개발 시 목표가격과 품질, 스펙을 미리 설정 후 개발하는 것이 효과적입니다. 이는 간혹 미리 시장 가격에 대한 분석을 통해 적정한 품질과 가격의 포지셔닝을 결정하고 그에 적합한 상품을 개발하는 것이 중요하다는 의미입니다.

· 유통경로(Place): 경쟁사 장단점을 Study하고 유통채널 및 판매방식을 비교하여 타깃 시장별로 적합한 PB 브랜드의 상품을 선정하여 성공율이 높은 공급경로를 설정하는 전략이 필요하다는 의미입니다.

‒ 상품개발 프로세스

PB개발은 PB개발주체가 어느 부서가 담당하든 유관부서의 협조가 없거나 개발을

했어도 실제 판매 또는 사용되지 않으면 헛수고가 될 수 있습니다. 일반적으로 PB 개발주체인 유통회사는 PB판매권을 가지고 있기 때문에 상품의 품질과 가격에 더 신중하지 않으면 안 됩니다. 따라서 체계를 갖춘 기업의 경우 PB개발은 연구소 또는 별도의 PB개발조직이 주관하되 제조사의 위생, 안전, 제품의 성분분석 등은 별도의 품질부서가 전담하는 것이 개발부서의 견제기능으로 중요한 역할을 분담하고 있습니다. 물론 개발 flow상 유관부서의 확인/조정 및 스케줄링은 PB전담조직이 총괄하며 각각 부서의 R&R에 따른 KPI를 부여하는 것도 중요합니다. 따라서 PB신상품을 개발하기 위해서는 PB개발부서와 구매MD, 그리고 품질, 메뉴부서 등이 공동으로 참여하는 PB개발 협의체를 구성하여 의사결정을 하는 것이 시행착오를 줄이기에 적합한 조직 구조입니다. 왜냐하면 결국 단계별 프로세스 상에 개발의 주체와 품질관리 그리고 메뉴 반영 등 참여의 주체가 각기 다르기 때문입니다.

한편, 개발일정을 세분화하여 최대한 개발단계를 단축하는 것이 시장상황 및 원가 절감 기회를 더 빨리 달성할 수 있습니다. 보통 개발단계에서 가장 시간이 많이 소요되는 부분은 업체 실사 및 디자인 개발 분야이므로 모든 일정에 대해서 병행할 수 있는 부문은 함께 진행하는 것이 시간을 단축하는데 용이한 방법이 될 것입니다.

이를 좀 더 구체적으로 설명하면 다음 표에서 보시듯이 우선 개발 대상품목에 대해 협의체에서 최종 결정이 되면 PB개발부서에서 관능평가를 실시합니다. 이때 주관은 메뉴를 담당하는 부서원이 주관하는 것이 바람직하며 최종적으로 일반인으로 구성된 관능평가단의 맛 검증을 통해 수정 보완하는 것이 좋습니다. 물론, 여건이 된다면 말입니다. 이와 더불어 같은 레벨상에서 PB개발부서 또는 구매는 원가분석을 시행하고 품질부서는 품질실사를 진행하며 이 결과를 토대로 상품개발 품의가 진행됩니다. 이후 개발품의가 승인이 되면 PB개발부서는 상품을 시스템상에 등록하고 연구소는 상품의 안전성검사를 통해 위해성 여부를 사전에 검증합니다. 이후의 진행 과정은 디자인 관련 부서에서 디자인이 진행되고 이후 PB개발부서가 나머지 출시를 위한 일정을 진행합니다. 최근의 추세는 구매MD의 기능 역시 PB개발부서로 이관되어 업무의 효율성을 강화하는 형태로 변화되고 있습니다."

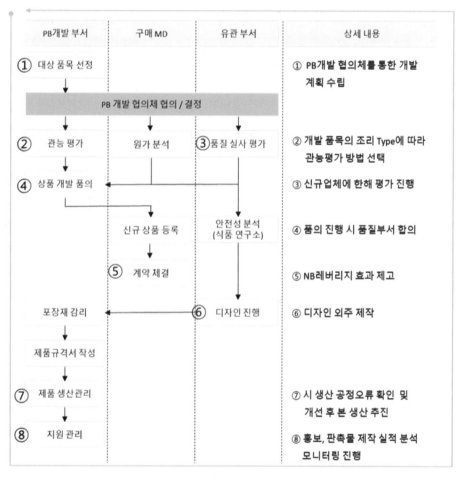

〈PB 신상품 개발 프로세스〉

– 사후관리 점검 항목

개발이 완료되어 출시되었다 하더라도 경쟁력 확인 및 효과적인 포트폴리오 관리를 위해 주기적인 Feedback 과정을 통한 출시 후 관리프로세스를 도입하는 것이 필요합니다. 즉, 고객의견 수렴 및 실적을 확인하고 불만족스러운 부분에 대해 재검토하고 협의체를 통해 재검토 상품에 대한 개선 가능성을 평가하고 개선하도록 하여야 합니다. 다시 말하면 신상품이 출시된 후 우선적으로 매출실적 및 이익율을 확인하고 고객과의 인터뷰 등을 통해 신상품에 대한 의견을 수렴하여 재검토가 필요한지 여부를 확인하여야 하는데 이는 고객 만족도를 조사하여 만족도가 낮은 품목의 List를 작성하여 개선 가능성을 평가하여야 합니다. 이는 출시 상품의 경쟁력 강화 및 효과적인 포트폴리오 관리를 위해 주기적인 피드백 과정을 통한 출시 후 관리프로세스 도입이 필요하다는 것을 의미합니다. 다음 표를 참고하여 여러분 회사에 맞는 프로세스를 보완하여 진행하시기를 권장해드립니다."

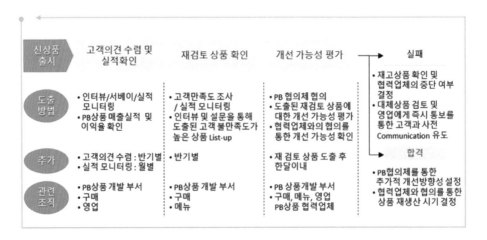

〈PB 상품 출시 후 관리 프로세스〉

김 교수는 별개의 에피소드를 곁들이지 않고 숨 가쁘게 강의를 진행하였다. 어쩌면 PB에 대해 설명하고 싶은 내용이 많은 탓도 있겠지만 PB관련해서는 소제목이 서로 연결되어 있어서 한 번에 정리하고 싶었다. 그러나 강의를 접하는 청중을 바라보면서 잠시 생각을 정리할 겸, 에피소드 하나를 들려주었다.

"PB를 개발하는 주체가 NB를 같이 관리하는 것이 맞을까요?"

김 교수는 다소 엉뚱한 질문을 던지고는 청중을 바라보았다.

"아무래도 품목을 아는 담당자가 같이 관리하는 것이 더 효율적이지 않을까요?

품질부서와의 협력에 대해 질문을 하셨던 팀장님이 제일 앞줄에서 확신이 안된 듯한 작은 목소리로 대답했다. 김 교수는

"네. 그렇게 생각하시는군요. 다른 의견 있나요? 아무래도 팀장님이 얘기하셨으니 다른 의견을 내시기가 어려우신가 보네요." 몇몇 동의하는 듯한 짧은 웃음소리가 들렸다.

"최근 이커머스의 강자인 쿠팡은 PB부서가 독립된 법인으로 별도 운영하고 있습니다. 왜 그럴까요? 결국 NB와 PB는 별개로 서로 간의 레버리지 효과를 위해서라고 생각합니다. 저 역시 처음에는 우리 팀장님이 말씀하시 바처럼 한 사람의 구매담당자가 PB와 NB를 관리하는 것이 효과적이라고 생각했습니다."

몇 해 전, 김 교수는 회사에서 PB가 NB대비 가격 경쟁력이 있는지를 조사했던 적이 있었다. 결과는 놀랍게도 PB제품이 10%이상 경쟁력이 있다는 결과를 얻어내고는 내심 구매담당자들이 잘 하고 있다고 단순하게 생각했었다. 그런데 하나의 사건이 발생하면서 그런 기대감이 한 순간에 무너져 버리고 말았다.

"박 주임, 이 품목은 NB대비 가격이 20% 이상 차이가 나는데 그 비결이 궁금한데 원가분석표를 한번 볼까요?"

머뭇거리는 박 주임의 태도를 볼 때까지도 다른 의심을 갖지 않았었다. 그런데 막

상 원가분석표를 보니 성분 개개의 단가가 현재 개별적으로 구매하는 단가와 비교시 그렇게 저렴한 단가는 아니었다. 결과적으로 중간 과정을 배제하고 설명하자면, NB단가가 비싼 이유로 NB단가에 맞춰 가격을 협의한 결과였다. 이후 당시 부서장으로 있던 김 교수는 PB를 별개의 부서로 분리할 것을 제안했고 철저히 NB와 PB의 가격책정을 서로 독립적으로 운영하도록 정책을 변경했었다. 이후로는 NB담당자는 PB가격이 정해지면 경쟁력 차이가 많이 나지 않는지 촉각을 세우게 되고 자연스런 견제기능이 되살아났던 기억을 청중에게 전해주었다. 앞에 앉은 팀장님도 그제야 고개를 끄덕이며 이해했다는 동의의 표시를 해주었다.

  – PB확대를 위한 유관부서 KPI

아무리 조직적으로 잘 갖춰진 PB협의체라 하더라도 기업 내에서는 공동의 목표가 설정되지 않으면 이합집산이 되기 쉽다는 것을 김 교수는 잘 알고 있었다. 따라서 이를 해결하기 위해 공동의 KPI를 설정하여야 하고 정량적으로 표현되도록 하는 것이 바람직하다는 것을 잘 알고 있다. 이 부분은 김 교수에게 현직에 있을 당시 너무나 절실하게 느꼈던 사안이었다. 서로 협력하는 모습처럼 보이지만 실제로는 각각의 유관부서에게 있어서는 번거로운 일을 떠안는 것처럼 생각하는 경향이 있기 때문이다. 이는 KPI로 공유한다 하더라도 중요업무로 진행하기 위해서는 각 부서의 KPI 배점 가중치를 높일 필요가 있으며 이는 경영진과 협의하여 조정하는 것이 부서간 협력체제를 강화할 수 있다. 이는 PB개발에 있어서 실제로 굉장히 중요한 요소로 작용한다는 것을 강조하였다.

"요약하면 일반적으로 부서 간 KPI로 많이 활용하는 것은 기존에는 PB사용율, PB클레임 등이었으나 기존제품과 신규제품의 매출액 달성율과 이익률 달성율을 추가하고 영업과 메뉴부서는 PB매출 달성율 또는 사용율의 가중치를 높여서 판매량을 넓히는 전략이 지속되도록 해야 합니다.

또한 품질부서는 구매에서 PB활성화를 위한 잠재업체 발굴을 확대하기 위해서 신규업체 위생실사에 대한 의뢰건수 대비 평가건수 달성율을 통해 개발이 지연되는 경우를 방지하는 KPI 등을 추가할 필요가 있습니다. 조금 더 보충하면 품질을 점검하는 부서가 따로 있는 기업의 경우라면 PB제품을 개발하기 위해 필요한 과정이 품질부서에서 발 빠르게 위생점검을 해서 적합업체 여부를 결정하여야 하는데 이 과정이 늦어지면 PB개발 자체가 더 이상 진행이 안되고 지연된다는 점을 말씀드리는 것입니다. 따라서 다음 표에서 보시듯이 기존에 일반적으로 선정되어 있던 KPI를 실질적인 사용량 확대를 위해 추가 KPI를 통해 해당부서에 할당되는 것이 필요합니다. 다음의 표는 일례로 기존의 KPI를 보완하여 추가함으로써 PB 사용실적을 확대하는 내용을 가정하여 예시를 설정하였습니다. 따라서 여러분 회사에서도 PB제품이 원활하게 개발되고 확대하기 위해 필요한 KPI를 상정하여 접목시키시기를 권합니다.”

부서	기존 KPI	이슈		추가 KPI 권고	
PB 개발 부서 (구매)	PB 사용율	• PB활성화를 겨냥한 실질적으로 세부적인 KPI Setting 필요 • PB매출, 이익에 대한 별도 KPI 부재	Shared KPI	적용 대상	PB개발 부서(구매), 영업
				평가 지표	기존 PB목표대비 매출액 달성율
					신규 PB 목표대비 매출액 달성율
					기존 PB 목표대비 이익율 달성율
					신규 PB 목표대비 이익율 달성율
영업 메뉴	PB관련 KPI 부재	• 별도 PB관련 KPI 부재로 동기부여가 어려움		가중치	영업은 NB 매출 달성율 대비 PB매출 달성율, 메뉴부서는 PB사용율의 가중치를 높게 설정
품질 부서	PB 품질 클레임 발생율	• 품질 Risk제어가 아닌 제거에 주안점을 둔 지표 보완	추가 KPI	적용대상	품질 부서
				평가 지표	신규 PB 협력업체 의뢰건수 대비 평가건수 달성율

〈PB 활성화를 위한 부서간 KPI〉

계획구매 프로세스

최적시점구매와 유관한 프로세스는 계획구매이다. 계획구매는 구매기업의 자체 비축품뿐만 아니라 메뉴계획 및 판매추이에 따라 공급사의 공급 품목들의 예상 사용량을 파악하여 공급 가용량을 확인하거나 사전 공급계획을 세우기 위한 프로세스라고 설명할 수 있다. 이는 결국 사전 예측정보를 통해 공급사가 사전 준비시간으로 안정적 공급기반을 조성하고 더불어 원가를 낮출 수 있는 기회를 찾을 수 있다는 점에서 반드시 해야 할 과정이다. 일반적으로 식당 또는 외식업장 또는 식자재 공급업체의 경우는 수요자의 메뉴 식수계획 등에 따라 예상되는 식자재 구매량을 결정하게 된다. 이는 예상되는 식자재 구매액을 기초로 수익성을 측정하기 위해서이지만 결과적으로는 이 데이터가 구매를 하는 데 큰 파급효과를 불러오기 때문에 중요한 과정이라고 말할 수 있다.

따라서 다음 표에서 보듯이 구매와 운영, 영업조직이 함께 있는 기업이라면 부문별 R&R 정립이 필요하다. 또한 계획구매 운영프로세스 수립이 필요한 사항인데 이를 기반으로 사전 수요량을 파악, 확보된 Lead-Time을 통하여 구매가 선제적으로 시황에 대응하고 최적 구매전략을 적용할 수 있다. 또한 고객 니즈에 부합하는 품질 및 공급 안정성 향상을 기대할 수 있고 계획된 원재료/제품 재고 확보 등 협력사가 자사 물품을 운영하는 데 효율적인 방법이 된다. 따라서 식자재를 유통하고 운영하는 식당을 보유한 기업이라면 영업의 예상판매계획과 운영식당의 식자재 수요계획을 바탕으로 구매계획을 수립하고 예측된 식자재 소요량 데이터를 기초로 재고를 확보하게 된다. 이후 최종 발주가 확정이 되면 사용할 수 있는 식자재 가용량을 확인하여 발생할 수 있는 긴급사항(미납)에 대비하고 날씨 또는 시황 등의 영향으로 수급이 원활하지 못할 경우를 대비해 공급 우선순위를 부여하는 프로세스에 따라 공급이 이루어지게 된다.

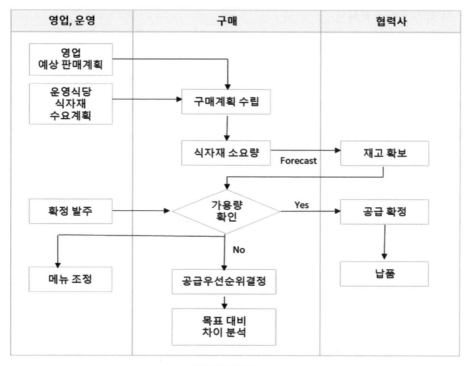

영업, 운영	구매	협력사

〈계획구매 프로세스 Map〉

상생 Tip

신규 PB제품 개발 시 예측 판매에 대한 리스크 예방

신규 PB가 기존에 NB제품을 대체하는 품목이 아닌, 전혀 새로운 품목의 경우 판매량 예측에 대한 리스크가 있음. 따라서 이에 대한 면밀한 분석 요구됨.

· 사전 end-user(운영식당, 고객사 관계자)에게 시 생산 샘플 및 설문을 통해 출시 후 구입의사 타진, 동의 의사를 밝힌 참여자 중 약 30%수준 실 구입 예상하여 판매량 추정.

· PB전 NPB로 출시 후 판매량 검증하여 PB 전환하는 방법 검토.

1) 시황정보 분석체계

"앞에서 설명 드린 바처럼 계획구매를 위해서는 차별화된 시황 분석력과 대응 역량 확보가 필요하며 가격 및 수급 변동요인에 대해 조사하고 확보된 시황정보를 활용하여 구매전략을 실행해야 합니다. 구체적으로는 식자재 또는 식사를 제공하는 사업장, 또는 이를 지원하는 영업 및 운영부서에서는 주/월 단위 식수/메뉴계획에 따라 식자재 수요계획을 수립하는 것이 결과적으로 구매는 공급 가용량 확보 및 공급 차질 식자재 예상 시 신속한 대응체제를 마련하며 협력사는 원재료 조달 및 생산계획 수립 등 선제적 공급 대응력을 갖출 수 있는 프로세스가 된다는 점을 다시 한번 강조해드립니다."

2) 시황분석 전략 Tree

김 교수는 될 수 있는 한 방법적인 부분을 설명할 때는 구체적인 프로세스를 제시하여 구매실무자가 쉽게 적용해볼 수 있도록 강의자료를 준비하고자 하였다.

"시황을 분석 시 유용하게 활용할 수 있는 시황분석 전략 Tree를 표로 설명해드리겠습니다. 구매자에게는 더 없이 좋은 길잡이가 되어줄 것입니다. 즉, 예시로 설명해드린다면 축산물의 경우 품목의 특성에 따라 시황분석 및 전략방향 수립이 필요한데 대상품목이 시장 및 경쟁사 동향을 조사 시 변동성이 높은 품목으로 선정되었다면 선정된 품목은 어떤 기후 영향에 따라 곡물 값이 폭등하게 되었을 때 결국 사료값이 오르고 이로 인해 축산물 가격이 장기간에 걸쳐 오름세 전망을 가져오는 장기시황분석이 도출되게 됩니다. 따라서 이런 품목군에 대해서는 비축이 가능한지 우선적으로 여부를 따져 비축량과 목표하는 가격, 구매할 업체 Pool을 확보하는 절차로 진행해야 합니다. 물론 장기시황 분석이 요구되지 않은 품목은 단기 시황으로 수급계획을 수립하면 됩니다. 추가적인 내용은 다음 표에 근거하여 전략방향을 수립하는 것을 권장합니다."

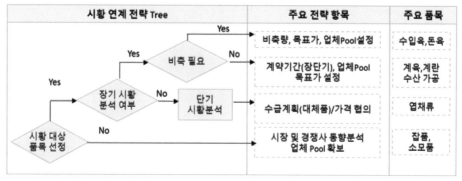

시황 연계 전략 Tree	주요 전략 항목	주요 품목
	비축량, 목표가, 업체Pool설정	수입육,돈육
	계약기간(장단기), 업체Pool 목표가 설정	계육,계란 수산 가공
	수급계획(대체품)/가격 협의	엽채류
	시장 및 경쟁사 동향분석 업체 Pool 확보	잡품, 소모품

〈시황분석 전략 Tree 예시〉

3) 시황반영 업무체계

"이러한 진행상황에 대해서는 각 품목의 재계약시점 최소 2개월 전부터 월 단위 정례회의를 개최하여 시황분석 Tree에 따른 분석자료를 토대로 전략방향이 맞는지 그 적합성을 검증하는 것이 실질적인 효과를 만들어 낼 수 있습니다."

김 교수는 월 단위 구매부서의 정례회의를 통해 도래하는 가격결정 건에 대해 시황 분석이 적절한지, 적절하다면 시황분석 전략Tree에 따른 전략 방향이 맞는지 확인하고 검증하는 시간이 정말 중요한 과정임을 현업에서 경험하였다. 물론 이 시황분석 Tree가 전략을 결정하는 유일한 방법은 아니다. 왜냐하면 뒤에서 설명할 전략 소싱에 따른 품목과 공급시장의 환경 등에 대한 구체적인 전략 설정에 대해 숙지하게 된다면 시황전략 Tree 역시 그 속에서 하나의 프로세스의 역할을 수행하기 때문이다.

일반적으로 구매조직은 크게 원물과 가공품으로 조직화되어 있기 때문에 이 두 분류 조직에서 전략의 방향도 다르게 분석될 수 있다. 상세 내용은 아래 표를 참조하도록 김 교수는 한동안 이 페이지를 화면에 띄워 두었다. 원가혁신에 대한 강의를 마치면서 원가에 대한 경쟁력을 위해서는 결국 전사적인 지원체계가 선결된다는 것을 설명하였다.

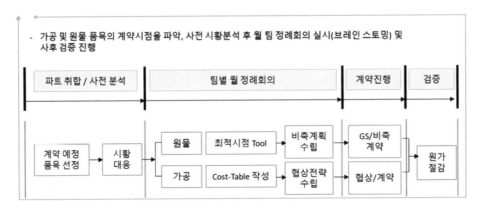

〈시황반영 업무체계〉

구매가 독립적인 기능. 즉, 조달 구매활동에 국한된 기능조직으로 있을 때는 물류 역시 물품을 고객사에 배달하는 업무가 최선의 업무로 규정되어 왔다. 그러다 보니 SCM상의 물품이 경유되는 집결지 정도로 물류의 역할이 제한적일 수밖에 없었다. 그러나 구매의 기능이 가치 창출의 개념으로 확대되고 역할이 다변화되면서 물류기능에 있어서도 고객의 이탈을 막고 안전한 배송과 고객사 응대 등을 통해 차별화된 서비스를 제공하는 것이 중요하게 되었다. 한편, 구매의 업무가 직간접적으로 확대되면서 물류가 내부뿐만 아니라 외부창고의 자사재고에 대한 관리 영역까지 확대하는 역할을 담당하게 되었다. 또한 물류의 인프라와 시스템 역시 고도화됨으로써 물류서비스를 사업화하는 단계에까지 영역을 확장하고 있음을 설명하면서 물류혁신에 관련된 강의를 시작하였다.

김 교수는 구매를 하는 데 물류와의 Co-work이 얼마나 중요한지 설명하고자 한다. 왜냐하면 물류는 유통기업에 있어 현장부서로서 허리역할을 하는 Hub이기 때문에 구매인이 물류를 이해하는 것은 지극히 당연한 도리이기 때문이다.

5. 물류혁신은 무엇을 지향하는가?

"물류혁신을 위해서는 우선적인 기본업무인 물류비에 반영되는 활동원가. 즉, 센터 운영비용, 인건비, 유류대, 적재율 등에 따라 배송비를 산출하여 선제적으로 물류비 예측 등을 통해 물류비용을 줄이는 관리 체계를 만들어 가는 것이 중요합니다. 또한 물류서비스 경쟁력 강화를 위한 고객별 차별화 배송전략 및 서비스 체계를 구축하여야 하는 것도 당면 과제이겠죠. 이를 위해서는 서비스 경쟁력을 통한 영업 경쟁력을 지원하는 것과 신규매출 확대 및 Profit Center[26]전환으로 영업의 매출 및 이익 성장에 기여하는 것이 단계별 물류부문의 선진화를 위한 지향점이 됩니다."

물류비용 관리체계 고도화

"그렇다면 회사의 이익에 기여하기 위해서는 물류비용을 줄여야 하는데 이를 위해서는 배송비에 대한 선제적인 관리를 어떻게 하면 좋을까요? 구체적으로 기술하면,

첫 번째, 배송 프로세스 변경을 통한 생산성 향상입니다. 이는 현재 일 1회 정도의 배송을 하고 있다면 추가적인 배송편수를 늘리는 것 등이 해당됩니다. 여기서 중요한 것은 기사의 피로도를 고려하여 적정수준의 배송이 되도록 조율하는 것이 기업의 도리이므로 이를 총체적으로 반영한 프로세스 변경이 필요합니다.

두 번째는, 활동원가 기반이 되는 도급료 지급체계를 개선하는 것입니다. 즉, 기업의 물류는 인력을 제공하는 물류 용역업체와 계약을 체결하여 진행하는 게 일반적인 기업의 선택인데 이때 배송기사들의 활동원가를 분석하여 그에 맞는 도급체계를 정립하여 시행하는 것이 중요합니다. 물류활동원가에는 거리, 이동 시간, 배송지마다 물품을 내려놓은 시간 등이 해당됩니다. 즉 차량 별 고정 도급료에서 업무실적(물동량 등)에 기반한 도급료 책정이 필요하다는 것입니다.

세 번째는, 물류비 예측을 통한 선제적 이익율 관리체계 구축입니다. 예를 들면 식자재 유통 기업에서 영업활동을 통해 수주를 하게 되면 활동원가를 기반하여 고객별 사전 물류비를 시뮬레이션 하여야 하는데 일반적으로 기본원가 30%, 배송중량 30%, 체류(하역)시간 40%, 정도의 가중치를 배부합니다. 따라서 정기적인 실적을 분석하여 모니터링하고 배송되는 고객사별로 활동원가를 배부하여 이익율 관리를 하는 것이 추후 지속적인 차량의 동선을 결정하는 데 도움을 줄 수 있습니다. 물론 영업과도 이러한 내용을 공유하여 효율이 떨어지는 지역에 대해 집중적으로 수주를 독려하는 것이 활동원가 대비 수익을 높이는 중요한 SCM차원의 비용절감 효과라고 할 수 있습니다."

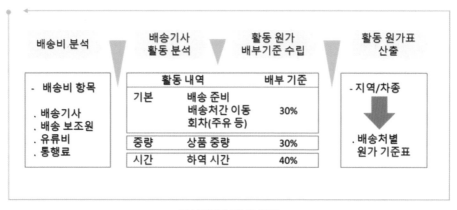

〈배송처별 활동원가 배부기준〉

물류서비스 경쟁력

"구매부서에서는 상품 차별화 또는 품질과 가격경쟁력을 통해 고객서비스를 높인다면 물류는 고객 특성별 차별화 서비스체계를 구축하고 고객접점 서비스 관리체계를 강화하는 것이 고객만족도와 고객이탈을 막는 데 중요한 역할을 할 수 있습니다. 이를 위해서는 다음 2가지 요소가 요구됩니다.

첫 번째, 고객 특성 별 차별화 서비스 체계구축은 해당 고객사의 매출, 이익, 성장성, 계약기간 등을 고려하여 핵심고객을 정의하고 고객의 니즈를 분석하여 차별화된 서비스를 실행하는 것입니다. 물론 모든 고객에게 동일한 서비스를 한다는 것은 좋은 일이긴 하지만 주어진 시간 내에 보다 높은 서비스를 해야 하는 조건이라면 배송서비스 차별화를 통해 영업 경쟁력을 높이는 것이 중요하다고 할 수 있습니다. 다시 말하면 고객을 응대하고 고객의 만족을 유도하는 서비스는 기본적인 사항이지만 고객의 매출, 이익, 성장성, 계약기간 등을 고려하여 추가되는 서비스가 필요하다는 것입니다. 이는 고객별 니즈를 분석하여 그 고객이 선호하는 서비스가 실행되어야 하고 이 역시 영업에서 사전 영업을 통한 수주 시 매출액에 따른 서비스조건에 대해서도 고객과 충분한 공감을 해야 추후 고객불만으로 이어지지 않는다는 것도 중요한 시사점입니다.

	내 용	주 기	주 체
핵심 고객 정의	• 매출, 이익, 성장성, 계약기간	분기	영업/물류
고객별 Needs 분석	• 배송시간, 검품, 부가서비스 등 물류 서비스에 대한 선호도 분석	수시	물류
서비스 차별화 실행	• 배송 횟수, 시간 등 선택적 집중	수시	물류

〈물류 차별화 항목〉

두 번째는, 고객 응대 서비스 관리체계 정립입니다. 이를 위해서는 고객과 접점에서 만나는 배송기사의 서비스체계를 강화하는 것이 매우 중요합니다. 즉, 업무처리 절차, 고객응대 서비스 등의 매뉴얼을 표준화하고 교육제도 등을 정비하여 배송기사의 서비스를 향상시키는 것이 중요하며 고객 설문을 통해 배송기사에게 정기적인 보상체계가 정착되도록 하여야 합니다. 예를 들어 고객사에게 설문조사를 실시하여 배송서비스에 대해 설문조사를 하거나 고객사의 감사편지 이벤트 등을 통해 해당 배송기사에게 적절한 보상을 하는 방법 등이 될 수 있겠죠."

물류 네트워크 최적화

"사업이 성장하게 되면 물류센터의 가용량 대응 및 효율화를 위해 거점센터 및 운영에 대한 종합적인 마스터플랜이 필요하게 되는데 이를 위해서는 현 센터의 가용량 및 운영효율 분석 등을 통해 추가적인 센터 증축 또는 지역별 거점센터를 마련해야 할지를 사전에 준비하는 것이 필요합니다."

김 교수는 이를 방치하고 단기 목표를 채우는 것에 급급하게 되면 결과적으로 '물류'라는 허브역할이 위기에 직면하는 것을 많이 접했다. 따라서 처음부터 막대한 비용을 투자하여 신규 센터를 건립하는 것은 투자회수 측면에서 장기간의 시간이 소요될 수 있기 때문에 우선적으로 외부업체와의 협약을 통해 전략적 거점센터를 마련하는 것이 필요하며 향후 자사센터 건립은 거점센터의 효과성을 분석하여 진행하는 것이 투자 리스크를 줄일 수 있다는 점을 분명히 했다.

물류 혁신 단계 분석

"앞에서 설명해드린 바처럼 구매의 역량을 규정할 때 QCD관점의 역량을 도출하고 각각의 역량 발전단계를 살펴보면서 우리 회사의 현 수준을 측정해보는 시간을 갖고자 하였습니다. 이번 시간에는 마지막으로 물류혁신에 대해 역량 단계를 분석해 보면

1단계 레벨에서는 상품 입고와 검수, 그리고 기본적인 배송체계를 갖추는 것에서 부터 출발합니다.

2단계 레벨에서는 'WMS, TMS'[27]와 같은 물류시스템을 확보하여 운영효율을 강화하여야 하며 시스템 운영을 위한 업무프로세스를 분명하게 정의하는 단계입니다.

3단계 레벨에서는 물류 자동화를 실현하고 물류가 고객에게 차별화 서비스를 제공하게 되면서 물류서비스가 영업의 수주경쟁력으로 부상되는 시점이라고 할 수 있습니다.

4단계 레벨에서는 추가적인 신사업을 구축하여 타사의 물량을 대행하는 3PL사업 등, 신사업으로 확대되는 단계라고 말씀드릴 수 있습니다. 따라서 아래 예시된 표를 참조하여 여러분 회사의 물류 역량 발전 단계를 측정해보고 미흡한 부분은 표에서 보여주듯이 과제를 도출하여 개선해 나가시기를 권유해드립니다. 이처럼 향후 물류의 건설적인 방향성에 대해 숙지하고 계신다면 여러분은 회사의 중추적인 역량들의 발전 방향이 어떻게 진행해야 하는지를 알고 있는 전략가라고 감히 말씀드릴 수 있습니다."

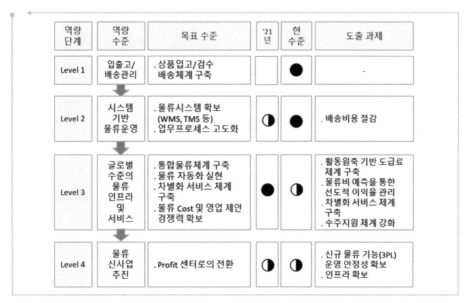

역량 단계	역량 수준	목표 수준	'21 년	현 수준	도출 과제
Level 1	입출고/ 배송관리	·상품입고/검수 배송체계 구축		●	·
Level 2	시스템 기반 물류운영	·물류시스템 확보 (WMS, TMS 등) ·업무프로세스 고도화	◑	●	·배송비용 절감
Level 3	글로벌 수준의 물류 인프라 및 서비스	·통합물류체계 구축 ·물류 자동화 실현 ·차별화 서비스 체계 구축 ·물류 Cost 및 영업 제안 경쟁력 확보	●	◑	·활동원축 기반 도급료 체계 구축 ·물류비 예측을 통한 선도적 이익율 관리 ·차별화 서비스 체계 구축 ·수주지원 체계 강화
Level 4	물류 신사업 추진	·Profit 센터로의 전환	◑	◑	·신규 물류 기능(3PL) 운영 안정성 확보 ·인프라 확보

〈물류역량 단계 분석〉

물류역량에 대한 강의를 마치면서 김 교수는 혹시 물류 직원이 이번 강의에 참석했는지 궁금해졌다.

"오늘 참석하신 분 중에 물류부서에서 현재 재직하고 계신 분 있으신가요?" 김 교수는 좌중을 돌아보며 혹시나 하는 마음으로 살펴보았다.

"여기요, 물류부서에서 일하고 있습니다."

"아, 네. 그러시군요 지금 어떤 일을 하고 계시는지 여쭤봐도 될까요?"

"네. 저는 협력사에서 입고하는 상품의 검품을 담당하고 있습니다."

"네? 물류부서에서 검품을 하신다고요?"

김 교수는 다소 의아한 표정을 지으며 물었다.

"네. 저희 회사는 물류센터에서 발생하는 모든 일은 물류가 책임지게 되어 있어서 저희가 하고 있습니다. 때문에 구매에 대해 좀 더 알고자 이 강의에 참석하게 된 것입니다."

김 교수는 SCM이 각 주체별로 해당 거점에서 발생한 일은 해당 주체가 책임을 진다는 'SCM의 책임론'에 대해 잠시 설명을 이어갔다.

"SCM상의 주체가 책임을 진다는 것은 해당 영역이 물류센터라 하더라도 역할 측면에서 품질을 주관하는 부서가 따로 있기 때문에 업무를 센터에서 한다고 하지만 역할은 품질부서가 주관이 되어야 합니다. 왜냐하면 각각의 부서역할이 상품의 흐름이 거점이 아니라 업무영역으로 설정되어 있고 그 설정된 내용의 프로세스는 해당 부서가 주관하여 운영되고 있기 때문입니다. 따라서 거점이 물류센터라 하더라도 품질을 점검하는 업무영역은 품질부서가 관장하는 것이 맞는 방법입니다. 물론, 검수 측면에서 주문된 수량만큼 입고되었는지는 물류부서가 할 일이지만 경험적인 측면에서 설명을 하자면 품질부서가 협력사를 점검하는 업무에 국한된다면 컨트롤 타워의 역할을 수행할 수 없고 각 상품별 품질관리의 전문성을 갖추기는 더더욱 어렵습니다. 때문에 품질부서가 현장접근형 부서로 위상을 갖추기 위해서는 구매가 검품에 유연하게 대처하려는 경향에 견주어 품질부문은 엄격하게 점검하여야 합니다. 때문에 품질부서는 상품에 대한 상대적 품질과 절대적 품질에 대한 전문성을 구매와 상시 협의를 통해 공유해야 하는 이유가 됩니다. 지금 말씀하신 분은 제가 의견을 드린다면 품질부서로 전배가 되어서 근무하시는 게 적절한 조치라고 봅니다"

"아, 그렇군요. 내부적으로 협의해보겠습니다."

다소 당황한 모습에 김 교수도 잠시 미소가 흘러나왔다.

Offering 체계란?

'일반적으로 상품을 제조하거나 유통하는 회사는 고객에게 제공하는 자사의 특장점들을 결합하여 고객이 누리는 혜택을 효과적으로 설명하고자 하며 이러한 조합되어 제공되는 체계를 총칭하는 것임.'

· 구매의 경쟁력/물류 인프라/서비스 대응체계.

· 조리 지도/메뉴 레시피 제공.

· 연구소 활용/위생점검, 교육 등.

협상에 임하는 구매인

간혹 구매인들 중에는 협력사와 최종 가격 등에 관련하여 결정을 내리는 협상자리에서 목표하는 수준까지 가격을 인하하기 위해 무리한 요구와 함께 실랑이를 하는 경우를 보곤 한다. 어느 협력사 지인분이 했던 말이 생각난다.

'신입사원 구매직원이 더 무섭다.' 품목이나 시장상황을 아는 구매담당자라면 하소연이라도 할 수 있는데 신입사원의 경우엔 시장상황은 잘 모르겠고 무조건 얼마만큼 인하해 달라고만 한다는 것이다. 물론 신입직원을 폄하하려는 것은 절대 아니다. 단지 협상의 자리에 앉기 전까지 얼마만큼 충분하게 조사하고 해당 품목을 분석하였는지가 중요하다. 때문에 구매담당자는 협력사가 견적서를 제출하였다면 충분한 시장조사와 유통비용을 고려하여 타당하고 근거 있는 Nego안을 준비해야 한다. 공급사역시 마지노선으로 생각하는 가격선은 이미 준비를 하고 오는 경우가 많기 때문에 원활한 협상자리가 될 수 있다. 즉, 사전에 업체실사 등을 통해 제품의 생산원가를 추정하고 시장가격을 대비하여 목표가를 설정하는 것이 필요한 활동이다. 또한 될수 있으면 충분한 시간 상담할 수 있는 때를 선택하는 것도 중요하다. 왜냐하면 점심전 또는 퇴근 전이라면 구매 담당자 역시 시간에 쫓겨서 충분히 생각할 겨를도 없이 결정을 서두르는 경향이 있기 때문이다. 대신 원하는 목표수준에 도달했다면 반드시 그에 응당한 보상책을 협력사에게 제시하는 것은 당연한 도리이다. 다시 말하면 적절한 프로모션 등의 판매 활성화에 대한 약속 등이다.

'결국 협상은 누가 이기고 지는 게임이 아니라 서로가 필요한 부분을 얻어내는 정반합의 논리와 같은 것이다.'

결국 구매가 최고의 경쟁력이다

잘 나 가 는   1 %   C E O 만   아 는   구 매   시 크 릿

제5장

구매의
논리를 채우는
경영이론

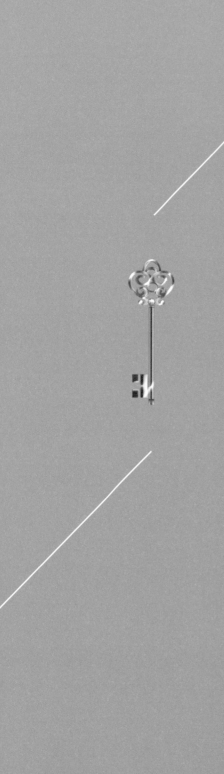

구매를 좀 더 깊이 있게 이해하고 기업 내에서 가치창출을 위한 전략을 수립하기 위해서는 반드시 구매와 관련된 경영이론에 대해 학습할 필요가 있다. 왜냐하면 구매는 결국 시장에서 요구하는 상품을 공급함으로써 지속적인 수주 경쟁력을 확보하고 규모의 경제를 통해 SCM상의 신사업 전략방향을 제시할 수 있는 역량이 필요하기 때문이다. 이는 경영이론에 입각해 대내외 시장분석과 구매의 현 수준을 고려하여 기업의 발전적 사업의 모델을 설명할 수 있는 역량을 갖춘다는 의미이기도 하다.

김 교수는 구매실무에 대해서는 베테랑이라는 소리를 들어왔지만 실무의 전문성을 기업이 추구하는 전략의 방향성에 편승하여 설명하지 못했던 경험이 있어 구매에 대한 이론적 배경이 절실하게 필요하다는 것을 깨닫게 되었다. 때문에 MBA과정을 거치면서 비로소 경영이론이 얼마나 구매인들에게 중요한 것인지 마치 새로운 세계의 문을 열 수 있는 심미안처럼 구매의 방향성이 분명해졌던 기억을 떠올렸다. 따라서 여기서는 구매인들이 이 정도만 알아도 될 만한 경영이론에 대해 설명을 하고자 한다. 이러한 취지를 강의에 참석한 구매인들에게 설명하였고 그 취지에 공감하는 듯 김 교수를 지켜보는 사람들의 눈망울이 여느 때와 다르게 초롱초롱하게 느껴졌다.

"경영이론은 뒷부분에서 설명드릴 전략 소싱 방법론을 이해하기 위한 필수과정이기도 하지만 일반적으로 구매를 하는 사람이라면 상식 수준에서 반드시 숙지해야 할 내용입니다. 왜냐하면 어떤 품목을 담당하게 되든지 기본적으로 해당품목을 이해하기 위해서는 품목의 특성과 내 외부 시장환경을 인식해야 하고 그 방법을 설명하는 것이 경영이론에 근거를 두고 있기 때문입니다. 어쩌면 여러분들이 말하는 소위 구매를 잘할 수 있는 '감'이라고 해두죠. 구매인들은 모두 시간이 지나면 이러한 '감'이 생기기 마련인데 어떤 전략인지 구체적으로 설명해보라고 하면 논리적으로 쉽게 설명이 어려운 경우가 많습니다. 지금부터 배우는 이러한 지식은 설명할 수 있는 체계적 논리를 만들고 현업에서 바로 적용하기 위한 것인 만큼 꼭 숙지하시기 바랍니다."

원가에 대한 개념은 결국 생산되거나 유통하는 개별 상품에 대한 이해가 필수적이라는 것을 김 교수는 깊이 인식하고 있다. 대부분의 구매인들은 유통하는 상품이 많으면 그중에서 고객이 선택해서 구매를 하면 그만이라고 생각하고 군이 제품에 대한 이론적 배경이나 라이프사이클에 대해서는 알고자 하지 않는다. 그러나 이 책의 서두에서 설명했던 것처럼 기업 내에서 구매의 역할은 단순히 '조달하는 상품의 원가를 낮추는 기능만이 아니라 고객이 원하는 신규 상품을 개발하고 SCM상에서 새로운 비즈니스를 발굴해 내는 가치창출자의 역할'이라는 것이고 김 교수가 구매를 대하는 철학이다.

1. 판매량을 늘리는 제품 포트폴리오 분석

"상품과 제품의 개념이 모호할 수가 있는데 제조입장에서는 제품이라 하고 유통입장에서는 고객에게 판매하는 것을 상품이라 합니다. 다시 말하면 공장에서 제조된 상태를 제품이라 하고 서비스, 경험, 아이디어를 부가적으로 추가하게 되면 상품이라 표현합니다. 스티브 잡스는 '역사는 때때로 혁명적인 상품의 등장으로 모든 양상을 변화시킨다'고 말했습니다. 스마트폰이 출시되기 전과 후를 생각해보면 충분히 이해가 되실 겁니다. 그만큼 가치 있는 서비스가 부가된 상품이 출시됨으로써 우리의 생활에 지대한 영향을 미치는 것을 보아도 상품의 중요성이 얼마다 대단한 지 알 수 있습니다. 그러나 모든 상품은 일정한 패턴을 그리면서 판매량의 추이 또한 변화되는 것을 경험할 수 있으며 그 변화 역시 엄청난 속도로 빠르게 진행되는 것도 현시대의 트렌드라고 할 수 있습니다. 따라서 상품을 개발할 때는 반드시 각각의 주기에 따른 변화추이를 분석하고 그에 맞는 자사의 제품 포지셔닝을 신속하게 결정하는 것 역시 더욱 중요하게 되었습니다. 지금부터는 이를 설명하는 경영이론을 설명하려고 합니다.

1) 제품 수명주기 이론의 단계별 특징

"다음은 제품 수명주기에 대해 알아보겠습니다. 제품 수명주기이론은 상품을 개발하는 사람은 반드시 알아야 할 이론입니다. 이 경영이론은 말 그대로 제품은 수명주기를 가지고 있다는 것입니다. 제품은 유한한 수명을 가지고 있고 제품의 판매량과 제품의 이익도 각 단계에 따라 증가하거나 감소하게 됩니다. 따라서 수명주기 단계에 따라 적절한 마케팅, 재무, 제조, 구매, 인적자원역량 등의 지원이 필요합니다. 제품 수명주기는 도입기, 성장기, 성숙기, 쇠퇴기로 구분하는데 간단하게 요약하면, 도입기는 판매매출액이 완만하게 증가하나 이익은 적자구조인 경우가 많으며 성장기에 접어들면서 이익과 매출은 급속도로 증가하고 이후 성숙기에는 판매 증가량과 이익이 둔화되고 시장의 변화에 따라 제품의 수명이 끝을 달하게 되면서 판매와 이익이 급속도로 하락하게 되는 쇠퇴기를 맞게 됩니다."

강의를 진행하면서 김 교수는 구매인들이 상품을 개발하거나 또는 개발된 제품이 어느 포지션에 위치해 있는지 살펴보고 포지션에 적합한 대응방안을 강구하는 것이 중요한 활동영역임을 강조했다. 따라서 제품 수명주기 이론은 단계별 현상을 분석하고 이에 대한 해결점을 제시하는 데 필요한 이론임을 재차 강조하면서 설명을 이어갔다.

도입기	제품이 시장에 출시되면서 판매가 완만하게 증가 추이를 보임
성장기	시장에서 제품 인지도가 높아지면서 이익이 급격하게 증가함
성숙기	제품의 판매량의 정점에 위치하며 상장세가 둔화되고 이익도 정체됨
쇠퇴기	매출과 이익이 급속도로 하락하는 국면임

〈제품 수명주기 단계별 설명〉

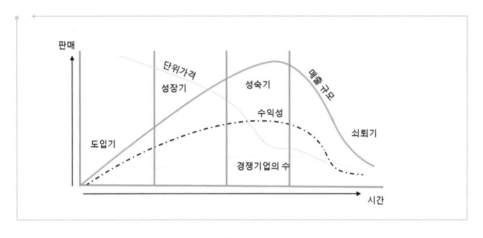

〈제품 수명 주기〉

"제품 수명주기 현상의 원인을 살펴보면 먼저 시장 포화 현상을 설명할 수 있습니다. 예를 들어 가스레인지 같은 경우 초기에는 시장의 급격한 수요가 창출되었으나 그 이후 가정마다 보유하게 되면서 특별한 새로운 기능이 추가된 상품이 출시되기 전에는 성숙기를 거쳐서 쇠퇴기에 이르게 된다는 것입니다. 즉, 지금은 가스레인지 대신 이미 인덕션 같은 제품이 대체되고 있는 것을 보면 분명히 알 수 있습니다. 따라서 신기술도 수명주기의 원인이 되는데 이는 기술적인 진보가 빠를수록 이러한 현상은 더 빠르게 나타나게 된다는 점입니다.

한편, 경쟁 역시 제품수명주기의 주요한 원인이 됩니다. 시장에서 특정한 제품이 성공하면 모방제품이 출현하게 되고 이를 대체할 수 있는 대체제가 출현하게 됩니다. 여러분도 기억하시나요? 카메라를 사용할 때 반드시 인화할 수 있는 필름이 사용되었던 적이 있었습니다. 필름은 일정한 양만큼만 찍을 수 있었기 때문에 사진의 양도 제한적이었죠. 그러나 지금은 어떤가요? 필름을 넣어 사용했던 카메라는 사라지고 디지털 카메라가 그 자리를 채웠지만 요즘에는 핸드폰이 그 자리를 대체하고 있는 것을 보면 이해가 되실 겁니다."

2) 제품 수명주기에 따른 마케팅전략

"경영이론에서 설명하는 제품 수명주기에 따른 마케팅전략을 요약해보면, 일반적으로 도입기는 시장확대전략을 할 것인지 아니면 시장침투전략을 할 것인지 결정해야 하는데,

시장확대전략은 시장성장이 아직 더디나 마진이 높게 형성되는 시장에서 경쟁자가 아직 형성되지 않을 때 고가로 시장을 공략하는 전략입니다. 경험을 통해 학습된 효과와 규모의 경제가 낮은 업종에 바람직하죠.

이와 반대로 시장침투전략은 초기에 저가로 시장에 진입해서 빠르게 많이 판매하는 전략을 통해 규모의 경제와 학습효과를 누리는 전략으로 수요예측 실패 시 막대한 재고손실 등의 가능성이 있습니다.

성장기의 전략에서는 제품 포지셔닝과 상품라인확장으로 설명할 수 있는데 제품 포지셔닝은 예를 든다면 대상 고객층을 확대하기 위해 선호하는 가격대로 포지셔닝을 변경함으로써 지속적인 판매량을 확대하는 전략 등을 말하며

상품라인확장의 경우는 시장을 리드하는 기업의 입장에서는 하나의 제품만 가지

고 시장판매를 통해 시장지배력을 유지하다가 도전해오는 경쟁자들의 제품을 대응하기 위해 제품라인을 세분화하는 것이 필요하게 됩니다. 아는 결국 타 경쟁사로 매출이 분산되는 것을 방지하는 노력이라고 할 수 있습니다.

〈제품 도입기/성장기 전략〉

성숙기에는 유지전략과 방어전략이 필요한데,

유지전략은 시장환경 관점에서 위협요인이 적다고 판단될 때 현재 상태를 유지하면서 이익을 극대화하기 위하여 마케팅믹스[28] 조정을 검토하는 전략을 말합니다. 방어전략은 도전에 대한 방어를 하는 전략인데 일반적으로 원료부품을 혁신하거나 효율적 공급업자를 통해 원가절감을 시현하는 등의 전략입니다.

좀 더 구체적인 전략방향을 설명하면 성숙기에는 기존의 시장에서 매출을 유지하기 위한 원가절감 활동뿐만 아니라 매출확대를 위해 시장수요 확대 전략을 사용합니다. 예를 들어 라면을 즐겨먹는 사람 수가 100만 명이고 인당 월 10개씩 먹을 때 이를 곱한 값이 사용량이 되는 것이므로 사용자수를 확대하거나 시용빈도를 늘리기 위해서는 번들로 판매하는 방식 등의 판촉활동 등을 확대하는 것입니다. 또한 제품 개선전략을 통해 제품성능이나 특성을 고려, 개선활동을 통해 추가적으로 제품수명을 연장하고 새로운 성숙기를 유도하기 위한 전략을 수립하는 것이 필요한 단계입니다.

〈제품 성숙기 전략〉

한편 쇠퇴기 전략[29]은 판매량이 줄면서 마케팅 비용을 철수하고 기존제품을 고수하는 소비자들의 반복구매를 유도하여 비용을 줄이는 것에 의존하는 시기라고 말할 수 있습니다. 따라서 이 시기에는 제품 패키지 변경과 같은 재활성화전략이 필요하게 됩니다. 또한 쇠퇴기의 원인이 새로운 기술이나 제품에 의해 대체되는 경우 또는 소비자의 장기적 생활패턴이 변화하는 경우가 원인이 되기 때문에 적극적인 원가절감 노력이 중요한 전략요소로 대두됩니다."

BCG 매트릭스

"제품수명주기와 더불어 제품 포트폴리오 분석에 있어 경영이론에서는 외부환경을 평가하는 모형으로 BCG분석방법이 자주 사용됩니다. 이 분석방법의 특징은 두 축이 시장점유율과 시장성장율을 중심으로 포트폴리오 품목들을 매칭해놓고 분석하는 방법입니다. 이 모형을 포트폴리오 매트릭스라고 하기도 하는데 그 첫 번째 모델이 보스턴컨설팅그룹에서 1970년 초반 개발한 BCG매트릭스입니다. 이 모델은 최근 경영 환경이나 제품이 급변하고 있어서 이런 매트릭스 구조가 중요하게 되었습니다. 이는 경영자를 위해 어떤 전략을 수행해야 할지를 결정하는 진단 Tool로서 분석 프레임을 제공하고 기업의 자원을 효과적으로 배분하기 위한 전략을 수립하며 경쟁사 비즈니스 포트폴리오를 인식하여 이에 대응할 수가 있습니다. 즉 이 모형은 경쟁이 심화되고 산업이 다각화되고 복잡해지면서 기업전략을 단순화시킬 필요성이 배경이 되었다고 볼 수 있습니다. 따라서 이 모델은 계량적 데이터를 통한 분석보다 직관적 전략 수립을 가능하게 하기 때문에 기업의 결정권자에게 인기 있는 분석방법이 되고 있습니다.

BCG매트릭스는 경험곡선[30]과 제품수명주기[31]를 통합하여 매트릭스화한 모델로서 경험곡선은 누적 생산량이 증가할수록 경험, 즉 학습에 의한 단위당 비용은 감소한다는 이론으로 학습과 규모의 경제, 전문화 등으로 시장점유율을 높이고 이로 인한 생산량증가로 비용의 감소를 가져오며 우월한 경쟁포지션을 찾게 하는 데 유용한 분석 방법입니다.

또한 제품수명주기는 앞서 설명해드린 바처럼 제품이 생산되면 도입기, 성장기,

성숙기, 쇠퇴기 등을 거치게 되는데 각 단계별 전략을 찾게 하는 모델로서 제품 수명주기의 수익성 극대화를 위하여 성숙기와 쇠퇴기 사업부문에서 도입기와 성장기 제품으로 생산자원을 배분해야 하는 이유를 제시하는 분석법입니다.

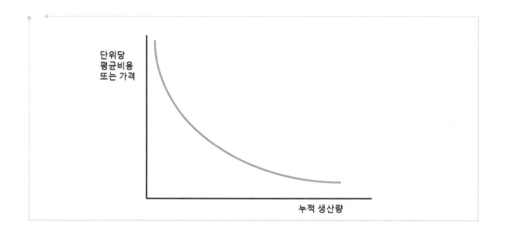

〈경험 곡선(학습 곡선)〉

BCG매트릭스는 제품 수명주기이론으로부터 도출한 시장 매력도관점의 시장성장률과 경험곡선에 의한 시장점유율을 축으로 구성합니다. 즉, 이 두 변수를 축으로 하여 매트릭스 상에 제품과 사업을 표시하여 기업이 추구하는 공헌도나 방향성을 비교하는 전략 Tool입니다.

여기서 각각의 매트릭스에 대해 간략히 설명하면 즉, 시장성장율이 높고 시장점유율이 높은 시장영역을 'STAR' 산업으로 보며 시장성장율이 높고 시장점유율이 낮은 영역을 'Problem Child(문제아) 또는 Question Mark(물음표)'라고 부르며 이는 STAR산업으로 넘어가지 않은 한 지속적인 문제로 남게 되는 영역이죠. 반대로 시장성장율이 낮고 시장점유율이 높은 영역을 'Cash Cow'라고 하는데 우월한 점유율을 가지고 있어 매출과 이익을 가져오는 영역입니다. 또 다른 면은 성장율과 시장점유율이 낮은 영역을 'Dog영역'이라 합니다. 각각의 특징에 대해서 먼저 간략히 설명하면 다음과 같습니다."

구분	시장점유율 높음	시장점유율 낮음
시장성장율 높음	STAR	Problem Child
시장성장율 낮음	Cash Cow	Dog

〈BCG 매트릭스〉

1) BCG매트릭스의 각 영역별 특성[32)]

– 스타(star)사업: 성공사업. 수익성과 성장성이 크므로 지속적인 투자 필요

– 캐시카우(Cash Cow) 사업: 수익창출원. 기존의 투자에 의해 수익이 계속적으로 실현되므로 자금의 원천이 됨. 그러나 시장성장률이 낮으므로 자금 투입보다 자금 산출이 더 많은 사업 영역임.

– 문제아(Problem Child) 사업: 상대적으로 낮은 시장점유율과 높은 시장성장률을 가진 사업으로 기업의 행동에 따라서는 차후 스타(star)사업이 되거나, 도그(dog)사업으로 전락할 수 있는 위치에 있음. 일단 투자하기로 결정한다면 상대적 시장점

유율을 높이기 위해 많은 투자금액이 필요함.

– 도그(dog)사업: 사양사업. 성장성과 수익성이 없는 사업으로 철수되어야 하는 사업으로 기존의 투자에 매달리다가 기회를 잃으면 더 많은 대가를 지불해야 함.

김 교수는 BCG매트릭스가 기업에서 자주 활용되는 사례를 많이 보았다. 왜냐하면 한 기업의 운영하는 기존사업의 포지션이 어디에 있는지 설명하기 쉽고 어디로 가야 할지도 쉽게 설명이 가능하기 때문이다. 또한 신규사업을 준비하는 데도 기존사업과의 연장선상에서 서로 비교하면서 설명하기 용이하다. 구매부서에서 새로운 사업을 시작할 때 이 분석법을 활용한다면 SCM(Supply Chain Management)을 이해하고 있는 구매입장에서는 타 부서보다 훨씬 더 전후방법과 방향성에 대해 잘 설명할 수 있게 된다는 점은 분명 구매에게는 적합한 분석법임은 분명한 사실이다. 이 분석법은 실제로 김 교수가 구매에서 신사업을 구상할 때 의외로 자주 사용하였다는 것을 떠올리며 설명을 덧붙였다.

"한편, BCG매트릭스의 강점은 앞서 말씀드린 바처럼 복잡한 전략이 직관적 접근 형태로 파악이 가능하다는 것과 미래시장 수요예측을 기반하여 전사적인 전략수준과 사업부단위의 전략을 고려하는데 의사소통이 용이하다는 장점이 있습니다. 물론 약점으로는 다소 직관적일 수 있어 개념적 오류에 빠질 수 있기 때문에 충분한 데이터를 가공하여 정보로서 객관적 가치가 있다는 것을 검증할 필요는 있다는 점을 경영전문가들은 지적하고 있습니다."

2) BCG매트릭스 분석 시 점검사항

이 분석법을 통해 얻어낼 수 있는 몇 가지 기본적인 시사점을 살펴봅시다. 시장성장율은 일반적으로 10%를 기준으로 고성장과 저성장으로 구분하고 상대적 시장점유율은 경쟁자와 비교했을 때의 M/S가 가장 높은 경쟁자의 시장점유율로 나눈 값이며 1을 기준으로 분류합니다. 시장점유율은 퍼센트가 아닌 정수로 나타낸다는 것에 주목해야 합니다. 따라서 상대적 시장점유율이 높으면 현금유입 가능성이 높음을 의미합니다.

즉, 예를 들면 시장 1위가 50% M/S를 가지고 있고 자사제품이 25%인 경우 RMS(시장점유율)은 25/50=0.5입니다. 그러므로 아래 표에서 보듯이 시장성장율이 높은 1의 영역에서 제품이 없는 경우 신제품 개발이 필요하다는 것을 의미이며 2번 DOG영역에서는 제품규모를 축소하는 것이 필요하다는 것을 의미합니다.

<BCG 매트릭스 분석 시 점검사항 1>

그다음에 보는 것이 무게 중심인데 어느 영역에 우리 제품이 포진해 있는가를 보

는 것입니다. 즉, 무게중심이 우측 상단인 경우 시장성장율은 높지만 시장점유율이 낮아 지속적인 신제품을 출시해야 하는데 이 시기에 투자하는 자금이 부족하게 되면 흑자도산의 위험이 있게 됩니다. 따라서 가장 이상적인 신제품 출시는 시장성장율이 높은 영역을 목표로 하는데 먼저 문제아영역에서 시작하여 점차 점유율을 높여 STAR영역으로 이동하며 점차 STAR영역은 CASH COW영역으로 이동하는 전략이 요구됩니다. 따라서 문제아와 DOG영역비중이 높은 경우는 신제품 개발과 마케팅에 문제가 있다는 것을 의미합니다.

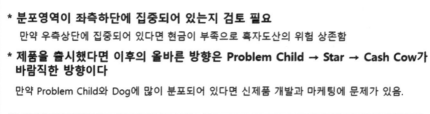

* **분포영역이 좌측하단에 집중되어 있는지 검토 필요**
  만약 우측상단에 집중되어 있다면 현금이 부족으로 흑자도산의 위험 상존함
* **제품을 출시했다면 이후의 올바른 방향은 Problem Child → Star → Cash Cow가 바람직한 방향이다**
  만약 Problem Child와 Dog에 많이 분포되어 있다면 신제품 개발과 마케팅에 문제가 있음.

구분	시장점유율 높음	시장점유율 낮음
시장성장율 높음	STAR ←	Problem Child
시장성장율 낮음	Cash Cow →	Dog

〈BCG 매트릭스 분석시 점검사항 2〉

우리가 상품관련, 경영이론을 배우는 이유는 앞에서 설명해드린 PB제품과 다양한 상품의 개발 방향성을 경영이론을 통해 효과적으로 설명하고 실무에 적용하기 위해서입니다. 한편, 차별화 상품을 만든다는 것 역시 기본적인 경영이론에 기초하여 설명할 수 있는데 이를 대변할 수 있는 경영이론이 'STP전략'입니다. 이 전략을 간단히 설명하면 고객을 분류하고 대상 고객을 선정하며 그에 맞는 자사의 제품 포지셔닝을 정하는 전략입니다. 따라서 앞서 말씀드린 상품개발과 연계하여 이 마케팅 이론 역시 상품을 개발하는 부서라면 기본적으로 숙지해야 하는 마케팅 이론입니다.

2. 시장을 나누는 STP전략[33)]

　서두에서 설명한 바처럼 마케팅의 이론적 배경은 구매인들에게 절대적으로 요구되는 항목이다. 특히 상품을 개발하거나 신시장을 개척하기 위해서 필수적인 마케팅 이론은 반드시 숙지해야 한다. 김 교수는 이러한 이론적 배경에 대해 본격적으로 연구하기 시작했던 시기가 구매관리자가 되면서 구매가 좀 더 회사에 기여할 수 있는 바가 무엇인지 고민했던 시기였다. 강의 앞부분에서도 설명했지만 경영이론을 접하면서 그 당시에 느꼈던 심정은 구매가 가야 할 방향에 대해 자욱한 안개가 걷히는 것처럼 분명해졌다는 것이다. 다시 말하면 경험적으로 알고 있던 실무적인 부문들이 이론과 접목하면서 모든 것이 세분화되어지는 프로세스처럼 방향을 보여주었다.

　"여러분들이 시장조사를 하고 공급사를 선정하고 상품을 선정하고 가격을 결정하는 등의 모든 구매행위에는 반드시 그에 걸 맞는 경영이론이 있습니다. 여러분이 터득한 경험적 실무역량이 기반이 되어 있으므로 경영이론을 흡수하는 것 역시 저보다도 훨씬 빠르게 접목되는 것을 느끼실 겁니다. 오늘 설명드릴 STP전략은 그런 측면에서 고객을 분류하고 그에 걸맞은 상품을 개발하는 데 너무나 많이 응용되고 활용되는 경영 이론입니다. 이는 소비자 개개별로 접근하여 마케팅 전략을 수립하는 것이 어려우므로 소비자들을 일정한 기준에 따라 유사한 집단으로 나누어 분석하는 전략입니다."

STP(Segmentation Targeting Positioning)전략의 배경은 예전에는 한 종류의 상품이 출시되어 대량으로 판매하는 마케팅 전략에서 제품 자체를 다양화하여 모든 소비자에게 판매하는 전략으로 변화하였으나 이는 결국 판매되지 않은 상품들에 대한 생산, 재고비용 등이 과다 발생하게 되면서 가장 효과적인 생산체제를 갖추기 위해서 연구가 더 본격화되었다고 볼 수 있다. 따라서 현재는 소비자들이 다양한 욕구를 충족해주기를 바라고 이에 따라 소비자들의 다양한 욕구를 파악한 뒤 각각의 욕구에 적합한 대상고객들에게 상품을 판매하는 방식으로 집중되었으며 이 때문에 STP전략의 중요성은 더욱 커졌다는 점을 강조하였다.

시장 세분화전략 (Segmentation)

"STP전략의 첫 번째는 시장 세분화(Segmentation) 전략입니다. 즉, 가치관과 소비의 다양화에 따라 소비자들을 일정한 기준에 따라 유사한 집단으로 나누는 활동을 말하며 이는 동일한 규격의 제품을 대량으로 생산, 유통하는 단계에서 제품의 모양, 질, 크기 등을 다양화하여 모든 소비자에게 판매하는 방식을 지나 소비자들의 욕구를 파악하고 그 욕구에 적합한 소비자들을 대상으로 표적을 정해 판매하는 방식으로 변화되어 온 배경을 가지고 있습니다. 때문에 이러한 소비자들의 시장을 세분화하는 전략은 4가지 기준에 따라 나누게 됩니다. 첫 번째는 지리적 변수, 즉, 지방, 국가크기, 도시크기, 인구밀도로 나누는데 국내를 대상으로 하는 경우 크게 활용하지는 않습니다. 두 번째는 인구통계학적 변수로 나이, 성별, 소득수준 등으로 나눈 것이며 셋째는 심리적 변수 즉, 라이프스타일, 성격 등으로 나눌 수 있고 네 번째는 행동적 변수로 구매상황, 추구편익, 제품사용경험, 충성도 등에 따라 구분됩니다."

표적시장 선정(Targeting) 전략[34]

"시장세분화를 나눈 뒤에는 표적시장 선정전략이 필요합니다. 그 정의는 시장세분화를 통해 나뉜 시장들 중 기업에게 적합한 시장을 마케팅하는 활동을 말하는데 선정기준은 시장매력도와 자사적합도가 있습니다.

첫 번째, 시장매력도는 세분화된 시장의 규모와 성장율, 세분시장의 구조에 따라 표적시장을 선정하는 데 충분한 규모와 높은 성장율이 매력적이긴 하나 이런 시장이 모든 기업체에 매력적이지는 않습니다. 왜냐하면 경쟁자가 많아지기 때문입니다. 따라서 경쟁이 많은 시장인지 아닌지를 조사하여 승산이 있는 시장인지를 분석해봐야 합니다.

두 번째, 자사적합도는 자사역량이 기업의 목표와 자원배분에 있어 충분한지를 살펴봐야 합니다. 이는 내재된 역량이 표적시장에 진출하는 데 유리한 조건을 갖추고 있는지가 성공할 수 있는 확률적 통계치를 높일 수 있기 때문입니다.

표적시장 선정전략	시장을 세분화한 결과를 통해 시장들 중 기업에게 적합한 시장을 선택하는 마케팅

선정기준

- 시장 매력도
  - 세분화된 시장의 규모와 성장율, 세분시장의 구조
- 자사 적합도
  - 기업의 목표와 자원을 파악 후 자사에 적합한 시장 선정

〈표적시장 선정 전략〉

그렇다면 이 세분화시장에서 몇 개의 시장을 선택하느냐가 중요한 전략이 될 것입니다. 이 전략은 크게 3가지로 나뉘는데

첫 번째는, 무차별적 마케팅으로 하나의 시장을 하나의 제품으로 전체시장을 공략하는 것으로 제품 표준화, 대량생산, 대량유통, 대량 광고 등으로 인한 규모의 경제성으로 제 비용을 절감할 수 있다는 장점이 있습니다.

두 번째는, 차별적 시장으로 여러 개 및 다수의 표적시장을 선정하고 각각의 표적시장을 공략하는 전략을 말한다. 이 전략은 기본적으로 전체시장에 개입하게 되므로 특정의 한 시장에서 그 시장의 의미가 퇴색한다고 해도 기업에 미치는 영향이 적다는 장점이 있으며 투자가 많이 투입되는 이유로 주로 대기업에서 사용합니다.

세 번째는, 집중마케팅으로 하나 또는 소수의 표적시장을 선정하고 각각의 표적시장을 공략하는 전략을 말합니다. 이는 많은 세분시장들 중에서 단일시장에 기업의 집중된 역량을 투입할 수 있으므로 마케팅비용이 절약되고 기업의 자원이 한정된 중소기업에서 주로 선호되는 전략입니다.

포지셔닝 (Positioning)전략

"일차적으로 시장을 분류하고 표적시장을 선정하면 다음에는 포지셔닝 전략을 세우게 됩니다. 이는 표적시장 내에서 경쟁사 대비 자사만의 독특한 위치를 차지하기 위한 마케팅활동이라고 보시면 됩니다. 포지셔닝의 구성요소는 차별점과 공통점인데 예를 들어 음식제품에 대해 경쟁자보다 더 웰빙 개념으로 했다면 이것이 차별화가 될 것이며 맛있어야 한다는 것은 공통점이 되겠죠. 그렇다면 이러한 포지셔닝에는 어떤 유형이 있는지 살펴보면 다음 4가지 유형으로 분류되는데 1)제품속성, 2)추구편이, 3)사용현황, 4)특정사용자 대상으로 나눌 수 있습니다.

첫 번째, 제품속성에는 자사제품이 경쟁제품(브랜드)에 비해 가지고 있는 차별점을 찾아내어 소비자에게 인식시키는 것,

두 번째는, 그 제품을 왜 구매해야 하느냐는 추구 편익 관점,

세 번째는, 실제로 판매되는 사용현황을 파악하여 M/S의 목표치가 수익성이 있는지 분석되어야 하며

네 번째는, 자사제품만이 경쟁자 대비 특정 대상, 예를 들면 특정 노년층, 유아 등에 사용될 수 있다는 전략 등을 통해 자사제품이 시장내에서 어떤 포지셔닝의 위치에 있는지 매트릭스를 펼쳐 두고 맵핑하는 절차가 필요합니다.

이를 위한 수립과정은 경쟁사 대비 경쟁적 강점을 먼저 파악하고 적절한 경쟁우위를 선택하여 어떠한 것을 소비자에게 전달할지를 정합니다. 다시 말하면 너무나 많은 경쟁적 강점을 소비자들에게 보여주면 소비자는 혼돈에 빠지므로 우리가 제일 잘할 수 있는 것을 보여준 다음 그 경쟁을 포지셔닝으로 보여주는 것이 포지셔닝 전략입니다."

S-T-P 전략의 차별화 상품 개발 사례

김 교수는 STP전략을 통해 구매를 담당하는 사람들이 조금 더 마케팅 관점에서 고객의 니즈를 파악하고 그에 맞는 차별화 상품을 개발하는 데 많은 관심을 가져 주기를 기대하면서 STP이론에 부합하는 차별화 상품개발 사례를 부가적으로 설명하고 STP전략의 중요성을 상기시키고 싶었다.

"주식과 식품은 완전경쟁 체제를 대변하는 상품이라는 말을 들은 바가 있습니다. 누구나 시장에 참여하여 경쟁할 수 있는 품목이기 때문이겠죠. 때문에 누구나 할 수 있다는 것은 식품 측면에서 보면 그만큼 차별화가 어렵다는 얘기일 수도 있습니다.

하지만 제가 현업에 있을 당시 고객의 니즈를 분석해보면 다양한 고객층으로 분류될 수 있음을 알 수가 있었고 좀 더 들여다보면 결코 제품차별화가 어려운 일만은 아니라는 사실도 깨닫게 되었습니다. 즉, 차별화 상품은 고객관점에서 가격에 덜 민감하고 품질중심의 상품을 선호하는 고객층에서 우선적으로 개발하는 것이 유리합니다. 다시 말하면 호텔/골프장 등은 품질에 더 민감한 고객층인 반면, 일반 단체급식 사업장은 중상정도의 품질수준에 맞춰 적정한 가격수준의 제품을 선호합니다. 한편, 가격에 민감한 저 단가 수요층은 품질수준을 차등화하여 제품의 포지셔닝을 정할 필요가 있습니다. 또한 고객 맞춤형 식자재 개발 역시 중요한데 특정 고객층을 겨냥한 전용 상품 등을 말할 수 있습니다. 예시로 요양병원 등은 가시 없는 생선류 또는 부드러운 육류, 저염/저당 제품 등이 될 것입니다. 따라서 개발 방향은 사업장 특성과 고객 니즈를 반영한 상품 포트폴리오에 따라 가격대별 기본 식자재와 고객 맞춤형 차별화 식자재로 요약할 수 있습니다.

이를 시대의 변화추이로 살펴보면 다음 표에서 보시듯이 공급자 중심으로 제품을 생산하던 시기에서 고객특성별 차등화. 즉, 가격과 품질을 기반으로 제품을 생산하기 시작하였고 이후 고객 니즈를 기반으로 맞춤형 차별화가 중요하게 인식되었습니다. 한편, 2020년 이후에는 시장을 선도할 수 있는 식자재를 개발하여 새로운 고객을 창출하는 시대에 와 있다고 할 수 있습니다. 혹자는 이 시기를 '파괴적 혁신의 시대[35]'라고 표현하기도 합니다. 이는 고객의 현재의 니즈를 뛰어넘어 다가올 미래에 고객이 원하는 상품을 예측하여 개발한다는 점에서 가히 '파괴적 혁신'이라고 할 수 있는데 스마트폰 같은 경우가 대표적인 예가 될 수 있습니다."

공급자 중심 ('13년)	가격/품질기반 ('14년)	가치기반 차별화 ('15년~'19년)	시장/고객창출 ('20년 ~)
생산 제품 조달	고객 특성별 차등	고객 니즈 기반 맞춤 차별화	시장 선도형 식자재 개발

〈상품 개발 추진 Road-Map〉

김 교수는 STP전략에 대한 강의가 다소 지루한 강의로 흘러갈 수 있어 실제 구매인들에게 실무적으로 활용할 수 있는 사례를 들려주겠다며 얼마 전에 있었던 경험을 시나리오로 구성하여 설명하였다.

김 교수는 가지고 있는 경력 덕분인지 새로운 판로를 개척하기 위해 사업을 시작하거나 신시장으로 판로를 확대하기 위한 사람들이 자주 찾아온다. 얼마 전에는 국내산 나물을 취급하는 대표가 사세를 확장하기 위해 판로를 모색하고 있다면서 사무실을 방문하였다. 김 교수는 상품에 대한 특성을 요모조모 질문을 통해 확인 후 말문을 열었다.

"나물의 경우 수입되고 있는 제품이 많아 상대적으로 고품질과 안정성을 우선시하는 고객층에 적합한 제품이겠군요?" "네. 맞습니다." "그렇다면 타깃은 중상위계층의 고객층과 국내산을 선호하는 학교군, 정부의 지원을 받는 노인층의 복지시설 등이 적합하겠습니다. 그런데 이 제품의 경우 B2C개념의 소량 포장 단위이고 냉동제품이라는 점에서 판로의 한계가 있어 보입니다."

"네. 교수님 정확히 보셨습니다. 그래서 지금 일반 상온제품을 연구소에서 개발하고 있는 중이고 곧 출시가 될 것 같습니다."

"아, 네. 그렇군요 그럼 상온제품이 출시되면 그때 가서 백화점이나 할인점 또는 편의점용으로 냉동 매대가 아닌 상온 매대에 진열해서 판매할 수 있는지 추가검토를 해보기로 하고 우선적으로 제품의 포지셔닝은 국내산 나물을 선호하는 고객층을 대상으로 국내산이라는 안정성 측면을 강조하여 판로를 결정하면 되겠습니다. 또한 선호하는 고객층이 대형 급식업체가 공급하는 학교군, 복지시설 등이 포함되어 있으므로 B2B개념을 접목해서 포장단위를 대용량으로 개발하시는 것도 필요하겠습니다. 관련된 판로를 가진 업체들에 대해서는 제가 소개해드릴 테니 이러한 소구점을 중심으로 상담을 하시면 좋을 듯합니다." "네. 감사합니다. 교수님."

활용 사례를 듣는 청중의 표정에서 활기가 느껴졌다. 아마도 이론적인 내용보다는 실제 구매인들이 경험하는 일상의 얘기일 수 있기 때문일 것이다.

김 교수는 STP전략을 활용한 예시를 설명하면서 상품을 거래하기 위해 구매담당자들을 찾아오는 제조사들도 STP전략을 이해하고 있다면 이렇듯 간단한 지식을 바탕으로도 적합한 고객층과 제품의 포지셔닝을 정할 수 있다는 것을 설명하였다.

상생 Tip

S-T-P전략의 유용성

· 제조사/공급사 역시 S-T-P 전략은 꼭 숙지해야 항 경영이론임.

· 자사의 제품이 어느 고객층에 적합한지 분류하고 그에 맞는 품질과 가격의 포지셔닝을 정하는 것은 결국 구매 담당자에게 필요한 정보임.

· 구매담당과 상호 공유를 통해 판매전략을 협의할 수 있음.

---

3. 숲을 보는 공급시장 분석

구매기업에서 일반적으로 구매전략을 보고할 때는 기본적으로 대내외 환경에 대한 포괄적인 영역을 설명하고 그에 필요한 상세 구매전략의 방향성을 그리는 형태로 보고를 하는 것이 구매전략의 타당성을 밝히는 데 도움이 된다. 공급시장 분석은 크게 산업, 공급사, 경쟁사, 고객의 4가지 분석을 통해 최종적인 구매전략을 도출한다.

즉, 산업분석은 구매품목이 속한 산업과 세부적인 산지정보를 분석하는 일이고 공급사분석은 전략적으로 중요한 공급사에 대한 분석으로 향후 분석된 결과에 따라 효과적인 지원책 또는 협력관계를 유지할 것인지 판단하기 위한 분석이다.

경쟁사 분석은 자사가 추구하는 전략방향을 비교하기에는 경쟁사의 동향은 더없이 중요한 정보가 된다.

또한 다양한 고객의 니즈에 대한 트렌드 변화는 구매가 집중해야 하는 전략 방향을 제시해준다.

결국 이러한 분석들을 종합하여 구체적인 장단기 구매전략의 방향성을 설정할 수 있다. 한편, 이 영역은 구매를 둘러싼 전체적인 대내외 환경분석 차원에서 진행되기 때문에 실무를 담당하는 구매자가 하기에는 다소 어려움이 있다. 때문에 선진 구매기업의 경우 구매기획부서에 이러한 방향성설정에 대한 분석자료를 지속적으로 업데이트하고 실무 구매부서에는 이러한 분석자료를 기초로 실질적인 구매 전략을 수립하여야 '고여 있는 구매가 아닌 역동적으로 움직이는 구매'의 모습을 견지할 수 있다는 것을 다시 한번 강조하였다.

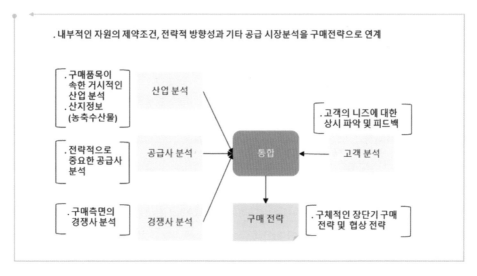

<구매에서의 공급시장 분석>

"앞서 말씀드린 바를 좀 더 설명해드리면 시스템을 갖춘 구매사라 하더라도 시장환경이나 공급시장에 대한 정보를 취합하여 분석하는 데 구매담당자가 너무 많은 시간을 할애하는 것은 큰 부담이 될 수밖에 없습니다. 따라서 구매부서 내 기획파트(사업부라면 기획팀)에서 종합적인 Raw-Data를 취합하여 전문적인 분석 및 실행안을 도출하는 것이 필요합니다.

따라서 효율적인 방법은 기획부서에서 필요한 자료를 수집하되 구매부서에서 분석이 필요한 부분은 기본적인 양식을 배포하여 구매담당자가 그에 맞는 자료를 제출하는 수준으로 기초자료를 만들고 이를 종합적으로 분석하는 작업을 하는 것이 필요합니다.

회사 내에서 구매의 대내외 여건을 분석하여 구매자원과 역량을 효과적인 전략에 투입하는 활동은 구매뿐만 아니라 경영진의 관점에서도 구매부서가 기업 내에서 제대로 된 방향으로 구매전략을 세우고 있음을 입증하는 자료이기 때문에 더욱 중요한 분석이 될 수 있습니다. 세부적인 내용은 다음 표의 예시를 참조해주시기 바랍니다."

분석 분야	분석 항목	항목 설명	담당자	추가
산업 분석	· 시황 · 원부자재 가격동향 · 해외시장 동향	· 과거시황 : 가격, 미래시황 : 시장예측 · 시간차를 둔 해당 SG에 대한 영향 예측 · Global Sourcing 가능성 모색	· 구매기획/Buyer · Buyer · 구매기획/Buyer	· 수시 · 수시 · 지속적으로
산지 정보	· 기후 정보 · 출하 정보	· 농산/수산 : 작황에 영향을 주는 기본적인 기후 정보 · 농산/수산 : 출하 지역 및 시기	· Buyer	· 수시 · 필요시
공급사분석	· 기본 정보 · 신규업체 정보 · 신규상품 정보	· RFI를 통해 수집되는 정보 및 동(同) 수준의 정보 · 경쟁력 있는 신규업체의 RFI수준 정보 · 신기술이나 신상품 동향	· 구매기획 · 구매기획/Buyer · 구매기획/buyer	· 수시 · 수시 · 수시
경쟁사분석	· 경쟁사 정보	· SWOT분석을 기본으로 구매전략 및 구매현황 분석	· 구매기획	· 분기별 1회
고객 분석	· 고객 니즈 · 고객 사양	· 고객 니즈의 변화 동향 · 고객사별로 특이한 유의미산 사양 차이	· 구매기획 · 구매기획	· 분기별 1회 · 분기별 1회
내부 분석	· 전략적 방향성 · 자원적 제약	· 회사의 전략 및 구매전략 방향성 일치 여부 · 인적자원,채무상환, 유통센타 시설,IT시스템 등	· 구매기획 · 구매기획	· 연 1회/수시 · 연 1회/수시

구매기획이 담당해야 할 부분이 대부분으로 구매기획 자원의 확충이 필요하며 상기 분석 Data는 구매 시스템 DB에 축적되어 One Source로 다양하게 활용되어야 함

〈공급시장 분석 실행안〉

나무들이 온갖 가을색을 입고 울긋불긋한 자태를 뽐내는 거리를 지나 강의실로 향하는 김 교수는 올해도 거의 지나가고 있음을 실감할 수 있었다. 그래도 남는 게 있다면 그동안 강의를 시작한 지 6개월째를 맞고 있는데다 강의내용도 중반을 지나가고 있어서 왠지 상급과정으로 가는 단계에 더욱 준비를 많이 해야 하겠다는 생각을 하게 만들었다.

"우리가 배웠던 내용을 정리해보면 구매에 관련된 업무 내용, 그리고 구매 위상을 세우는 방법, 핵심역량 및 사례를 배웠고 이제는 구매를 좀 더 깊이 이해하기 위한 경영이론을 배우고 있습니다. 이러한 경영이론은 앞으로 강의할 전략 소싱의 방법론에 녹아 있는 사상이라고 할 수 있습니다.

오늘은 외부환경분석 모델인 공급시장 분석 Framework 이외에 추가적으로 국내에 잘 알려진 마이클포터의 5force에 대해서 알아보겠습니다. 5force모델은 전략을 수행하기 전에 외부환경을 스캐닝해서 여러분 회사에 어떤 영향을 주고 있는지 모니터링하고 기업의 성과요인을 분석하기 위해 필요한 분석 방법입니다. 이는 앞 강의에서 설명해드렸던 공급시장분석의 결과와 연계해서 활용하시면 더욱 정교한 분석자료가 될 것입니다. 아마도 5Force분석은 여러분에게 상당히 익숙한 모델이라고 생각합니다. 전략자료에 기본적으로 등장하는 Tool이기 때문입니다."

4. 사업이 보이는 5Force 모델

5Force Model의 근간이 된 모델은 SCP모형으로 1930년대 미국 경제학자 모임에서 기업환경과 행동 및 성과사이의 관계를 이해하기 위한 접근법으로 산업 내 경쟁을 저해하는 요인들을 찾아내어 제거하고 산업 내 경쟁을 유도하는 정책을 펼칠 수 있도록 한 성과 모델이다. 그러나 '대체적으로 기업에 대한 정부의 입법정책을 만들기 위해 산업을 분석하는 용도로 개발되었기 때문에 좁은 범위의 위협요인을 분석하기에는 미흡한 점이 있었다. 따라서 산업군 분석에는 적합하나 좁은 의미의 기업분석을 위해서 SCP모형의 한계점을 극복한 것이 마이클 포터 교수의 5Force-model이다.'[36]

"5Force Model은 서두에 말씀드린 배경에서 보듯이 마이클 포터(Michael Porter) 교수가 산업 조직론에서 산업의 독과점 정도를 측정하기 위한 여러 가지 도구를 경영 전략 분야에 도입하여 기업의 입장에서 수익성이 높은 산업을 찾아 전략을 제시, 발전시킨 모델입니다. 따라서 산업환경의 경쟁구조를 다각적으로 분석하여 기업의 경쟁적 위치파악에 도움을 주는 분석 모델이기도 합니다.

물론 구체적 방법론에 대한 한계가 있고 외부 환경 요인 분석에만 집중했다는 단점도 있습니다만 아직까지 모든 기업이 추구하는 산업의 방향성을 도출하는 데 가장 많이 사용하고 있는 분석방법이기에 여러분도 충분히 인지해주시기 바랍니다.

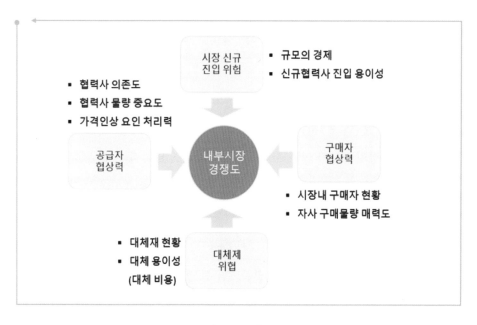

〈5 Force 모델〉

5force 모델은 위 그림처럼 5가지에 대해 분석하여 산업의 매력도를 평가하게 됩니다. 이를 식자재 사업을 하는 경우를 예시로 함께 접목해서 설명해드린다면 다음 내용과 같습니다."

1) 신규 기업의 진입 위험: "어떤 산업군에 있어 신규기업이 진입하기 용이한 산업군인지를 보여주는 분석으로 진입장벽이 용이한 조건이라면 그만큼 경쟁관계가 치열해지기 때문에 매력도가 떨어지는 영역이 됩니다. 식당을 운영하는 사업의 경우 대규모 집하센터를 두고 많은 인력을 투입해야 하는 사업으로 신규기업이 진입하기에는 어려운 난제들이 있다고 볼 수 있습니다."

2) 기존 경쟁자간 경쟁: "만약 시장규모의 성장이 한계가 있다면 성장률이 낮고, 고정비 비중이 높으며, 철수 장벽이 높아 경쟁이 더 치열해지는 산업으로 분석할 수 있습니다. 이를테면 식당을 운영하는 사업을 하는 식자재 기업의 경우가 해당이 될 수 있습니다."

3) 대체재의 위협: "대체재의 가격과 효율이 좋을수록, 교체비용이 없을수록 대체재의 위협이 큰 영역으로 대체제가 존재할 경우 산업의 위협은 가중될 수 있습니다. 이 역시 외식시장의 규모가 커지고 고객의 선택의 폭이 넓어지는 대체제가 확대될수록 식당을 운영하는 사업의 경우 그 위협은 더 커질 수밖에 없습니다."

4) 구매자의 교섭력: "구매량이 크고, 후방통합능력, 즉, 공급사 운영의 폭이 많은 구매자일수록 교섭력이 높습니다. 따라서 대규모 식자재 기업의 경우 규모의 경제 측면에서 구매자의 교섭력이 크다고 말씀드릴 수 있습니다."

5) 공급자의 교섭력: "이 경우는 공급량이 크고, 제품 차별화, 대체품이 없다면 구매자의 교섭력보다 공급자 교섭력이 높은 분석결과가 나오게 됩니다. 이는 구매자의 교섭력과 반대로 공급자의 파워가 크기 때문에 전략적 제휴 등의 방법이 요구됩니다.

예를 들어 위에서는 식당을 운영하는 사업의 경우로 설명해드렸지만 식자재 유통 산업의 경우로 살펴보면,

- 진입장벽이 낮고 특별한 기술이 요구되지 않아 신규 진출 기업의 위협이 높으며,

- 경쟁자간 경쟁도 치열하기 때문에 산업 성장률도 정체되어 있고,

- B2B 온라인몰 또는 배달을 겸한 오프라인 매체 등의 다양한 대체재가 나타나고 있어 산업의 위험도가 높다고 할 수 있으며 대체재 역시 온·오프라인의 상품이

나 가격정보가 많아지고 있어 공급자보다 소비자, 즉 구매자의 니즈가 중요하게 인식되고 있습니다.

    - 이에 따라 공급자 교섭력 측면에도 대형 유통업체의 독과점이 높아지고 있어 신규 공급자의 교섭력이 현저히 낮아지는 현상을 보이고 있습니다.

    이렇게 분석을 해본 결과 식자재 유통산업의 경우 매력도가 낮은 상태로 분석됩니다. 다만 실제로 진입장벽을 높이기 위해 거점 간 물류센터 건립 및 인프라 구축 등의 대규모 투자를 통해 진입장벽을 높이는 측면을 고려하면, 동종기업간의 경쟁이 치열하고 시장성장율이 더디지만 Cash cow역할을 하는 영역이 될 수 있습니다. 또한 이러한 조건들을 극복하기 위해 국내 식자재 유통기업 역시 외식영역을 확장하거나 신사업영역을 개척하기 위해 노력하는 것 역시 한계를 극복하기 위한 자구책이라고 할 수 있을 겁니다. 이와 같이 5force 분석은 구매의 대내외적 시장환경을 종합적으로 분석해보기 위해 가장 많이 사용되는 모델이므로 충분히 숙지해주시기를 바랍니다."

> **상생 Tip**
>
> **제조사/공급사에게 5force란**
>
> · 제조사에게 5force분석은 현 시장상황을 직관적으로 파악하는데 도움을 줌.
>
> · 시장환경은 변화되는 것이므로 현재의 사업영역과 자사제품의 판로에 대한 방향성을 제시함.
>
> · 구매담당과 상담 시 시장 내 자사제품의 포지션 설명이 용이함.

이론을 겸비한 실무형 구매

앞에서도 말씀드렸지만 구매는 새로운 가치창출을 만드는 잠재력이 어느 부서보다도 높다고 할 수 있다. 왜냐하면 구매와 연관되어 있는 가치사슬의 각 주체와의 연결고리 때문이다.

한편, 구매는 기업의 매출과 매출이익에 절대적으로 기여하는 부서이기도 하다. 따라서 구매가 단순히 한 기업이 필요한 상품을 조달하는 기능만으로 국한된다면 참으로 안타까운 일이 아닐 수 없다. 따라서 '구매다운 구매'가 되기 위해서는 구매인 개개인의 역량을 전문화시킬 필요가 있고 그러기 위해서는 이론적 배경까지 고려한 전문적인 육성이 필요하다.

저자는 이러한 구매인을 이론을 겸비한 실무형 구매인이라고 부른다. 이들이 기업에 미치는 영향은 실로 대단하다. 그것은 기업의 경영전략을 이해하고 기업의 수익과 신성장동력의 비즈니스를 지속적으로 수행할 수 있는 조건을 갖춘 역량이 이미 내재되어 있기 때문에 이러한 구매인은 공급 사슬관리의 폭넓은 심미안을 가지고 있다.

저자는 현직에서 구매를 잘한다는 평을 받아봤지만 그것은 단지 지속적으로 새로운 구매방법을 통해 원가절감에 기여한 덕분이었다. 그러나 이 범주를 벗어나서 구매를 바라보는 시각은 구매는 항상 기업의 경영전략 밖에 있는 조직으로 인식되어 왔다. 때문에 좀 더 넓은 곳을 바라보고 기업 내에서 신성장 동력으로 성장하는 구매인이 되기 위해서는 가치사슬을 중심으로 실무에 적용할 수 있는 이론적 배경을 충분히 축적하는 것이 중요하다.

'구매는 상품의 흐름을 들여다보고 SCM안에서 유기적으로 연결되는 주체들의 협업을 통해 신시장 개척의 역량으로 성장할 수 있는 가장 좋은 조건을 갖추고 있다는 것을 명심하라.'

결국 구매가 최고의 경쟁력이다

결국 구매가 최고의 경쟁력이다

잘 나 가 는 1 % C E O 만 아 는 구 매 시 크 릿

제6장

성장
기업의
전략 소싱

지인의 소개로 멀리 강원도에서 각종 과일을 전처리하여 일정량을 용기에 담아 유통하는 최인철 사장이 김 교수의 사무실을 찾아왔다. 국내산 과일뿐만 아니라 수입 과일도 판매하고 있고 현재는 식자재 업체나 학교군에 주로 납품하고 있다고 하였다.

"안녕하세요? 김 교수님 얘기는 많이 들었습니다. 식품유통분야에 오래 계셨다고 전해 들었습니다."

"네. 그렇습니다. 그런데 오신 목적이 취급하시는 전처리 과일의 판로를 찾으신다고 들었습니다만, 어떤 경로의 판로를 생각하고 계시지요?"

"백화점이나 유명 마켓에 팔고 싶은데 저희 제품을 받아줄 수 있을지, 어떻게 해야 할지 모르겠습니다."

김 교수는 이런 만남을 자주 접한다. 식자재 유통분야에 근 30여 년을 근무한 이력도 그중에 가장 큰 이유가 되기도 하지만 꼼꼼한 성격 탓에 업체의 위생시설이나 상품을 홍보할 기획안 등에 대해서도 그냥 보고 지나치지 않고 바로잡아주는 탓도 크다. 김 교수는 과일의 특성부터 마치 미리 준비한 질문지처럼 하나씩 질문을 이어갔다.

"전처리 과일이 고객 클레임이 많은 품목인가요?"

"네. 아무래도 생물이다 보니 이물이 나오기도 하고 상온에 노출되면 선도가 떨어져서 클레임이 발생되기도 합니다."

"시장 내에 취급하는 업체가 많겠군요?"

"아닙니다. 워낙 손이 많이 가는 품목이라서 업체가 많지는 않습니다."

"수입품목도 취급하신다는데 주로 어떤 품목인가요?"

"국내에서 나오지 않는 파인애플, 망고 등이고 장기보관을 위해 냉동과일도 취급하고 있습니다."

"네. 그렇군요. 그럼 냉동과일을 제외하고는 저장성이 오래가지 않은 품목이겠네요."

"네. 맞습니다."

김 교수는 잠시 생각에 잠겼다가 이내 입을 열었다.

"우선 시장에 공급사가 소수라는 것은 가격경쟁보다는 차별화된 품목이므로 판로개척에는 특별한 문제는 없을 듯합니다. 요즘처럼 웰빙 시대에 적합한 특화된 품목이고요. 저장성이 있는 품목은 직접 수입을 하시나요?"

"아닙니다. 품질이 너무 민감해서 수입업체를 통해 구매를 하고 있습니다."

"네. 알겠습니다."

김 교수는 품목의 특성이나 공급시장에 대한 질문을 통해 구매관점에서 어떤 구매방법이 우선인지를 먼저 생각했다. "우선 제가 구매자라면 특화된 품목이고 자사에 부합하는 제품이라고 판단한다면 전략적인 협업관계를 하려고 할 겁니다. 사장님이 갖고 있는 상품의 차별성을 우선적으로 홍보할 수 있는 내용과 이물 또는 품질에 대한 관리 역시 차별화되어 있는 내용으로 상품안을 만들어서 보내주십시오. 내용을 보고 관련된 판로에 대해 소개해드리겠습니다. 그리고 현재 구매하시는 품목들 역시 저장성이 있는 품목과 그렇지 않은 품목에 대해서도 효과적인 구매방법에 대해 추후 찾아뵙고 말씀드리겠습니다."

"아, 네. 감사합니다. 교수님."

최 사장은 모처럼 판로에 대한 답답함이 조금은 해갈되는 듯 처음 들어올 때와 다르게 밝은 웃음을 내보이며 반기는 모습을 보였다. 김 교수는 특화된 품목에 대한 시장의 포지션이 차별화되어 있음에도 적절한 판로를 찾지 못한 것이 못내 안타까웠다. 최 사장을 배웅하고 돌아오면서 가공하는 제품의 특성과 시장환경에 대해 약간의 이론적 지식을 알게 되면 구매기업과의 상담에 있어서도 유리한 조건에서 상담을 주도할 수 있다고 김 교수는 믿고 있다.

구매입장에서 설명하자면 공급사가 소수라는 것은 공급자 교섭력이 크고 이로 인해 구매기업입장에서는 전략적 협업관계를 형성하는 것이 유리하다고 설명할 수 있다. 그런 의미에서 다음 시간에 강의할 전략 소싱 방법론은 실제 구매활동에 있어서 그동안 익힌 이론적 배경과 더불어 실전에서 활용할 수 있는 중요한 항목임을 상기하고 강의안의 내용을 꼼꼼하게 살펴보았다.

"여러분, 이제 제 강의의 막바지에 와 있습니다. 오늘 말씀드릴 전략방식은 구매인들이 가져야 할 아주 기본적인 전략적 사고의 형태를 도식화해서 어떤 품목이 주어지더라도 전략의 방향을 바로 떠올릴 수 있는 '생각의 구조 틀'이라고 표현할 수도 있습니다. 이 방식은 실무적으로 부딪히는 여러 구매 방법 중 가장 쉽게 전략의 방법을 찾아가는 Tree이기 때문에 실제 구매활동을 할 때 상당히 유용하게 활용하실 수 있습니다."

1. 전략이 보이는 Tree가 있다

"예를 들어 여기에 해외에서 수입하는 상품이 있습니다. 이 품목은 자사의 구매경쟁력에 영향도가 큰 품목으로 공급자가 많고 저장이 용이한 품목이라면 우선적으로 머릿속에서 구매 방법에 대해 기본적인 방향이 떠오르시나요?"

질문을 던진 김 교수는 잠시 청중의 반응을 보면서 다음 말을 이어갔다.

"제가 구매컨설팅을 받던 당시 구매이슈는 품질 문제였습니다. 품질을 근본적으로 줄이는 데 상당부분의 역량을 집중해야 할 때였죠. 왜냐하면 품질에 대한 이슈는 결국 회사의 브랜드 이미지를 실추시키고 이 때문에 사업의 위기를 초래하기도 하기 때문입니다. 여기서 말하는 품질은 '항상성(恒常性)'이라고 할 수 있는데 고객이 기대하는 맛의 품질이 상시 균일하다는 것을 의미하며 상품으로서 하자가 예상되는 이물 또는 변질 등이 자주 발생되지 않아야 한다는 것입니다. 지금도 그 사실은 변함이 없기 때문에 오늘 배우는 Logic은 구매방법을 도출하기 전에 품질에 대한 민감도를 우선적으로 고려한 뒤 그에 맞는 구매방법을 추론해 나가는 방식이며 중요한 구매패턴으로 자리 잡게 된 구매전략 Tree입니다.

다음 표에서 보시듯이 기본적인 로직은 품질 클레임 위험성. 즉, 유통상 변질 또는 고객의 상대적 품질기준 요구가 다양한 품목인지를 판단하고 시장 내 공급가능한 공급사 수, 연간구매액, 가격변동성 여부, 저장성 여부, G/S(해외 수입)여부의 질문을 통해 동일한 그룹으로 분류되는 품목군의 경우 동일한 전략을 구사할 수 있으며 이를 설명하는 방법입니다. 앞에 질문해드린 답 역시 이 Tree를 통해 설명할 수 있습니다.

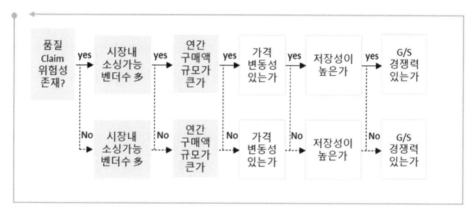

〈전략 Tree 기본 로직〉

"교수님 지금 설명하시고자 하는 것이 '전략 소싱 방법론'인가요?"

김 교수는 질문하시는 분이 항상 맨 앞줄에 앉아 진지한 표정으로 강의에 임하던 여직원 분임을 알았다. 필기노트에는 여러 가지 색깔로 그 중요도를 표시하는 것도 은근 김 교수에게는 열의를 느끼게 하였다.

"지금 강의하는 내용들은 전략 소싱 방법론에 들어가기 전의 워밍업이라고 생각해 주시는 게 좋을 듯합니다. 전략 소싱은 시스템개발과 연계하여 진행되는 내용이지만 말씀드리는 전략 Tree는 현재 조건에서도 바로 실무에 접목할 수 있는 방법입니다. 물론 이 전략 Tree가 전략 소싱 방법론과 전혀 무관한 것은 아닙니다. 앞으로 설명해 드릴 전략 소싱 안에 이러한 전략Tree의 내용들이 다 녹아있기 때문입니다. 조금은 이해하셨나요?"

"네. 알겠습니다." 궁금증이 풀렸는지 밝은 목소리로 대답하였다.

"이를 구체적으로 설명해드리겠습니다. 다음 표에서 보듯이 전략 Tree는 '품질 클레임 위험성이 존재하는가'부터 시작됩니다. 이는 기업의 규모가 커질수록 기업의 이미지를 실추시키는 상품의 하자는 기업의 브랜드 가치에 큰 영향을 주기 때문에 전략 Tree의 첫 번째 출발점이 된다는 것을 숙지해주시기 바랍니다. 예시를 들어 설명해드리겠습니다. 김치류에 대해 어떤 전략이 적합한지 전략 Tree를 따라가보겠습니다."

김 교수는 몇 해 전 수입김치의 제조공정 위해성에 대한 보도가 나오면서 한동안 공급하는 업체에 심각한 타격을 준 바 있었고 이런 품질 위해성 여부에 대해서는 항상 그 위험성이 내포되어 있어 전략방향을 명확하게 하지 않으면 안 된다는 것을 청중에게 설명하였다.

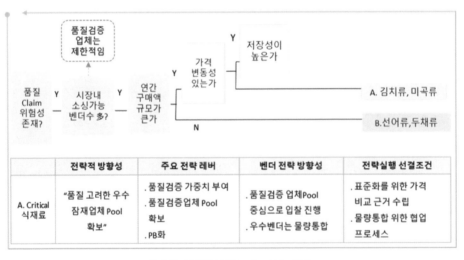

〈A. Critical 식재료 전략 Tree Road-Map예시〉

	전략적 방향성	주요 전략 레버	벤더 전략 방향성	전략실행 선결조건
A. Critical 식재료	"품질 고려한 우수 잠재업체 Pool 확보"	.품질검증 가중치 부여 .품질검증업체 Pool 확보 .PB화	.품질검증 업체Pool 중심으로 입찰 진행 .우수벤더는 물량통합	.표준화를 위한 가격 비교 근거 수립 .물량통합을 위한 협업 프로세스

"따라서 우선 김치류는 표에서 보시듯이,

첫 번째, 전략 Tree의 선택지에서 품질 클레임 위험성이 상존하는 품목으로 보았습니다.

두 번째, 국내 시장 내 공급업체가 다수 존재합니다. 물론 품질에 유의해야 하기 때문에 품질검증을 거친 후에 공급사들 위주로 업체Pool을 구성한다면 공급자수는 제한적이 될 수 있습니다만 우선은 시장상황을 먼저 고려하여 선택합니다.

세 번째, 연간구매액이 크고 가격변동성이 있는 반면 저장성이 높지 않기 때문에 미곡류와 같은 A품목군에 속하게 됩니다. A품목군의 전략방향은 '품질 고려한 우수 잠재업체 Pool확보'이며 이를 위한 주요 전략 레버는 품질검증 가중치를 부여하여 사전 검증된 Pool을 확보한 후 입찰을 진행하는 것이 초기에는 바람직하다고 할 수 있습니다. 또한 이후에는 우수 벤더로 물량을 통합하기 위해 PB화를 진행하거나 원가에 대한 표준화 Tool을 정립하여 협력 관계로 육성하는 것이 바람직합니다. 표에서의 '표준화를 위한 가격비교 근거'란 산지의 원물가격과 부대비용 그리고 제조 시 들어가는 양념 등을 총체적으로 분석하여 가격 결정 Tool로 활용하는 것을 말합니다.

한편 기존 우수업체라 하더라도 품질 클레임 빈도 또는 정기적인 위생심사를 통해 부적합 상황이 발생 시에는 전략Tree의 첫 단계부터 재검토하여 진행하는 것을 원칙으로 삼아야 합니다."

이를 전체적으로 확대하여 전략Tree를 따라 품목군을 분류하면 다음 표와 같습니다. 이 전략 Tree는 식자재 기업을 대상으로 분류하였기 때문에 여러분 기업의 특성에 따라 분류하면 각 영역의 카테고리는 달라질 수는 있으나 해당 영역에 그룹핑된 품목군의 전략방향은 동일하다고 보시면 됩니다. 일반적으로 규모가 큰 식자재 기업의 경우 일반적으로 품목 카테고리를 전략 Tree 로드 Map에 대입하다 보면 A~H까지 8개 품목군으로 집약될 수 있습니다.

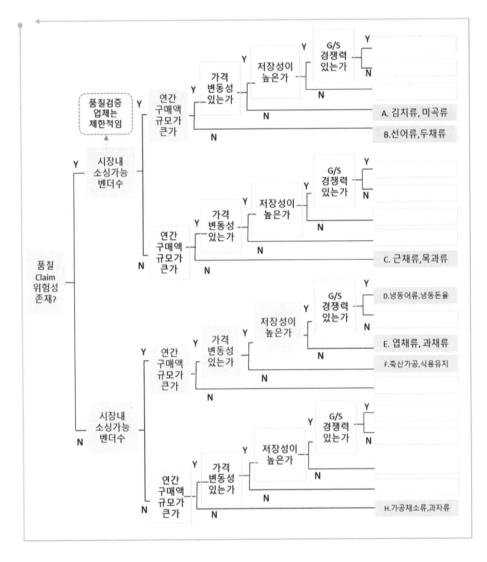

〈총 전략 Tree Road-Map〉

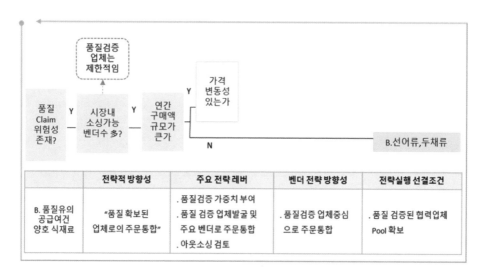

	전략적 방향성	주요 전략 레버	벤더 전략 방향성	전략실행 선결조건

B. 품질유의 공급여건 양호 식재료	"품질 확보된 업체로의 주문통합"	. 품질검증 가중치 부여
		. 품질 검증 업체발굴 및
		  주요 벤더로 주문통합
		. 아웃소싱 검토
			. 품질검증 업체중심
			  으로 주문통합
				. 품질 검증된 협력업체
				  Pool 확보

〈B.품질유의, 공급여건 양호 식재료〉

B. 품질유의 공급여건, 양호식재료

"A영역은 예시로 먼저 설명해드렸고 각 해당영역에 대해 B부터 설명해드리면 이 영역은 고객의 품질민감도가 높으며 시장 내 Vendor수가 많고 구매금액이 크지 않은 식자재로 전략적 방향성은 '품질검증 업체 중심으로 주문통합'이 요구됩니다. 따라서 품질 검증된 협력업체를 발굴하여 주문을 통합하거나 필요하면 해당 카테고리 품목군에 대해 상대적으로 구매 볼륨이 큰 업체에 아웃소싱도 검토해 볼 필요가 있는 영역입니다.

여기서 '주문통합'이라는 것은 유사한 품목군의 상품들을 품질검증업체로 단일화하여 품질의 안전성을 도모하면서 공급사에게는 판매량을 키워 구매기업에 공급하는 것이 매력이 있도록 하는 것을 말합니다.

따라서 동일한 전략을 사용하는 품목군에 대해서는 후반부 전략 소싱에서 별도로 설명해드릴 예정이지만 이러한 품목들을 통합함으로써 품질과 가격 경쟁력을 높이는 전략을 선택해야 한다는 결론을 보여주는 Tree입니다."

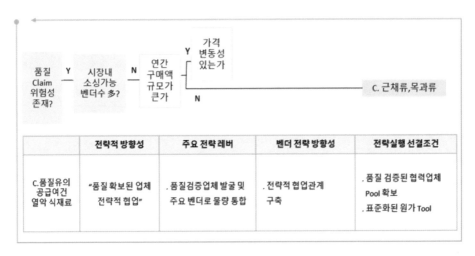

〈C.품질유의, 공급여건 열악 식재료〉

C. 품질유의 공급여건 열악 식재료

"해당 영역의 Tree는 품질민감도가 높고 공급 Vendor 수가 소수인 데다 매출규모 역시 많지 않은 품목군으로 '품질 검증된 업체 Pool을 확보하여 전략적 제휴를 통한 협력체계'로 전략을 세우는 것이 바람직하다는 것을 보여줍니다.

따라서 이런 품목군의 경우는 상시 시장가격을 조사하여 입찰하는 경우에는 참여하는 업체가 작을 뿐만 아니라 큰 매력이 있지 않기 때문에 우수업체들이 참여할 기회를 포기하는 사례가 많습니다. 때문에 가격 경쟁력을 위해 표준화된 원가 Tool을 통해 원가경쟁력을 유지할 수 있도록 하여야 합니다.

이를 위해서는 도매시장 가격 및 협력업체의 비용분석을 통해 최적의 가격 산출표를 표준화하여 공급사로 하여금 거래의 안정성을 보장하는 전략이 요구됩니다. 표준화된 가격 산출표 역시 추가적으로 진입하고자 하는 신규업체가 제시하기 어려운 경쟁력 있는 가격으로 표준화 Tool을 마련해야 하며 이를 위해서는 가격에 대한 진입 장벽을 공급사와 상호 협의하여 구축하는 것이 바람직합니다."

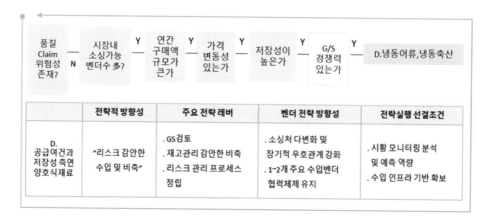

〈D. 공급여건과 저장성 측면 양호 식재료〉

D. 공급여건과 저장성 측면 양호 식재료

"이 영역은 품질민감도가 크지 않고 시장 내 공급할 수 있는 벤더가 많으며 구매금액이 크고 가격변동성이 크므로 다양한 전략이 요구됩니다. 특히 공급 Vendor가 많기 때문에 우수업체 Pool을 많이 확보하여 경쟁관계를 유지하는 것이 필요합니다.

한편, 저장성이 있는 품목이므로 수입 인프라가 갖춰져 있다면 적극 검토하는 것이 전략적으로 원가를 줄일 수 있는 방법이 될 수 있습니다. 그러나 수입을 위해서는 현지 공장실사 및 장기적 우호관계를 통해 가격과 품질 안정성을 확보하는 것이 요구되며 현지 품질검사를 통한 안정성 검증 프로세스도 구축하는 것이 절대적으로 필요합니다.

따라서 해외 우수 공급원 1~2곳을 확보하여 우호적인 관계를 강화하고 협력체제를 유지하는 것이 요구됩니다. 또한 수입에 따른 가격 경쟁력 확보를 위해서도 국내뿐 아니라 해외 현지 시장의 시황 모니터링을 통해 안정적인 예측구매를 시현해야 하며 이를 위한 수입 인프라 기반을 갖추는 것이 무엇보다 필요한 전략 방향입니다."

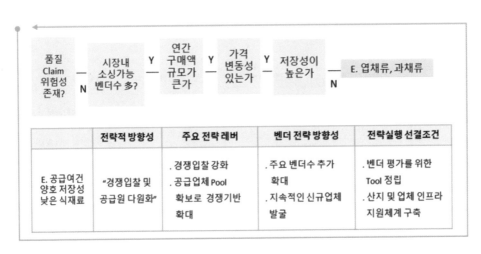

〈E. 공급여건 양호, 저장성 낮은 식재료〉

E. 공급여건 양호, 저장성 낮은 식재료

"이 영역의 식재료는 품질민감도가 낮으면서 시장 내 공급 가능한 벤더수가 많고 연간구매액이 크며 가격변동성이 크고 저장성이 낮은 상품군에 해당하는 영역으로 전략방향은 '경쟁입찰 및 공급원 다원화'입니다.

이 영역은 다수의 공급 가능한 업체 Pool을 확보하는 것이 무엇보다 중요한 사항입니다. 따라서 정기적인 평가를 통해 납기 대응력 또는 산지 인프라 등의 조건 등을 감안하여 주요 벤더 수를 확대하여 경쟁기반을 확대하는 것이 필요합니다.

우수업체의 선정기준은 산지에서부터 고객까지의 일원화된 체계를 보유한 업체를 중심으로 Pool을 확대하는 것이 중요하며 이때 산지 인프라 구축 등의 지원을 통해 차별화된 조건을 갖추게 되면 전략적 협업관계로 발전할 수 있습니다."

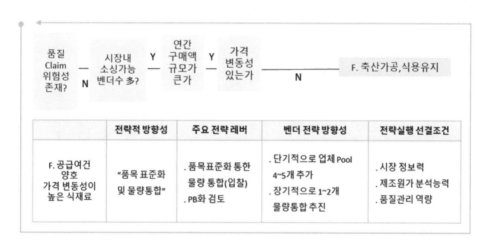

<F. 공급여건 양호, 가격 변동성이 적은 식재료>

F. 공급여건 양호, 가격 변동성이 적은 식재료

"일반적으로 이 영역에 해당하는 식재료는 가공품에 해당되는 경우가 많습니다. 따라서 품질민감도가 낮고 시장 내 공급가능 벤더 수는 많으며 연간 구매액이 큰 반면 가격변동성이 낮은 경우 우선적으로 해야 할 일은 '품목을 표준화'하여야 합니다. 여기서 표준화란 예를 들어 동일한 품목임에도 하나는 '대두유'로 표기되어 사용되고 또 하나는 '식용유'로 표기되어 사용된다면 물량을 집계할 때 어느 한 품목의 실적이 누락될 가능성이 있어 허수가 생길 수 있습니다. 표준화가 완료되면 유사품목 간 경쟁입찰을 통해 물량을 통합하는 형태로 진행하는 것이 규모의 경제 측면에서 원가를 낮출 수 있게 됩니다. 주지해야 할 것은 유사제품이라 하더라도 주원료에 대한 규격(Spec)을 규정하는 것이 품질차이를 줄일 수 있습니다. 예를 들어 소시지라는 품목을 입찰에 붙인다면 '돈육 함량 50%' 등과 같이 시장에서 품질의 차이를 보이지 않는 일정한 비율이상의 주원료 함량을 전제로 입찰하는 것이 바람직합니다. 이를 위해서는 제조원가에 대한 개략적인 분석능력을 갖추고 품질에 대한 관리 역량을 가지는 것이 중요한 관리능력이라고 할 수 있습니다."

	전략적 방향성	주요 전략 레버	벤더 전략 방향성	전략실행 선결조건
G. 공급여건 양호 기타 식재료	"아웃소싱 통한 주문통합"	·공개입찰 강화 ·동일벤더 주문통합 ·아웃소싱 검토	·주문통합 가능한 소수업체 관리 강화 ·아웃소싱 업체 발굴 및 관리	·시장 정보력 ·제조원가 분석능력

〈G. 공급여건 양호, 기타 식재료〉

G. 공급여건 양호, 기타 식재료

"품질민감도가 낮고 시장 내 공급가능 벤더수가 많으면서 연간 구매액이 작은 식재료의 경우에는 '아웃소싱을 통한 주문통합'이 관리비를 줄일 수 있습니다. 상대적으로 해당 제품을 많이 구매하는 전문업체라면 규모의 경제 측면에서 원가 경쟁력도 유지할 수 있기 때문입니다. 만약 아웃소싱 검토전이라면 우선적으로 공개입찰을 통해 동일 또는 소수 벤더에 주문을 통합하는 방식이 효과적입니다. 이를 위해서는 충분한 시장 정보력이 토대로 거래 가능업체를 확보하는 것이 필요합니다. 더불어 추후 아웃소싱을 하더라도 적정한 가격산출을 위해서는 제조원가 분석능력 역시 중요합니다. 아웃소싱을 주는 업체는 해당 품목군에 대해 충분한 공급능력을 갖추고 있어야 하며 시장 내에서 규모의 경제를 이룬 업체여야 구매경쟁력을 통한 원가절감이 가능하게 된다는 점도 꼭 명심하시기 바랍니다."

	전략적 방향성	주요 전략 레버	벤더 전략 방향성	전략실행 선결조건
H. 공급시장의 집중도가 높은 식재료	"동일벤더 주문통합"	· 다품목 소량 공급사 Pool 확보 · 아웃소싱 검토	· 우수 아웃소싱 업체 발굴 · 장기적/우호적 관계 유지	· 관계강화를 통한 공급사 전담관리 소통 강화

〈H. 공급시장의 집중도가 높은 식재료〉

H. 공급시장의 집중도가 높은 식재료

"이 영역의 식재료는 브랜드 네이밍을 가진 상품들로 다품목 소량 다빈도 배송품목의 경우가 해당됩니다. Tree를 보면 품질민감도가 낮고 시장 내 공급 가능 벤더수가 소수이며 연간 구매금액이 크지 않는 품목군이므로 기업의 특성에 따라 사용량의 차이는 있겠지만 아웃소싱을 적극적으로 검토해볼 필요가 있습니다. 아웃소싱 전이라면 다품목 소량 배송이 가능한 업체를 발굴하여 전략적 협업관계를 강화하는 것이 요구됩니다. 이런 유형의 품목의 경우는 실질적으로 구매담당자가 해당업무를 맡는 경우 구매액은 많지 않지만 투입되는 시간은 다른 품목과 대비해 지나치게 많기 때문에 다품목 소량품목을 전문적으로 공급해주는 업체에 아웃소싱을 하고 상품구성 등 전반적인 관리업무를 위임하여 진행하는 것이 바람직합니다.

물론 앞서 말씀드린 'G.공급여건 양호, 기타 식재료'와 같이 아웃소싱을 한다면 공급사는 전담 관리자를 두고 충분한 소통이 오갈 수 있는 채널을 구축하고 전문업체와 시스템을 통해 고객의 요구사항이나 기타 긴급한 클레임 처리를 신속하게 조치할 수 있는 역량이 무엇보다 중요한 사항입니다."

김 교수는 전략 Tree의 내용을 강의하면서 결과적으로 이 전략 Tree에 숨겨져 있는 경영이론에 대해 설명을 덧붙였다.

"여러분이 그동안 배웠던 경영이론들은 이러한 구매전략 내용 안에 보이지 않게 숨겨져 있습니다. 예를 들어 마이클포터의 5Force 모델에 근거하여 공급자가 많다는 것은 그만큼 시장진입이 용이한 반면 구매자에게는 선택의 여지가 많기 때문에 구매자 파워가 큰 영역이라고 추정할 수 있습니다. 한편, VRIO 역량분석으로 얻어진 결과를 반영할 때 구매금액이 작고 효과가 미미한 카테고리는 역량 밖에 있는 내용으로 과감하게 아웃소싱을 검토해볼 수도 있기 때문입니다.

따라서 이러한 '생각의 구조 틀'은 구매 담당자뿐만 아니라 중간 관리자 내지는 경영진에게도 효과적으로 전달할 수 있도록 결제경로상에 표현되는 것이 바람직한 방법입니다. 예를 들어 어떤 품목군을 구매하고자 할 때 담당자는 기안을 작성하게 됩니다. 또한 이 기안을 승인하는 관리자 역시 해당 건이 어떤 유형의 전략을 실행하고자 한 것인지가 표현되어 있으면 방향성에 대한 공감을 할 수 있고 세세한 진행사항을 점검하는 데 유용하게 활용될 수가 있습니다."

2. 실무에서 공유하는 전략 Tree 활용 사례

  김 교수는 현직에 있을 때 이러한 내용들에 대해 모든 구매 담당자가 가격을 결정하는 기안서에 다음과 같이 표기하도록 하여 한눈에 전략방향을 결재권자가 이해하도록 했었다. 결국, 구매부서가 기업 내에서 단순히 원하는 상품을 조달하는 기술자'의 역할이 아닌 전략의 방향이 일관성 있게 진행하고 이를 설명할 수 있도록 개개인의 역량 내에 있는 '암묵지'를 '형식지'로 전환하는 작업이 필요하다는 것이다.

  이러한 활동은 구매기업의 핵심역량이 프로세스에 의해 정착되어야 하고 궁극적으로는 전체적인 조합에 의해 형성된다는 것을 강의를 듣는 구매인들이 충분히 숙지하도록 강조하였다.

[구매 전략 POINT]

○ 유형 분석 : E형(공급여건 양호, 저장성 낮은 식재료)

품질 Critical 작음	벤더수 많음	구매금액 큼	가격변동 있음	저장성 없음

○ 유형 분석 : E형(공급여건 양호, 저장성 낮은 식재료)

	전략 방향성	전략 레버	최적 벤더수
내 용	• 경쟁입찰 • 공급원 다원화	• 경쟁입찰 강화 • 공급원 다원화	• 4~5개

○ 유형 분석 : E형(공급여건 양호, 저장성 낮은 식재료)

	선택 레버	업체 확보수	전략접근 방법
내 용	• 경쟁입찰 • 공급원 다원화	• 기존 3개 → 5개	• 잠재업체 Pool추가 개발하여 경쟁입찰 유도하였음 • 전국단위 가격 통합 추진 하였음

〈가격결정 기안 작성 시 추가 항목〉

3. 제대로 배우는 전략 소싱, 지금 시작합니다

"위에서 설명해드린 전략 Tree의 구매방법 도출이 굉장히 쉽고 용이하다는 것을 알게 되셨을 겁니다. 지금부터는 '전략 소싱', 즉 전략적으로 품목을 구매하는 방법론에 대해 설명해드리려고 합니다."

아마도 구매에 대한 체계적인 방법론이 본격적으로 제기되었던 시점이 2000년 초반이라고 김 교수는 알고 있다. 그 당시 많은 컨설팅업체들이 저마다 이에 대해 대안을 제시하였고 시스템화하면서 구매 방법에 대한 전략적인 프로세스가 정립되어 왔다. 그러나 실무경험이 부족한 컨설팅 관계자들은 개인역량에 의존했던 구매담당자들의 인터뷰를 통해 전략을 구상하고 구매 MD 각자의 요구사항을 충분히 반영한다는 측면에서 제시된 전략들은 내용면에서는 다소 어려웠고 실행하는 주체가 구매담당자에게 집중됨에 따라 구매MD에게는 부가적인 업무로 치부되어 제대로 수행되기는 어려운 요건들을 지니고 있었다. 그러나 '전략 소싱' 프로세스가 주는 의의는 모든 구매활동이 투명하게 시스템으로 관리되고 이에 대한 과정 및 결과에 대한 피드백을 공유함으로써 '시행착오의 우'를 줄이고 최적의 구매방법론을 도출함으로써 기업 내 수익을 증가시키는 결과로 인정받을 수 있었다는 점일 것이다.

김 교수는 구매 현직에 오랫동안 근무했던 탓에 국내 컨설팅업계의 웬만한 컨설팅은 모두 참여하게 되었고 이 때문에 유사한 내용들로 집약되는 전략 소싱 방법론에 대해 비교 분석하여 좀 더 쉽게 접근할 수 있는 체계를 정립할 수 있었다. 그리고 이러한 전략 소싱이 제대로 운용되기 위해서는 구매 내부적으로 조직적인 체계가 반드시 필요하다는 것을 직감하게 되었다.

따라서 강의를 준비하면서 전략 소싱을 이해하기 위해 필요한 전략 방법들을 프로세스에 근거하여 순서대로 정의하여 설명하려고 한다. 또한 구매부서에서 직접 작성하거나 실행하여야 하는 영역에 대해서는 실무경험을 바탕으로 불필요한 요소를 배제하고 최대한 압축한 실행방안을 제시하는 것과 이러한 전략 소싱을 실행하기 위해 구매 내부 조직 구조와 각각의 역할에 대해서도 충분한 설명이 필요하다고 생각했다.

S/G 그룹 정의

"국내 구매관련, 크고 작은 컨설팅 회사들은 10여 년 전만해도 미개척지인 구매전략에 대해 여러 가지 방법을 함께 논의하고 모색해왔습니다. 아마도 제 생각엔 2000년도 무렵 인터넷을 통한 비딩(입찰)시스템이 확대되고 이에 따라 원가절감이 눈에 드러날 정도로 두드러지면서 기업의 경영진들이 원가에 대한 관심이 고조되었고 좀 더 저렴하고 품질 좋은 상품을 구매하기 위해 각종 업무컨설팅을 진행하면서 본격화되었다고 생각됩니다. 그러나 이러한 양상은 현실적으로 '구매'라는 기능이 단순하게 싸게 사는 것으로 인식되었던 시기였던 터라 '구매가 무슨 시스템이 필요해. 그냥 싸게 사면 되지.' 식의 경영진들의 생각을 변화시키는 데는 다소 한계가 있었고 당시만 해도 조달에 국한하여 독립적으로 존재하려고 했던 구매부서의 역할이 상존하다 보니 시스템을 갖추고 프로세스로 운영되는 구매로 성장하기에는 한계가 있었고 이로 인해 많은 구매 관련 컨설팅 기업 역시 통폐합되는 결과를 맞게 되었습니다.

구매에 대한 전략을 설명할 때는 구매시스템은 필수적으로 기업들이 수용해야 하는 항목이었습니다. 저는 국내에 있는 유수의 구매 컨설팅업체들의 컨설팅을 접하면서 조금씩 더 구체화된 전략 방법론도 정리되었지만 많은 컨설팅기업들의 구매전략 방식은 동일한 범주 내에서 유사한 패턴의 전략으로 획일화되어지는 것을 인지하게 되었습니다.

때문에 본 강의를 통해서 '전략 소싱'에 대해 불필요한 요소는 제거하고 실무 중심의 프로세스로 설명을 하고자 합니다. 처음에는 다소 복잡해 보이지만 강의를 통해서 이해를 더하시게 되면 구매를 하는 데 만능열쇠를 쥐고 있는 느낌으로 어떠한 상황에서도 구매전략방향을 쉽게 수립하고 실행해 나갈 수 있는 능력과 자신감이 생길 거라 생각됩니다.

먼저 품목군별 전략체계를 수립하기 위해서는 S/G별 차별화전략을 수행해야 합니다. 여기서 S/G(Sourcing-Group,소싱 그룹)이란 일반적으로 우리가 상품을 해외 또는 국내에서 구매한다는 측면에서 소싱. 즉, 조달하는 '품목군'을 분류하는 단위라고 생각하시면 됩니다. 따라서 S/G이란 앞에서 설명해드린 '품목군'과 동일한 것이나 여기에 동일한 품목특성, 동일한 공급시장, 동일한 소싱 전략 이 3가지를 고려하여 그룹을 만드는 것을 말하는 것으로 앞으로 이러한 품목군을 'S/G'으로 일괄 정의하기로 하겠습니다.

S/G을 분류하는 목적은 공급시장에 최적화된 구매전략을 사용함으로써 QCD관점의 구매가치를 극대화시킬 수 있기 때문입니다. 따라서 기존품목체계가 단순하게 시장에서 통용되는 품목 분류 단위였다면 S/G은 동일한 전략을 구사할 수 있는 공급시장 및 전략을 수행하기 위해 재편한 품목 그룹이며 구매품목의 특성 및 최적의 시

장여건을 반영한 분류체계라고 말할 수 있습니다. 결국 모든 구매업무를 수행하는데 기본단위. 즉, 구매전략 수립, 입찰 및 견적수행, 실행분석에 이르는 모든 구매단위의 관리지표로 활용된다는 것을 숙지해주시기 바랍니다."

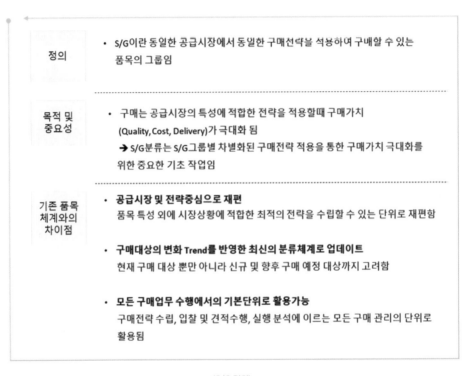

정의	• S/G이란 동일한 공급시장에서 동일한 구매선략을 석용하여 구매알 수 있는 품목의 그룹임
목적 및 중요성	• 구매는 공급시장의 특성에 적합한 전략을 적용할때 구매가치 (Quality, Cost, Delivery)가 극대화 됨 → S/G분류는 S/G그룹별 차별화된 구매전략 적용을 통한 구매가치 극대화를 위한 중요한 기초 작업임
기존 품목 체계와의 차이점	• **공급시장 및 전략중심으로 재편** 품목 특성 외에 시장상황에 적합한 최적의 전략을 수립할 수 있는 단위로 재편함 • **구매대상의 변화 Trend를 반영한 최신의 분류체계로 업데이트** 현재 구매 대상 뿐만 아니라 신규 및 향후 구매 예정 대상까지 고려함 • **모든 구매업무 수행에서의 기본단위로 활용가능** 구매전략 수립, 입찰 및 견적수행, 실행 분석에 이르는 모든 구매 관리의 단위로 활용됨

〈S/G 정의〉

S/G 그룹 분류 원칙

"S/G을 분류할 때는 앞서 말씀드린 바처럼 크게 3가지 원칙을 이해하면 쉽게 그룹을 만들 수 있습니다.

그 첫째는, 품목특성의 유사성입니다. 다시 말하면 유사한 사용, 용도, 유사한 기능을 가지고 있어야 합니다. 예를 들어 전자제품 하나를 만들더라도 나사나 볼트가 유기적으로 결합된 것이라면 유사한 품목의 특성을 지녔다고 볼 수 있겠죠. 우리가 늘 먹는 김치를 예시로 든다면 김치에는 포기김치, 백김치, 열무김치, 깍두기 등은 유사한 특성을 가지고 있습니다.

둘째는, 공급시장 유사성의 원칙입니다. 즉, 구매 담당자가 협력사 선정 시 협력사들을 같은 경쟁 Pool에 놓고 고민하는 대상이 해당된다고 할 수 있습니다. 예를 들어 위에서 설명했듯이 나사와 볼트를 함께 제조하는 공급자가 시장에 다수 존재한다면 공급자 시장도 유사하다고 볼 수 있으나 만약 나사와 볼트를 유통하는 공급자가 서로 다르다고 한다면 S/G은 나사와 볼트를 별개로 나눠야 합니다. 즉, 김치업체가 다양한 김치류를 제조하는 것이 국내 유통 환경이므로 동일한 공급자를 가지고 있다고 보는 것과 같습니다.

셋째는, 동일 전략군의 원칙입니다. 즉, 여러 개의 품목이 동일한 전략을 구현할 수 있어야 합니다. 구매자의 회사에 꼭 필요한 나사를 제조할 수 있는 업체가 소수이며 구매량이 많은 반면, 볼트의 경우 동일 Spec을 제조하는 공급자가 다수이면서 구매량도 많지 않다면 이 역시 동일전략을 세우기가 어려우므로 S/G을 분리해야 합니다. 식품으로 예시를 든다면 수입 소고기의 경우 수입에 의존하기 때문에 동일한 전략을 사용해야 한다는 정도는 모두 인정하실 겁니다. 김치 역시 동일한 전략이 가능한 품목입니다.

이렇듯 S/G을 분류할 때는 이 3가지가 모두 충족되어야 하나의 S/G을 만들 수 있다는 점을 유념해야 합니다. 이러한 S/G그룹을 분류하지 않는다면 대부분 단품별로 그때그때 상황에 맞춰 가격을 Nego하게 됩니다. 그 결과 구매품목의 가격 계약기간이 서로 제 각각이고 물량을 통합하지 않고 단품의 수량에 국한함으로써 규모의 경제를 이루지 못하는 경우가 많을 뿐만 아니라 많은 시간을 소모해야 하는 비효율성이 드러나게 되는 이유가 됩니다.

구매 실무자가 자신이 취급하는 품목에 대해 일차적으로 이렇게 S/G단위로 그룹핑을 해두면 기존 품목체계와 분명한 차이점을 바로 인지할 수 있을 것입니다. 즉, 분류된 S/G이 시장상황에 적합한 공급시장 및 전략중심으로 재편되어 있다는 점과 구매대상이 내·외부변화를 반영한 것이므로 S/G단위로 가장 최적의 전략을 수립할 수 있다는 점이죠. 때문에 S/G은 전략, 입찰, 견적접수 등 모든 구매업무를 수행하는 데 기본단위로 활용할 수 있다는 것을 실감할 수 있게 되리라 생각합니다."

S/G의 특성		S/G 설계 원칙	
1	S/G내 품목들은 품목의 특성상 같은 성질 (용도/기능)의 것이어야 함	1	품목특성상의 유사성의 원칙
2	S/G내 협력사들은 동일시장에서 경쟁하는 업체들이어야 함	2	공급시장 유사성의 원칙
3	S/G내 모든 품목은 동일한 구매전략을 적용할 수 있어야 함	3	동일 전략군의 원칙

〈S/G 특성과 설계원칙〉

4. 나만 아는 전략 소싱 분석 Tool

"자, 이렇게 S/G이 만들어졌다면 그 S/G단위로 공급시장내 공급자수가 많은지 여부 등의 '공급시장 복잡성'(공급시장이 복잡할수록 공급자가 많다는 의미)과 해당 기업이 사업을 영위하기 위해 해당 S/G이 구매금액 비중이 높고 사업에 있어서 절대적으로 필요한 품목인지 아닌지를 구분해야 하는 '비즈니스 중요도', 이 2가지를 상관관계로 도식화하여 설명한 것이 '전략적 중요도(SI: Strategic Importance)'입니다. 예시를 든다면 고급레스토랑에서 식사 후 디저트음료를 제공하는데 이 식재료가 판매량도 많고 사업을 영위하는 한 고객에게 제공해야 하는 필수 식자재이며 시장 내 이러한 디저트음료를 제조 유통하는 공급사가 소수인 경우 비즈니스 중요도는 높은 반면 공급자는 소수인 영역으로 '전략적 중요도가 높은 품목군'이라고 할 수 있으며 다음의 표를 통해 설명해드리겠습니다.

따라서 SI분석의 목적은 우리가 앞에서 배운 전략Tree의 내용처럼 시장 내 공급자 수나 매출 규모에 따라 '구매를 하는 데 전략적으로 중요한 S/G인지를 구분하고 그에 맞는 전략을 선택하기 위함'이라고 정의할 수 있습니다."

전략 중요도(SI: Strategic Importance) 분석

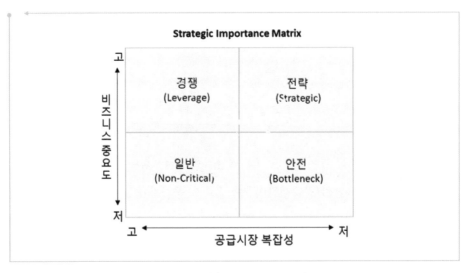

⟨전략적 중요도(S/I: Strategic Importance)⟩

"일반적으로 전략군 중요도 매트릭스의 각 영역은,

1) 경쟁(Leverage): 상대적으로 구매금액과 사업중요도가 높고 공급자가 다수 시장 내 존재하여 경쟁구도가 요구되는 구간

2) 전략(Strategic): 구매금액이 높고 사업측면에서도 필수 식자재이면서 시장 내 공급자가 소수 존재하는 구간으로 전략적 협업이 요구되는 구간

3) 일반(Non-Critical): 구매금액이 크지 않고 사업영위를 위한 필수적인 식자재가 아니지만 공급자가 많고 복잡하여 물량통합 등을 통해 공급사의 참여유도가 요구되는 구간으로 구매업무가 자동화되거나 효율적으로 운영되도록 전략을 세우는 것이 필요한 구간

4) 안전(Bottleneck): 구매금액이 낮고 사업을 영위하는 데 필수적인 식자재가 아니면서 공급자가 소수 존재하는 구간으로 이 역시 우수업체로의 물량통합 또는 아웃소싱 등이 검토되는 구간이며 수급 Risk 관리가 필요한 구간으로 물량통합을 통해 공급사의 참여도를 높이는 전략이 필요한 구간임.

이와 같이 SI분석의 분석항목을 각각의 S/G별로 정량적 데이터로 도출하면 4분면의 전략적 포지션이 다음 표의 예시처럼 4분면에 배치하게 되며 각각의 특징은 다음 표와 같습니다. 한편 SI분석의 매트릭스에 매핑하기 위해서는 두 축의 구성요소에 대한 평가항목을 작성하여 평가항목에 점수를 부여하는 방식으로 객관적인 Data가 생성될 수 있도록 해야 합니다."

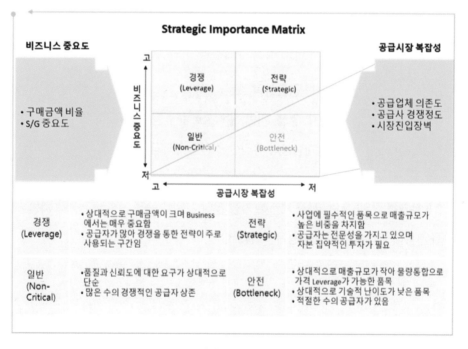

〈S/I 영역별 특징〉

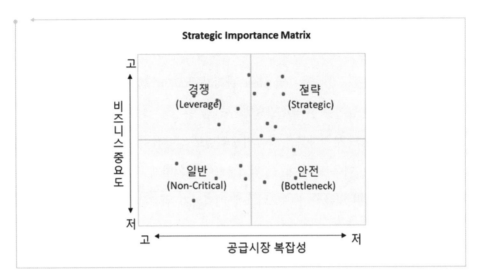

상생 Tip

전략적 관계 형성이 가능한 공급사의 조건

협력사의 유형분류는 전략, 경쟁, 일반, 안전으로 분류됨.

· 구매기업과 전략적 관계형성이 유리한 조건은 구매금액이 크고 공급자가 소수인 '전략' 유형임.

* 판로개척을 위해서는 자사 제품이 가장 많이 사용될 곳을 선정하고 상품 차별화를 통해 공급시장 내 희소성 구축 필요함.

관계매력도 RA(Relationship Attractiveness) 분석

"한편, SI분석이 끝나면 S/G별 시장특성 파악을 통해 협력사에게 더 매력이 있는 거래인지 구매사에 더 매력이 있는지를 측정하는 RA분석이 필요합니다. 이 분석의 목적은 궁극적으로 협상을 하는 데 어떤 접근이 필요한지를 단적으로 알려주는 분석이라고 할 수 있습니다. 다시 말하면 4분면 매트릭스에서 Y축의 '공급사 매력도 영역'은 S/G시장 내 협력사의 경쟁정도 또는 공급시장 규모, 시장진입 여건에 따라 공급사의 매력도가 변화되는 영역으로,

1) 공급사 매력도 높음: 이 영역은 품목 차별화 또는 공급사가 한정되어 있는 경우이므로 상대적으로 공급사 협상력이 우위에 있다고 할 수 있으며

2) 상호 매력도가 높음: 이 영역에서는 구매기업 입장에서도 전략적으로 중요한 공급사로 공동이익을 위해 전략적인 관계 형성이 중요하다고 볼 수 있는 구간입니다.

3) 상호 매력도가 낮은 영역: 구매금액이 크지 않은 영역으로 물량 통합 등을 통해 '구매기업 매력도 높음' 또는 '상호매력도 높음'영역으로 전환하는 전략이 중요합니다.

4) 구매기업 매력도 높은 영역: S/G내에서 구매기업의 영향력에 따라 평가되는 영역으로 구매 매력도가 크다는 것은 구매기업의 구매금액이 크고 공급시장 내 벤더가 많은 영역으로 협력사보다 상대적으로 협상력이 우위를 점하고 있는 영역입니다.

따라서 이러한 관계를 기준으로 정량적인 평가를 통해 각각의 S/G의 포지션이 매트릭스에 표시될 수 있도록 하여야 정확한 전략방향이 설정될 수 있습니다. 이 표를 보시면 우리가 앞서 경영이론에서 배운 5force 분석이 생각 나시리라 생각됩니다. 결국 경영이론이 전략 소싱에 접목됨을 보여준다고 할 수 있습니다.

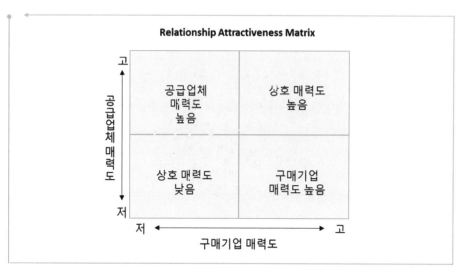

Relationship Attractiveness Matrix

공급업체 매력도 높음	상호 매력도 높음
상호 매력도 낮음	구매기업 매력도 높음

(세로축: 공급업체 매력도, 고↕저)
(가로축: 구매기업 매력도, 저↔고)

〈관계매력도(RA: Relationship Attractiveness)〉

따라서 관계 매력도(RA: Relationship Attractiveness)분석은 공급자와 구매기업 간 매력이 있는 상품군을 분류함으로써 효과적인 협상전략을 수립하기 위한 분석 Tool입니다. SI와 RA분석이 끝나면 각 S/G별 전략적 중요도와 관계 매력도 분석 결과를 조합하여 전략을 수행하는 전략군이 만들어집니다. 향후 만들어진 전략군의 특성을 기반으로 적합한 전략 Guide를 통해 구매업무를 수행하게 됩니다. 이 부분은 뒷부분에서 바로 설명해드리겠습니다. RA분석 역시 다음 표의 두 축을 측정하는 항목들에 대해 동일한 S/G을 취급하는 공급사별로 배점을 부여하여 매트릭스 내에 Mapping하시면 분류 작업은 완료가 됩니다. 각 영역에 대한 특징에 대해서는 어려운 내용이 아니기 때문에 이번에 충분히 숙지해두고 계시면 각 영역에 해당하는 S/G의 공급사가 Mapping이 되면 어떤 협상이 필요한지를 바로 인지하실 수 있는 능력이 생기실 겁니다."

들고 보면 당연한 논리임에도 '왜 그 업체는 전략관계로 가야 돼?'라고 물으면 답을 할 수 없었던 때가 불현듯 김 교수의 기억 속에서 스쳐 지나갔다.

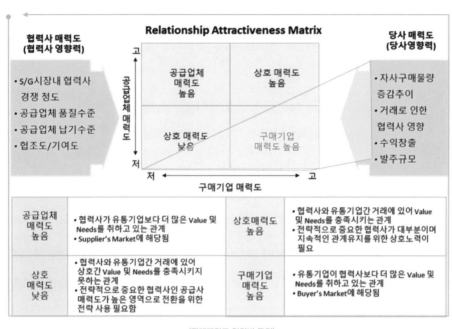

협력사 매력도 (협력사 영향력)	Relationship Attractiveness Matrix	당사 매력도 (당사영향력)

협력사 매력도 (협력사 영향력)
- S/G시장내 협력사 경쟁 정도
- 공급업체 품질수준
- 공급업체 납기수준
- 협조도/기여도

당사 매력도 (당사영향력)
- 자사구매물량 증감추이
- 거래로 인한 협력사 영향
- 수익창출
- 발주규모

공급업체 매력도 높음	• 협력사가 유통기업보다 더 많은 Value 및 Needs를 취하고 있는 관계 • Supplier's Market에 해당됨	상호매력도 높음	• 협력사와 유통기업간 거래에 있어 Value 및 Needs를 충족시키는 관계 • 전략적으로 중요한 협력사가 대부분이며 지속적인 관계유지를 위한 상호노력이 필요
상호 매력도 낮음	• 협력사와 유통기업간 거래에 있어 상호간 Value 및 Needs를 충족시키지 못하는 관계 • 전략적으로 중요한 협력사인 공급사 매력도가 높은 영역으로 전환을 위한 전략 사용 필요함	구매기업 매력도 높음	• 유통기업이 협력사보다 더 많은 Value 및 Needs를 취하고 있는 관계 • Buyer's Market에 해당됨

〈관계매력도 영역별 특징〉

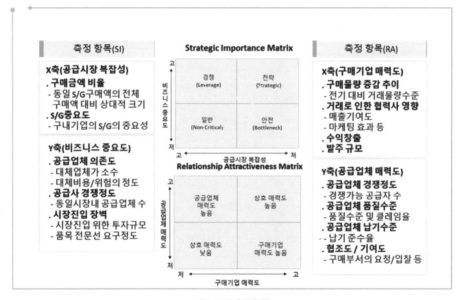

〈SI, RA의 측정 항목〉

전략군 정의 도출

"다음으로는 이 2가지 전략적 중요도(SI)와 관계매력도(RA)에 S/G그룹을 매칭시켜서 전략군의 정의(SRS)를 도출합니다.

'전략군 정의(SRS)'란 해당 소싱 그룹의 협력사 관계유형을 밝혀 협력사의 운영 효율을 높이는 것을 말합니다. 다시 말하면 전략 소싱의 목적은 이러한 분석을 통해 S/G을 취급하는 협력사 유형을 분류하여 S/G과 협력사 관리를 위한 전략을 재편하는 것이라고 말할 수 있습니다.

전략군의 유형은 매트릭스상에서 총 16개 유형으로 분류되며 각각의 영역에 대한 세부 전략을 규정하여 구매담당자가 해당 S/G을 취급하는 협력업체에 대해 최적화된 운영효율을 추구하는 것이 궁극적인 지향점입니다. 좀 더 구체적인 내용을 설명해드리겠습니다."

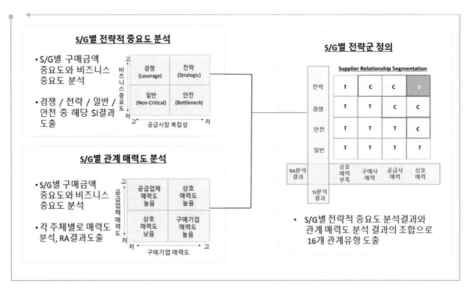

〈S/G별 전략군 정의 도출〉

1) SRS 정의 및 유형

"앞에서 설명해드린 바처럼 SI분석과 RA분석 결과를 종합한 전략군 정의를 통한 세분화 유형(SRS: Supplier relationship Segmentation)이 도출되면 분석결과에 따라 협력사별 관계 재설정 및 이에 따른 전략수립이 가능하게 됩니다. 즉, 협력사 세분화 유형(SRS)은 SI결과와 RA결과를 토대로 협력사의 거래 유형을 결정하는 TOOL로 Y축의 SI분석결과에 따라 S/G그룹 및 이를 취급하는 공급사 유형이 전략, 경쟁, 안전, 일반으로 분류되며 X축의 RA 분석결과에 따라 상호매력 부족, 구매사매력, 공급사매력, 상호매력으로 구분하게 됩니다.

이에 따라 각각의 매트릭스에 분류된 영역은 다음 표와 같이 분류되는데 S: 전략적(Strategic)파트너, 즉 장기적 신뢰관계를 통한 전략적 파트너와 C: 협업(Collaborative)관계, 즉 경쟁적 협력관계가 상존하는 파트너, 그리고 T: 거래중심(Transactional) 관계, 즉 규모가 크지 않아 공급사 매력도가 낮은 관계의 파트너로 나뉘게 됩니다. 표에서 보듯이 S그룹은 전략적이며 공급사와 구매기업 모두 상호 매력적인 관계를 나타내고 있고 C그룹은 RA분석에서 다소 매력도의 주체가 상호 혼재되어 있는 영역, 그리고 T그룹은 전반적으로 좌편향을 중심으로 분포되어 있습니다."

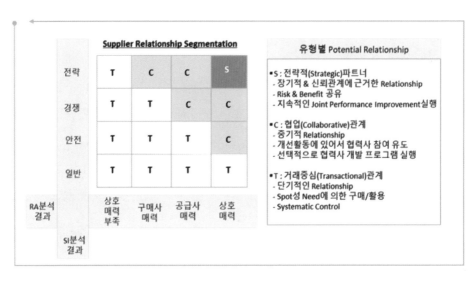

<SRS(Supplier relationship Segmentation) 유형>

조금 더 상세히 설명해드리면,

S그룹은 RA 측면에서는 협력사나 구매기업 양쪽이 모두 해당 S/G에 대해 관심도가 높은 영역이며 SI 측면에서는 매출규모가 크고 가격변동이 심한 영역으로 협력우위전략이 필요합니다. 다시 말해 소수정예 협력사를 대상으로 품질, 가격, 납기 최적화를 추구하고 상호 비용절감 및 품질개선을 위한 공동노력에 집중하는 관계라고 정의할 수 있습니다.

따라서 공급시장 내에 공급자가 많지 않고 해당제품에 대해 공급자의 전문성이 차별화되어 있으며 관계매력도에 있어 구매자의 매출비중이 높은 품목그룹을 공급하는 협력사가 해당이 된다고 볼 수 있습니다. 결국 S그룹은 관계중심의 전략이 우세하므로 관계를 개선하고 공동의 프로세스를 개선하는 노력이 필요하다고 결론지을 수 있습니다.

C그룹은 경쟁중심전략이 요구되며 공급사가 다수인 시장여건을 감안하여 지속적 잠재 소싱 업체를 발굴하고 경쟁을 강화하는 관계라고 정의할 수 있습니다. 따라서 관계중심전략과 가격중심 전략을 병행하는 협업이 필요합니다.

T그룹은 시장중심체계로 시장가격정보가 노출되어 있어 물량을 통합하는 수준에서 단순 거래관계를 유지하는 영역이라고 정의할 수 있습니다. 즉, 단기전략을 통해 구매하는 체계가 필요하다는 결론을 도출할 수 있는데 구매기업의 입장에서 매출비중이 낮은 품목군으로 가격중심 전략이 우세하다고 볼 수 있겠죠."

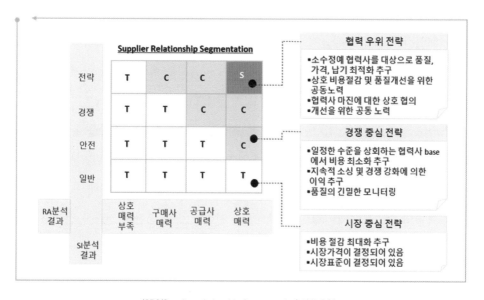

⟨SRS(Supplier relationship Segmentation) 전략 유형⟩

2) SRS분석에 따른 영역별 구매전략

"앞 강의에서 SI, RA분석을 해봤고 이를 조합하여 S/G별로 전략군(SRS)을 분류해

보았습니다. 이제는 각각에 구간에 해당되는 S/G의 전략 방향에 대해 간략하게 설명하고자 합니다. 각 영역에 권장하는 전략은 다음의 표를 참조해주시고 항상 머릿속에 주지해야 할 내용을 간추려 말씀드린다면,

첫째 '전략(S)' 구간은 비즈니스측면 또는 구매금액측면에서 중요한 영역이며 시장의 공급자가 제한적인 경우이므로 전략적 제휴관계를 지향해야 한다는 점이며,

둘째 '경쟁(C)' 구간은 공급시장 내 공급가능업체 수가 많다는 측면에서 경쟁을 유도하는 전략이 필요하고 이를 위해 충분한 잠재업체를 발굴하는 것이 요구됩니다.

셋째 '안전' 구간은 구매금액 비중이 낮고 제품의 차별성이 없기 때문에 유사 S/G 그룹을 통합하는 전략이 필요하며

넷째 '일반' 구간은 구매금액 비중이 낮고 비즈니스 측면에서 중요도가 낮은 S/G이므로 대체상품을 개발하거나 물량을 통합하여 공급사를 유인하는 전략이 중요하며 업무의 질적 측면을 고려하여 아웃소싱도 적극적으로 검토해볼 영역입니다.

이 정도 설명을 할 수 있다면 SRS분석표를 보고 즉각적으로 전략을 유추해낼 수 있으리라 판단됩니다. 다음 표는 각각의 영역에서 분석된 결과와 DATA분석을 통해 16개 유형에 적합한 구매전략들을 기술하였습니다. 따라서 각 유형에 포진된 동일 소싱 그룹의 협력사에게는 표에서 제시했던 전략방법 중 적합한 전략을 선택하시기를 바랍니다.

아울러 이러한 전략방향성의 선택은 앞서 설명해드린 전략 Tree와 마찬가지로 가격 결정 등의 기안문을 작성 시 협력업체의 관계설정을 기술함으로써 구매전략 선택의 당위성을 논리적으로 설명할 수 있게 되기를 바랍니다."

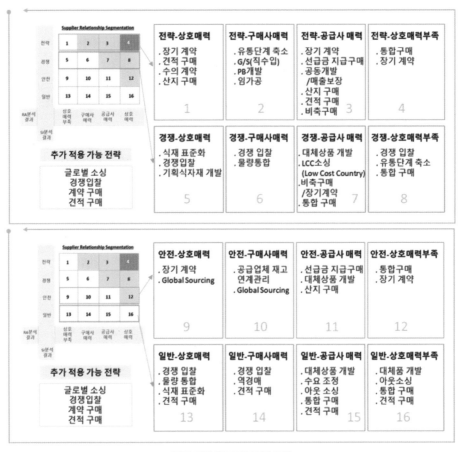

〈SRS분석에 따른 영역별 전략 방향〉

"참고로 위에서 언급해드렸던 구매전략 기법 내용을 잠시 말씀드리면, 기본 구매기법은 직접 해외에서 수입을 하는 글로벌 소싱과 경쟁입찰, 계약구매, 견적구매 등이 기본적인 구매 기법이나 이외에 추가적인 구매기법에 대해서도 내용을 숙지하고 계시면 여러분이 하는 구매기법이 어떤 구매방법인지 알 수 있습니다. 여기서 주목할 점은 구매기법은 한번 정해지면 불변하는 것이 아니라 시장상황, 회사 내·외부 상황에 따라 변동이 가능하다는 점입니다.

기본 구매기법

글로벌 소싱	해외의 품목을 원가절감, 품질개선, 브랜드 도입 등을 통해 회사가 직접 구매하는 기법
경쟁 입찰	표준/일반화된 품목을 다수의 공급업체간 경쟁유도를 목적으로 구매하는 기법
계약 구매	각 구매부서 특성에 맞는 특정한 계약을 통해 구매하는 기법(비축/Spot/임가공/장기/고정/산지)
견적 구매	견적서 수취 또는 공급업체와의 협의를 통해 일정기간 단위로 견적을 통해 구매하는 기법

추가 구매기법

비축	가격인상이 예상될 때 혹은 공급의 안정성을 위해 사전구매를 통해 저장하는 구매기법
Spot	시황에 따라 덤핑물량이나 일시적으로 저가물량이 나올 때 구매하는 기법
PB	PB담당자가 품목을 기획한 후 제조업체에 생산을 의뢰, 회사브랜드 품목으로 구매하는 기법
임가공	임가공업체에게 원재료 등을 제공하고 이를 가공/생산하여 제품을 납품 받는 기법
장기	시황이 불안하거나 가격인상이 예상될 때 계약기간을 장기(3개월 초과)로 하여 구매하는 기법
고정	시황이 불안하거나 가격인상이 예상될 때 구매가격을 고정하여 구매하는 기법
산지	산지의 품목을 유통업체를 거치지 않고 직접 구매하는 기법
포전	장래의 일정한 시점에 일정물량의 특정품목을 미리 정한 가격으로 매매하는 구매기법
계약 재배	농작물을 일정한 조건으로 인수하는 계약을 맺고 행하는 구매기법

〈구매의 일반적인 전략 유형 정의〉

상생 Tip

공급사가 자사의 제품 역량을 파악하기 위해서는

'국내외 많은 업체들은 자사 제품 판매량을 늘리려고 노력한다.'

· 자사제품의 공급시장 포지션 분석 시 제조사와 구매사 간 '누구에게 더 매력도가 있느냐' 고려.

· 자사의 제품이 차별화될수록 구매기업 역시 '경쟁'보다는 '전략적 협업관계'가 더 선호하는 전략임을 공급사는 인지 필요.

잠시 강의 중간 휴식시간을 보냈다. 잘 준비된 간식테이블의 커피를 한잔 따르고 잠시 쉬고 있는데 지난번 구매팀장이라고 소개했던 분이 잠시 대화를 청했다.

"교수님 정식으로 인사드리겠습니다. 저는 가공품을 담당하는 부서의 김인수 팀장입니다." 명함을 건네는 김 팀장은 다소 상기된 표정으로 말문을 열었다.

"교수님은 현직에 오래 근무하셨으니까 저희 관리자의 고충을 잘 아시겠네요?"

김 교수는 잠시 미소를 보이면서 "별의별 경험을 다 겪었으니 어떤 얘기를 하셔도 아마도 공감할 수 있을 듯합니다. 말씀해보세요?"

"네. 사실 저도 구매로 온 지 10년이 됐습니다. 워낙 저희 회사 사장님이 구매에 관심이 많으셔서 요구하시는 수준도 많으시고 아시겠지만 연관된 부서가 워낙 많아서 대응하기가 정말 어렵습니다. 제 나이에 이직을 할까 하는 고민도 많이 하고 있습니다."

김 교수는 불현듯 지난 일들이 주마등처럼 스쳐 지나갔다. 구매에 이론적 지식이 없었던 관리자 시절에는 더구나 유관부서의 요구사항에 대응하기 어려웠다. 따라서 구매가 조달이라는 관점의 독립적인 기능만 수행하길 기대하고 방어적인 대응만을 보였었다. 그런 방법만이 조금은 마음을 편하게 했기 때문이다. 그로 인한 스트레스 때문에 가끔은 심리상담소를 찾았던 기억도 있었다.

"충분히 공감합니다. 솔직히 팀장님처럼 저 역시 그런 시절을 보냈습니다. 마음을 안정시킬 수 있는 방법도 찾아보고 관련된 심리책도 참 많이 읽었네요. 마음을 치유하는 방법은 시간이 넉넉하지 않으니 추후에 제 사무실에 한번 와주시면 더 자세히 설명해드리겠고 우선 업무 면에서 먼저 극복하실 수 있는 방법을 말씀드리면 구매역할과 관련하여 유관부서와의 프로세스를 명확하게 설정하는 작업을 하시기 바랍니다. 구매가 받아주어서는 안 되는 일도 있고 꼭 해야 할 일도 있습니다만 프로세스가 없으면 구매 역시 정책이 없는 것처럼 흔들리게 되고 지금의 팀장님이 겪는 고충을 또 다른 후배들 역시 가지게 될 것입니다." 김 교수는 이러한 프로세스를 세우는 방향들을 추가적으로 설명하면서 김 팀장을 위로하는 것도 잊지 않았다.

"네. 그러하군요 감사합니다. 왠지 교수님은 저를 이해해주실 것 같아서 마음에 있는 말을 두서없이 말씀드렸습니다. 죄송합니다."

"아닙니다. 오히려 이렇게 솔직하게 마음을 열고 말씀해주시니 제가 어떤 식이라도 도움이 되어 드리고 싶습니다."

"네. 감사합니다. 조만간 꼭 한 번 찾아뵙겠습니다."

김 교수는 구매인들이 오랜 시간 구매업무를 하다 보면 유관부서 내지는 협력사와의 관계에서 많은 스트레스를 겪게 되는 경험을 하게 된다. 김 교수는 김 팀장과의 만남을 계기로 기회가 된다면 이에 대한 솔루션도 꼭 들려줄 내용이라고 생각하게 되었다.

전략 소싱 Road-Map

"전략 소싱 방법론은 결국 S/G을 분류하고 SI, RA분석을 토대로 전략군을 정의하고 S/G별로 템플릿을 완성하는 것까지가 1차적인 과정입니다. 여기까지 완료가 되면 그 다음은 실제 전략을 수립하는 단계입니다. 이 단계 역시 복잡한 듯하지만 앞서서 배운 마케팅기법과 '전략군 정의'인 '세분화유형(SRS)'에 따른 전략을 참조하여 상세 실행전략을 수립하는 것입니다. 이후 협력사에 RFI/RFP에 대한 피드백을 확인한 후 견적 또는 입찰을 진행하며 협상과 더불어 최종 업체를 선정하는 것이 전략 소싱의 프로세스입니다. 따라서 해당 내용에 대해 충분히 숙지가 된다면 구매전략을 세우고 실행하는 것이 자연스러워지고 한두 번만 진행해보면 그 속도 또한 빨라지는 것을 경험하게 될 것입니다.

자, 지금부터는 지금까지 진행했던 강의 내용을 정리하여 현재 어느 단계까지 와 있는지 아래 표의 전략 소싱 로드맵을 보겠습니다. 현재 S/G에 대한 특성분석단계에 와 있고 이후 시장분석~협력사 선정 프로세스의 단계를 차례로 설명해드릴 예정입니다. 계속 강조하지만 이러한 전략수립 과정은 각 품목 담당자별로 자신이 담당하는 품목에 대해 구체적인 구매전략을 도출하는 방법을 설명하는 것입니다. 따라서 지금부터는 여러분도 로드맵에 따라 구체적이고 신뢰성 있는 구매방법론을 도출하는 것이 가능하게 되었다고 생각합니다."

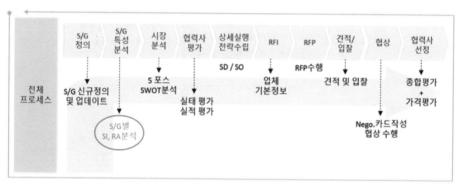

〈전략 소싱 프로세스〉

‑ 5Force분석과 SWOT분석

"SI, RA분석이 완료되면 사실 그 이후에는 크게 내용이 바뀌는 경우는 드물기 때문에 S/G 전략분석이 필요 시 내·외부 시장현황을 알기 위한 5Force의 분석과 내부 SWOT 분석을 시작하면 됩니다. 마이클포터의 5force에 대해서는 앞에서 설명해드린 바 있지만 담당 S/G의 내·외부 시장을 분석할 때 요긴하게 사용되는 Tool입니다.

한편, SWOT분석[37] 역시 기업의 경영전략을 세우기 위한 방법으로 많이 사용되고 있는 것으로 4가지 관점에서 기업의 강점(Strength), 약점(Weakness), 기회(Opportunity), 위협(Threat) 요인을 파악해 이를 바탕으로 공급시장에 대한 이해

증대 및 위험도 평가 시 유용하게 사용되며 구매전략 수립 전 해당 S/G에 대한 전반적인 내·외부 시장환경을 설명할 때 활용됩니다."

	강점(Strenth) • 자사 내부의 구매 장점 역량	약점(Weakness) • 자사 내부의 구매 약점 역량
기회(Opportunity) 당사 외부의 구매 기회요인	SO Strrategies 내부 장점을 바탕으로 한 외부 기회 극대화 방안 수립	WO Strategies 외부 기회요인을 통해 내부 취약역량 극복방안 수립
위협(Threat) 당사 외부의 위협요인	ST Strategies 내부 장점을 바탕으로 한 외부 위협요인 회피방안 수립	WT Strrategies 위협요인과 내부 취약역량 극복방안 수립

〈SWOT 분석〉

"이러한 전략 소싱 프로세스는 구매기업 내에서 상부에 보고자료를 만들거나 구매부서별로 재계약이 도래하는 S/G의 전략을 수행함에 앞서 각 구매담당자가 자신이 맡고 있는 S/G에 대해 어떤 전략을 사용하여 구매할 건지를 준비하는 프로세스로 주로 활용됩니다. 여기서 주지할 바는 자료를 준비하거나 또는 기본적인 분석의 단위는 S/G별로 진행된다는 점이며 구매 전반적인 전략자료로 활용 시에는 나중에 모든 S/G의 분석이 완료되면 이를 기반으로 구매기획에서는 전체적인 구매차원에서의 5force와 SWOT분석의 전략분석을 만드는 것을 추천해드립니다."

5. 잘 만든 전략 따라 프로세스가 길을 만든다

"전략 소싱 로드맵 상에서 시장분석이 완료되면 협력업체 평가를 통해 향후 구매 전략을 적용해야 하는 협력사의 포지션을 정하게 되는데 평가 부분은 전략 소싱 영역을 포함하고 있기 때문에 구매전략 수립을 설명 후 말씀드리고자 합니다.

구매전략을 수립해야 하는 이유는 구매의 내외부환경과 구매활동의 구성요소를 유형별로 구분하여 해당부문 및 영역의 개별 Facts를 파악하고 각각의 상호 Trade off 관계[38]를 통해 효과적이고 효율적인 구매전략을 우선적으로 실행하는 데 목적이 있습니다."

상세실행 전략 수립

1) 구매전략의 원칙

구매전략의 원칙에는 6가지가 있는데,

첫째, 장기적인(1년 이상) 실행기간을 두고 수립하되 외부환경이 달라질 경우 쉽게 전략의 구도를 조정할 수 있도록 구체화하여야 합니다. 다시 말하면 다음해의 구매 전략 방향을 지금까지 설명 드린 구체적인 접근방법으로 분석하되 외부환경이 변화 되면 경영이론을 토대로 환경분석을 한 다음 전략방향을 수정 보완하도록 구조화되어 있어야 한다는 점이며 앞서 설명 드린 전략 소싱 방법론은 이를 충족하기에 충분한 Tool입니다.

둘째, 구매활동은 가격, 품질, 물량, 공헌이익, 혁신 등으로 측정 가능하도록 해야 합니다. 이는 결국 가격과 품질의 명확한 상관관계를 바탕으로 전략을 구사하여 구매되어야 하며 이를 통해 기여한 바를 명확히 측정되어야 한다는 것입니다.

셋째, 단일 사업부문이나 일부 부서의 운영수익을 위해 하는 것이 아닌 전사적인 수준에서 모든 검토가 이루어져야 합니다. 왜냐하면 구매부서에서 아무리 원가절감을 했다고 하여도 결국 영업부서나 운영식당에서 그 이익을 지켜내지 못한다면 구매의 노력이 헛수고가 되기 때문입니다.

넷째, 모든 전략은 Data에 의하여 결정되어야 합니다. 다시 말하면 S/G별로 누계실적이나 S/G이 속하는 전략 유형 분석 등의 모든 Data는 사실에 입각하여야 정보로서 가치를 지닌다는 것을 명심하시기 바랍니다.

다섯째, 전략의 정확도, 세부사항 등의 우선순위는 품목의 중요도나 물량기준에 의해야 합니다. 다시 말하면 많은 품목에 대해 일일이 나열하여 설명하기에는 한계가 있기 때문에 비즈니스 측면에서 품목의 중요도 또는 판매 또는 소요량이 많은 품목 우선으로 전략을 집중하여야 한다고 이해하시면 됩니다.

여섯째, 실적에 대한 평가는 전략의 결과물 예측을 기준으로 평가하여야 합니다. 이는 예측의 정확도를 측정하여 구매부서의 전략수행 능력을 제고하기 위해서 필요한 사항입니다. 그러므로 구매전략을 세울 때는 공헌도를 측정하는 기준, 예를 들어 시장가 또는 종전가 대비 어느 정도 원가절감을 실현할 건지 목표치를 정하고 실제 실행한 이후 실적에 따라 평가가 이루어져야 한다는 것입니다."

김 교수는 실제 원가절감 실적에 대해서는 1)기존가 대비, 2)시장가 대비, 3)대체재 활용 등으로 집계하지만 실제 시장조사에 의한 목표치에 어느 정도 도달하였는지 분석하지 않는 경향이 많다는 것을 설명하면서 목표대비 달성률에 대한 평가는 예측 치를 높이는 과정이며 원가절감 실적에 대한 근거가 되기 때문에 이 역시 실적 평가 에 반영되어야 한다는 점을 강조하였다.

2) 협력사 차별화 등급(SD: Supplier Differentiation)

"협력사 관계 세분화(SRS) 분석과 협력사 실적 평가를 기반으로 차별화 등급(SD: Supplier Differentiation)을 산출하며 그 결과에 따라 협력사별 차별화 전략의 적용 이 가능하게 됩니다. 즉, 협력사의 관계세분화 결과에 따라 협력사 등급을 4단계로 구분하여 정리할 필요가 있습니다.

따라서 SD등급의 정의는 SRS결과와 협력사 평가결과를 두 축으로 하여 협력사의 효율적인 육성 및 지원을 결정하는 Tool입니다. '협력사 차별화 등급(SD)의 목적은 현 수준에서 어떤 공급사가 당사에 기여하는 정도가 큰지를 한눈에 알아볼 수 있도 록 하기 위함이며 이를 통해 전략의 방향도 차별화하는 것이 필요하기 때문입니다.

아래 표에서 보듯이 A등급은,

전략적이면서 장기적 협력관계가 중요한 영역의 공급사이기 때문에 우선적 협업 또는 물량집중, 신상품 개발기회 등을 통해 상호 전략적 파트너로 육성할 필요가 있 다는 합리적인 판단을 할 수 있게 됩니다.

B등급은, 지속적 개선을 유도하여 핵심업체로의 전환이 필요한 영역이며 이를 위 해 기술지원, 중요품목 거래 확대 등이 요구되는 영역이기도 합니다.

C등급은, 지속적인 신규 우수업체 Pool을 확보하고 경쟁을 유도하며 개선의 여지 가 있는 업체에게는 물량통합 등의 정책을 통해 우편향 등급으로 전환이 필요한 구 간입니다.

D등급은, 개선에 대한 합의를 통해 개선대책을 수립하여 적극적인 대응을 요구하는 영역입니다. 개선이 기대수준만큼 도달하지 못하면 새로운 업체로의 순환이 요구되는 구간이기도 합니다."

한편, SD등급별 차별화 유형을 공급사 중심으로 분류하여 그룹별로 적용 가능한 지원 및 육성 정책을 정의하여 전략을 수립할 수 있습니다. 다음 표에서 보시듯이 등급별로 가능한 지원내역을 참고하여 여러분 회사에 적합한 지원 육성책을 수립하시기 바랍니다.

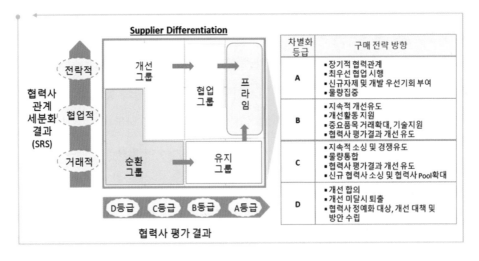

〈공급사 차별화 전략: SD(Supplier Differentiation)〉

Incentive	P	C	T	I	S
입찰 가점 부여					
계약기간 연장					
수의계약					
PB개발 우선권부여					
대금지급 조건 개선					
물량 통합/확대					
사업계획 공유					
성과 공유					
공급업체 협의체 구성/운영					
우수공급업체 표창/간담회					
IT시스템 지원					
시설/설비 도입 및 보강					
입고프로세스 간소화					
견학 컨설팅					

Penalty	P	C	T	I	S
거래 중지					
입찰 참가 제한					
입고 프로세스 강화					
물량 축소					
공급업체 재등록 차단					
개선 제도 운영					

1) P : Prime(프라임 그룹)
2) C : Collaboration(협업 그룹)
3) T : Transaction(유지그룹)
4) I : Improvement(개선그룹)
5) S : Switch(순환그룹)

〈공급사 차별화 유형별 지원 및 육성 정책 예시〉

3) 협력사 최적화 등급(SO: Supplier Optimization)

한편, 협력사 차별화 등급, S/G 개수, 거래 S/G별 SI결과 및 거래 Spend를 기준으로 협력사 최적화(SO)등급을 산출하게 됩니다. SO등급의 목적은 이 등급을 기준으로 물량배분 계획을 수립할 수 있기 때문입니다.

다시 말하면 한 개의 공급사가 취급하는 S/G수는 1개 이상이 될 수 있습니다. 따라서 한 업체의 S/G이 해당하는 개수를 SD등급 내에 기록하고 점수를 산정하며, 마찬가지로 SI 결과로 도출된 각 협력사의 SG수를 기록하여 점수를 부여합니다. 마지막으로 각 협력사별 매입 비중을 고려하여 가중치를 부여한 SO 결과값을 도출합니다. 구매 담당자는 결과값을 토대로 부서 내의 승인을 거친 후 상위 업체순으로 물량배분을 최적화할 수 있습니다. 이때 고려할 사항은 SO등급 상위협력사를 대상으로 파레토 법칙에 따라 물량 70~80% 배분을 목표로 계획을 수립하는 것이 우수업체 관리를 용이하게 하기 위해서도 효과적인 물량배분이 된다는 것을 염두에 두시기를 바랍니다."

Supplier Optimization

협력사명	SD등급별 S/G개수(50%)					SI 결과별 S/G개수(20%)					Spend(30%)	SO Results
	A (50%)	B (25%)	C (20%)	D (5%)	점수	전략 (50%)	경쟁 (20%)	안전 (20%)	일반 (10%)	점수	비중	
협력사 A	1	3			1.25	1	1	2		1.10	20%	0.905
협력사 B	2	1	1		1.45		2	2		0.80	10%	0.915
협력사 C	2	2	1	1	1.75	3	2		1	2.00	40%	1.395
협력사 D	1	3	2		1.65		3	2	1	1.10	30%	1.135

- 물량배분 계획수립을 위한 SO(협력사 최적화)등급 산출 시 협력사의 S/G별 차별화 등급을 반영함
- 이때 거래가능 품목 수 반영을 위해 S/G개수도 최종결과 산출에 반영함

- 협력사별 거래품목의 중요도 반영을 위해 S/G별 SI결과 반영

- 기존 거래물량 규모 또한 SO 등급 산출 시 반영이 필요함
- Spend 적용 가중치를 높일 경우 협력사별 기존 물량 배분과 유사하게 운영 가능

- SO등급상위 협력사를 대상으로 물량의 70~80% 가량 배분을 목표로 계획을 수립함

〈협력사 SO(Supplier Optimization) 결과에 따른 물량배분〉

4) RFx (Request For x)

"구매전략의 방향이 분명해졌어도 협력사에 대한 기초 정보, 협상 Point별 공급사가 제공 가능한 제안사항, 품목별 견적서 등을 확인하기 위해 RFI/RFP/RFQ를 활용하여야 합니다. 이는 앞단에서 구체적인 정보를 통해 분석한 전략과 육성책을 제

공함에 따라 추가적으로 각 공급사가 제시할 수 있는 기회를 부여하여 구매 담당자는 유리한 협상카드를 만들 수 있게 됩니다. 이를 위해서 단계별 로드맵에 의해 수행되는 결과들을 각각의 구매 프로세스안에 포함하여 구매 기안서 내에 기재하는 것이 필요합니다. 왜냐하면 일관성 있는 구매전략을 중간 또는 최고관리자 역시 한눈에 알아볼 수 있는 장점이 되기 때문입니다.

RFI는 협력사의 기초적인 정보를 조사하는 것이며 RFP는 구매MD가 공급사에게 어떤 혜택에 따라 공급가의 추가적인 제안이 가능한지를 확인하는 협상 포인트를 확인하는 작업이라 생각하면 됩니다. RFQ는 RFP에 의해 상호간의 협상포인트에 합의하였다면 이에 대한 공급사의 '이행 약속'이라고 볼 수 있습니다. 조금 더 상세하게 설명해보겠습니다.

– RFI/RFP/RFQ[39]

RFI(Request for Information)는 '사전정보 요청서'를 의미하는데 공식적인 경로를 통해 많은 업체들에게 회사소개, 제품, 서비스, 시설현황 등 구매사의 RFI 작성 목적 및 공급사의 정보를 통해 협력사의 경쟁력을 분석하는 기본자료로 활용됩니다. RFI 항목은 다음 표를 참조하여 필요한 영역 또는 필요항목을 추가하여 사용하시기 바랍니다.

Section	내용	비고
Introduction	구매기업 소개	
	RFI 소개	
	작성법 설명	
	문의사항 연락 e-mail, FAQ 페이지 주소	

기본 현황	상호명	
	법인 등록번호	
	주소(본사,공장)	
	담당자(작성자)/연락처(전화/Fax/e-mail)	
	설립연도	
	회사형태(개인기업,주식회사)	선택 가능하도록
재무 현황	자본금	
	매출액(최근 4개년간)	
	경상이익(최근 4개년간)	
	부채비율(최근 4개년간)	
인력현황	직종별 인원(임원/관리사무/품질관리/영업/ 생산/물류/연구/기타 일용직	분류를 주고 숫자를 기입하도록
시설현황	주요 취급품목	
	연간 생산 Capa.	
	주요 납품처, 납품처당 매출액	
	품목 선택(S/G선택)	S-C-T 구분에 반영
인증현황	작업장 평수	
	배송차량수	
	지역 Coverage(배송 가능지역)	
	ISO, HACCP, 기타:일자, 기관	
Screening 기준 해당정보	해당 S/G별 Screening 기준 정보	S/G별로 개별 노출
Screening 정보 해당정보	해당 S/G별 Screening Information	S/G별 개별 노출
공급업체 자유기술	공식적인 항목은 아니나 구매기업에 주장하고 싶은 장점 등 기술	서술식

〈RFI 항목〉

"RFP(Request for Proposal)는 '제안 요청서'를 의미하는데 RFI를 통해 수집된 정보를 바탕으로 우선 가능업체를 선정한 후 구매담당자가 알고자 하는 내용을 구체적으로 작성하여 보내야 하며 이는 향후 제안서의 품질 및 공급조건에 대한 충돌을 예방할 수 있게 됩니다. 다시 말하면 '제안 요청서란 발주자가 필요한 요구사항을 정리해 제시하는 것으로 구매관점에서는 해당 구매 건에 대해 제목, 목적 및 목표, 내용, 납기조건, 가격, 품질, 금액, 서비스, 자격요건, 제출서류 목록, 요구사항, 선정기준 등의 내용 등이 포함됩니다.'

여기서 한 가지 중요한 사항은 RFP상에 해당 공급사에게 어떤 조건을 수용하였을 때 추가적인 가격인하가 가능한지에 대한 제안요청도 포함하는 게 구매자 입장에서는 추후 협상 시 추가적인 원가절감의 기회를 반영될 수 있다는 점입니다. 예시를 든다면 어떤 공급사 입장에서는 장기계약 체결 시 추가 가격을 5% 인하할 수 있거나 일정 물량을 보장해준다면 이와 같은 가격인하를 할 수 있다는 등의 요청을 RFQ를 통해 제시하도록 요청하는 것입니다. 따라서 RFQ(Request for Quotation)는 '견적요청서'의 의미를 담고 있는 것으로 대부분 RFP를 보내면서 동시에 RFQ를 함께 보내는 경우가 많습니다. 이는 RFI를 충족하고 RFP에 대한 조건을 수용할 수 있는 공급사라 하더라도 터무니없는 가격을 제시하는 경우에는 거래가 이루어질 수 없기 때문에 가 견적을 미리 받아보고 최종업체를 선정하는 데 활용할 수 있기 때문입니다. 이때 RFQ는 공급사의 결정 가격이므로 구매사와의 구속력을 갖게 됩니다. 즉, 공급사가 제시한 견적이 유효성이 있어서 계약에 반영할 수 있는 구속력이 있다는 의미입니다."

김 교수는 중간 중간 이러한 프로세스가 진행되는 데 어떤 절차로 진행되고 있는지 다음의 표를 화면에 띄워서 강의에 참석한 청중이 배우는 과정의 현 위치를 다시 한번 숙지하도록 했다.

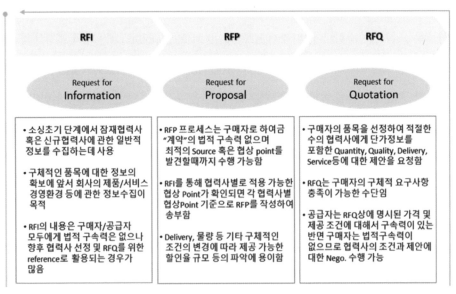

| 우선 순위화 (대상선정) | 공급시장 분석 | 업체 파악 | RFI운영 및 분석 | 등록대상 업체선정(실사) | 등록 및 관리 |

〈협력업체 Sourcing Process〉

"한편 이러한 일련의 절차들을 오프라인상에서 모든 걸 처리하고자 하면 구매담당자의 행정적인 업무가 가중됨에 따라 실천에 옮기기가 어려운 게 현실입니다. 때문에 이러한 절차를 시스템에서 처리할 수 있도록 표준 템플릿을 통해 내용을 기입하고 선정된 공급사에 발송하는 등 다양한 방법들이 도입되어 진행되고 있으며 이러한 내부 정보들은 구매가 완료되는 시점까지 히스토리로 관리되어 구매의 투명성을 담보하고 지속적인 정보전달체계로 활용하는 기업들이 늘어나고 있습니다."

RFI

Request for Information

- 소싱초기 단계에서 잠재협력사 혹은 신규협력사에 관한 일반적 정보를 수집하는데 사용
- 구체적인 품목에 대한 정보의 확보에 앞서 회사의 제품/서비스 경영환경 등에 관한 정보수집이 목적
- RFI의 내용은 구매자/공급자 모두에게 법적 구속력은 없으나 향후 협력사 선정 및 RFQ를 위한 reference로 활용되는 경우가 많음

RFP

Request for Proposal

- RFP 프로세스는 구매자로 하여금 "계약"의 법적 구속력 없으며 최적의 Source 혹은 협상 point를 발견할때까지 수행 가능함
- RFI를 통해 협력사별로 적용 가능한 협상 Point가 확인되면 각 협력사별 협상 Point 기준으로 RFP를 작성하여 송부함
- Delivery, 물량 등 기타 구체적인 조건의 변경에 따라 제공 가능한 할인율 규모 등의 파악에 용이함

RFQ

Request for Quotation

- 구매자의 품목을 선정하여 적절한 수의 협력사에게 단가정보를 포함한 Quantity, Quality, Delivery, Service등에 대한 제안을 요청함
- RFQ는 구매자의 구체적 요구사항 충족이 가능한 수단임
- 공급자는 RFQ상에 명시된 가격 및 제공 조건에 대해서 구속력이 있는 반면 구매자는 법적구속력이 없으므로 협력사의 조건과 제안에 대한 Nego. 수행 가능

〈RFI/RFP/RFQ〉

5) 협상 및 계약

"기 수행된 시장분석 결과, 상세 실행전략 수립 결과 및 RFI/RFP 결과 등을 반영하여 협력사별 협상전략을 수립하고 이를 바탕으로 Nego-Card를 작성하여 협상에 활용할 수 있습니다. 이 Nego-Card는 구매 담당자뿐만 아니라 제가 구매부서장으로 근무하면서 구매MD를 지원해야 하는 협상의 자리에서 이 내용만 보면 어떤 지원이 필요한지를 단번에 알 수 있어서 큰 도움이 되었던 경험이 있습니다. 간혹 구매부서장 중에는 구매 담당자가 하는 일련의 구매활동에 전혀 참여하지 않는 것이 부서원들을 간섭하지 않는 것이고 발생할 수 있는 부정적인 청탁을 근절한다고 믿는 부서장들이 있습니다. 그러나 이러한 일련의 전략 소싱이 자리잡고 부서장이 일련의 구매활동의 히스토리를 확인하면서 최종적인 협상테이블에서 부서장의 지원이 요구된다면 구매담당자의 수고로움을 일시에 해소해줄 수 있습니다. 이처럼 전략 소싱은 S/G담당자로부터 최고관리자까지 한눈에 전략방법론의 타당성을 이해할 수 있는 방법이기 때문에 구매부서원의 역량확보와 최적의 구매전략 수행을 위해 필수적으로 구축되어야 합니다."

구분		내용				
협상 대상	협력사명	○○○				
	SD 결과			SO결과		
	대상금액		수량	/월	목표절감액/율	
	대상품목					
시황 요약				전략 내용	전략-구매사 매력 PB개발	
RFI 요약				RFP요약		
협상 전략						

〈Nego Card Template〉

6) 요약

"전략 소싱 프로세스는 품목의 중요도, 시황과 유통정보, 당사와 협력업체의 관계에 대한 분석활동을 통해 전략을 도출할 수 있는데 도표로 요약할 수 있습니다. 따라서 전략 소싱의 기대효과는 최적의 전략실행으로 원가절감 실현을 통한 수익증대, 품질, 대응력, 서비스 등 공급기반의 경쟁력을 강화하는 것과 전략적 협력관계 구축을 통한 공급안정화 및 품질 제고, 분석 Tool과 Data에 기반한 전략실행으로 최적의 구매활동을 전개하는 것이라고 할 수 있습니다."

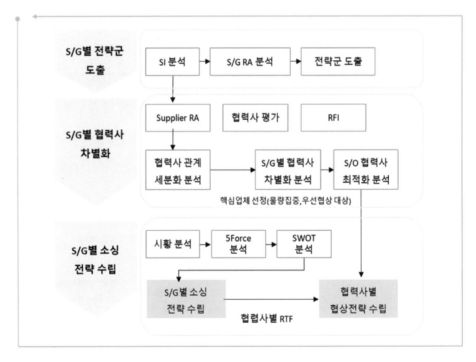

〈전략 소싱 프로세스〉

– 전략구매 방법론

"전략적 구매를 위해서는 소싱 할 품목그룹의 체계를 정의하고 다음으로 전략적으로 접근할 품목군을 정의하며 시장특성을 분석하고 상세실행전략을 수립한 뒤에 RFx 및 협상/계약의 총 6단계를 거쳐 전략 소싱 업무가 수행되어야 합니다. 이를 요약하면 다음 표와 같습니다."

STEP 1. S/G 체계 정의	STEP 2. 전략군 정의	STEP 3. 시장특성분석
• 품목특성 유사성 • 공급시장 유사성 • 전략방향 유사성 • S/G개념과 사용목적 정의 및 보완/관리를 통해 S/G 관리 체계의 정의가 필수적임	• SI분석 결과와 RA분석 결과를 종합하여 전략군을 정의함 • 품목의 중요도와 구매기업/협력사 상호 관계를 고려한 전략수립 가능	• 5 force와 SWOT 등의 분석방법론 적용을 통해 시장의 내/외부 특성을 파악함으로써 소싱 전략 수립 시 반영함
STEP 4. 상세실행전략 수립	STEP 5. RFI/RFP/RFQ	STEP 6. 협상 및 계약
• SI분석 결과 Supplier RA분석 결과 협력사 평가결과를 종합적으로 반영하여 협력사 차별화 등급(SD)설정 • SD 등급을 반영하여 물량배분 계획 수립	• 협력사에 대한 기초적인 정보수집, 협상 Point별 제공 가능한 할인율 조사 구체적 품목별 제공 단가 조사 등의 목적에 따라 RFI/RFP/RFQ 활용	• SWOT/5Force, SD/SO RFI/RFP분석 결과와 전략군별 전략방향을 종합적으로 고려하여 협력사 협상전략 수립

〈전략 소싱 방법론〉

6. 잘 보이는 S/G Profile 관리

"지금까지 배웠던 분석이 완료되었다면 지금부터는 S/G을 이해할 수 있는 템플릿을 작성합니다. 여기에는 S/G별 차별화된 특성을 기술하고 공급자 시장 및 시장정보를 통해 한눈에 해당 S/G을 이해할 수 있어야 합니다. S/G의 프로파일 작성은 해당 S/G의 현 구매단계에서의 매출규모, SI, RA분석 결과, 거래 업체, 거래 유형 등 전반적인 사항에 대해 기록된 파일이므로 한눈에 해당 S/G의 현황을 확인할 수 있어 지속적으로 전략을 수행하고 후임 또는 관리자 역시 이 프로파일을 기반으로 업무를 수행할 수 있다는 것이 중요한 목적이라고 말할 수 있습니다. 따라서 타 S/G과 차별화되는 특성을 명확히 정의하고 S/G을 구성하는 주요 품목들과 거래금액, 거래 업체 수, 계약유형 등을 기술함으로써 해당 S/G의 트렌드를 바로 볼 수 있도록 기술하는 것이 필요합니다."

김 교수는 이 작업이 수행되고 나면 특별한 시장여건이 변화되지 않는 한은 지속적으로 활용되는 자료임을 재차 강조하였다. 또한 구매부서가 단순히 경험치에 의존하는 기술구매가 아닌 정보를 토대로 연구하고 이를 시장에서 전략실행의 실증된 결과로 증명하는 R&D기능을 갖추는 것이 되기 위해서는 이러한 전략 소싱 방법론이 시스템으로 정착되어야 한다는 것을 다시 한번 강조하였다.

구분	내 용		
S/G코드/이름	OOO	수입우육 원료육	
S/G분류	Level 1	Level 2	S/G
	육류	우육	수입우육 원료육
S/G정의/설명	▪ 수입우육 품목군 중 임가공 투입을 위해 Global Sourcing, 비축하는 원료육 품목		
S/G 담당자명	OOO		
S/G특성 분석결과	전략적 중요도(SI) 분석결과	전략	관계 매력도(RA) 분석결과	상호매력도 높음
연간 구매금액 (Spend)	'20 구매금액(KRW)	'21 구매금액	'22 구매금액
	-	-	-
협력사 Pool	등록협력사 수	OO	거래협력사수	해외거래처 0, 국내 0
	주요협력사 리스트	자사 기준 작성	
계약 유형	계약 형태	계약체결주기	단가변경주기
	매월계약 (Offer 및 국내시세 비교)	매월 가격/물량 계약	매월 단가 변경
시장정보/시황 분석 Source	▪ 해외사이트 국내 미트뉴스 등		
Profile Update Date	▪ 신규 작성 : 2022 / 08 / 20		

〈S/G Profile Template 예시〉

"지금까지 구매 전략 소싱 방법론에 대해 함께 살펴보았습니다. 이러한 구매체계 구축은 초기에 세팅하기가 사실 어렵지만 한번 만들어놓으면 그 뒤로는 지엽적인 부분에 대해서만 수정 보완하면 되기 때문에 초기에 경영진의 지원이 절대적으로 필요하다는 것을 말씀드리고 싶습니다.

또한 이러한 단계를 밟아온 구매 담당자라면 모든 전략체계를 수립하고 실행하는 것이 훨씬 수월해진다는 것을 아시게 됩니다. 전에도 말씀드렸지만 그것은 구조화된 전략방법론을 공부하였기 때문에 순간적으로 어떤 전략을 수립할 때는 머릿속에서 먼저 구조화된 전략 Tree가 그려진다는 것에 또 한 번 놀라는 자신을 발견하게 되실 겁니다.

상생 Tip

공급사에게 RFQ란

구매기업은 RFx(RFI, RFP, RFQ)를 진행하면서 실제로 공급사가 제시하는 RFQ에 기대감을 갖고 있음.

· RFQ는 견적을 제출하는 기능 외에 안정적 거래, 물량확보, 장기 계약 등 구매기업에 자사의 조건을 수용 시 추가적인 가격인하 또는 이벤트 행사 등의 제안 기능 있음.

동일한 가격조건이면 구매 기업은 누구와 거래하기를 희망하겠는가?

구매인의 멘탈 관리

구매를 하는 사람이라면 한 번쯤은 심적으로 외부의 상황에 따라 스트레스를 받거나 때로는 심한 좌절감을 맛보는 경험을 하게 되기도 한다. 이는 구매가 갖고 있는 특수성이, 많은 관련주체들과 연결되어 있는 데다 기업의 수익과 직접적으로 연관되어 있기 때문에 관심의 정도가 의심의 지경을 넘어서는 경우가 많기 때문이다.

특히나 경영진의 관점에서는 구매가 적극적으로 원가절감 활동을 하지 않는다고 생각하거나 타 부서의 볼멘소리를 들으면 구매에게 그 책임이 전가되기도 한다. 결국 이러한 대응은 마음의 병을 키우는 꼴이 된다.

저자 역시 한때 '번아웃(Burn out)증후군'이 찾아왔었다. 당시 여러 가지 힘든 일들을 겪고 나서 도무지 헤어나올 수 없는 지경에까지 이르러 본의 아니게 병원치료를 받았던 적도 있었다.

구매인들에게 닥치는 이러한 위기는 구매가 단순히 전문적인 상품지식을 바탕으로 기술자처럼 반복된 활동에만 국한되어지는 경우 특히 대응할 방도가 없다. '결국 당신이 와서 해봐라. 나만큼 싸게 구매하는지' 정도의 막말이 오가는 지경에까지 오게 되기도 한다. 따라서 저자는 구매인들은 더더욱 마케팅과 구매의 이론적 배경을 갖추고 적극적으로 기업의 수익과 신규 비즈니스의 영역을 개척해 나간다면 더 이상 마음의 병으로 묵혀 두지 않아도 자존감 있게 회사의 인정을 받게 될 것이다.

'마음관리는 자신의 내면을 바라보는 것에서부터 출발하고 기업 내 자존감은 부서의 위상을 찾는 활동에서부터 시작된다.'

결국 구매가 최고의 경쟁력이다

잘 나 가 는 1 % C E O 만 아 는 구 매 시 크 릿

제7장

상생은
누구를 위한
일인가?

"한편, 우리 사회에서는 공급사 또는 협력사에 대한 '갑질' 논란으로 언론의 타깃이 되었던 적이 있습니다. 따라서 이번 시간에는 협력업체에 대한 명확한 운영체계를 이해함으로써 상호 합리적인 거래관계를 이해하고 형성되도록 하는 것을 배워보도록 하겠습니다."

1. e-편한 협력사 운영 효율화

"공급시장 분석에 있어 가장 중요한 주체가 바로 협력사라고 할 수 있습니다. 구매에 있어서 국내 기업들은 공급사를 결정하기 위한 다양한 방법을 시도하였고 그 와중에 시행착오도 참 많았습니다. 그중 결정적으로 협력사를 선정하는 방법의 전환점을 불러오게 한 계기가 2000년 초 활성화되기 시작한 인터넷 비딩입니다. 낙찰가격이 낮아질수록 그에 걸맞은 저 품질의 상품이 들어오면서 구매기업들은 모든 품목을 비딩을 통해 구매하는 것이 바람직하지 않다는 결론을 내리게 되었습니다. 요즘에도 입찰을 통해서 모든 품목을 구매하는 곳이 많은데 사실은 상당히 위험한 구매전략을 선택했다고 볼 수 있습니다. 왜냐하면 결국 품질의 책임은 유통하는 기업이 담당할 것이며 그 유통기업 역시 책임의 일부를 공급사에게 전가하는 '불편하면서도 모순된 관계'가 형성되기 때문에 최적의 구매방법은 아닙니다.

따라서 급변하는 시장환경에 능동적으로 대처하고 효과적인 협력관계를 유지하기 위해서는 불가피하게 협업의 수준을 객관화하여 정의할 필요가 있게 되었습니다.

즉, 단순정보만을 공유하는 협력사가 존재한다면 공동의 개선을 해야 하는 협력사, 또는 기회와 위험을 함께 공유하는 전략적 협업관계의 협력사도 필요하게 된 겁니다.

그렇다면 이러한 협력사를 어떻게 구분할 것인가? 이를 위해 일반적으로

SRS(Supplier relationship Segmentation)상에서 배웠던 S-C-T 구분에 의해 협업관계를 규정하는 것이 필요합니다. S(Strategic: 전략), C(Collaborative: 협업), T(Transactional: 단순 교류)는 전략 소싱 방법론에 따라 협력사를 객관적으로 평가하는 Tool이며 지향하는 바는 공급시장 내에서 전략(S)영역과 협업(C)영역의 포지션이 좌하단부로 확대되는 것이 우수한 업체를 확보하는 바람직한 거래관계 모델입니다."

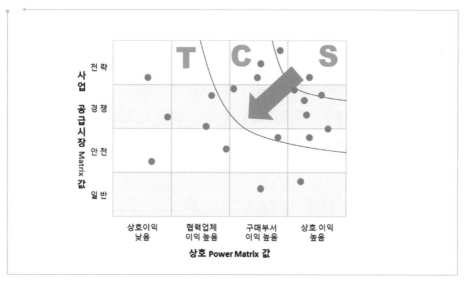

〈장기적 협업관계 대상 및 우선순위〉

현직에 있을 당시 김 교수는 구매업무를 하는 데 가장 체계가 불분명한 영역이 협력사에 대한 운영 부문이었다. 원인은 주관적인 판단에 의해 우수업체가 탈락되거나 대체가 필요한 협력사임에도 특별한 조치나 개선이 이루어지지 않은 채 거래관계가 유지되는 사례가 많았기 때문이다. 이는 결국 전반적인 협력사에 대한 운영체계가 미흡하다는 것을 반증하는 것이고 그에 대한 결과는 구매경쟁력을 약화시키는 결과를 초래하게 되었다. 따라서 반드시 협력사에 대한 명확한 운영 매뉴얼의 구축과 실행이 필요하다는 것이 이번 강의를 진행하는 목적임을 참석한 청중에게 분명히 숙지하도록 했다.

협력업체 평가

"효과적인 협력사 운영을 위해 앞에서 설명한 S–C–T 분류에 따라 선정된 공급사는 다음 3가지 관점의 평가를 통해 육성책을 구체화할 필요가 있습니다.

첫 번째, 역량 평가입니다. 이는 재무건전성, 의존도, 시설투자, 배송능력, 경영진 마인드, 납품 대응력 외 경쟁력, 시설규모, 안정성 등의 항목으로 기본 역량에 해당되나 이를 통해 품질위생 등 운영평가 역량을 개선하는 효과도 기대할 수 있습니다.

두 번째, QCD평가항목은 품질위생, 납품가격, 협업활동 등의 항목으로 구성되며 품질부문은 품질/위생부서의 평가를 받아서 그대로 활용한 값을 반영하며 연속거래 여부 등의 구성항목을 추가적으로 평가요소에 포함하는 것이 일반적입니다. 여기서 QCD의 품질위생부문의 배점이 가장 높은데 그만큼 품질부문은 사업을 영위하는 데 중요한 요소이기 때문입니다

세 번째 평가항목은은 협조도 평가이며 여기에는 '가격 경쟁력 식자재 개발 역량'과 '조치역량 및 자세'를 평가항목으로 구성합니다. 식자재 개발역량은 구매에서 지속적인 상품개발을 통한 영업경쟁력 측면에서 중요한 요소입니다.

평가 항목에 대해서는 각 사의 상황에 따라 변동 가능한 영역이므로 필요에 따라 업데이트를 통해 자사에 맞게 구성하시기 바랍니다."

1) 평가 항목별 배점 기준
  – 역량 평가

"역량 평가 배점은 총 10점으로 협력업체가 가진 기본적인 역량을 평가하는 것이

며 평가주기는 처음 신규 등록 시 요구되며 역량의 내용이 변동되었을 때 ±α를 평가에 반영하여 정례적으로 평가하는 방식으로 운영되는 것을 추천해드립니다. 이때 전략적 업체의 경우는 신용평가 기관의 신용평가 등급 혹은 개인 신용평가 등급 제출이 필수적인데 이는 전략적 관계유지가 지속가능한지에 대한 판단근거가 되기 때문입니다. 이러한 평가 테이블상의 항목들과 가중치는 간단하게 조정이 가능하도록 시스템을 구축하는 것이 바람직합니다.

– Q-C-D평가

QCD평가는 총점 중 가장 큰 비중(60점)을 차지하는 업체 상황발생유형과 그 빈도에 따른 점수를 반영합니다. 평가항목 중 '납품가격'은 온라인상에서 사전에 설정해 둔 예상 낙찰 최고가(예정가) 또는 시장 조사가를 기준으로 배점을 설정하고 연속거래 현황은 연속거래 횟수로 배점하며 품질위생은 품질부서의 실사점수를 반영하여 산정합니다.

– 협조도 평가

협조도 평가는 협력업체의 클레임 조치역량과 자세 그리고 실제 이슈에 대한 조치 수행결과와 협업활동에 초점을 맞춰 평가가 이루어져야 합니다. 다시 말하면 전략업체인 경우 상호간에 '기회와 위험 공유'가 수반되는 관계이므로 협업의 중요성을 가장 강조하는 평가 요소가 됩니다.

다음 표는 각각 평가항목의 배점기준에 대한 예시를 설명하고 있습니다. 참고하셔서 말씀드린 바처럼 여러분 회사에 맞는 기준으로 보완하시길 바랍니다."

김 교수는 평가에 대한 작업이 완료되면 S-C-T분류에 따른 협력사 속성과 평가 결과를 결합하여 육성지원책과 IP(Incentive & Penalty)에 대한 결정을 하게 된다는 것을 사전에 설명하였다. 평가와 육성에 대한 단계를 알려주고자 함이다.

항목		Level 1(0점)	Level 2(3점)	Level 3(5점)	가중치
재무건전성		협력업체가 재무적으로 어렵다는 것을 Buyer가 인지하고 있음	Buyer가 협력업체가 재무적 어려움을 인지하고 있지 않음	Buyer가 협력업체의 재무적 건전성이 매우높다는 것을 인식하고 있음.	10
의존도		협력업체의 구매부서 매출 비중이 30% 이상	협력업체의 구매부서 매출 비중이 10%~30% 이상	협력업체의 구매부서 매출 비중이 10%이하	10
시설투자		신규 시설투자가 없음	신규 시설투자가 있음	기대수준을 넘어서는 적극적인 신규 시설투자를 시행함	10
Coverage		일부 지역만 납품 가능함.	권역 납품 가능함	전국 납품 가능함	10
경영진 마인드		전문지식이 부족하고 방침 수용도가 낮음	보통의 전문성, 의욕 방침 수용도	전문지식이 풍부하고 의욕적이며 방침을 적극적으로 수용함	20
협력업체 Check List 활용	납품 대응력	10점 이하	10점 이상	15점 이상	10
	경쟁력	10점 이하	10점 이상	15점 이상	10
	시설 규모	10점 이하	10점 이상	15점 이상	10
	안정성	10점 이하	10점 이상	15점 이상	10
가중치 합					100

〈역량평가 배점〉

항목	Level 1(0점)	Level 2(3점)	Level 3(5점)	가중치	Online	비고
납품가격	Online : 1차 예정가 대비 (+)가격 Offline : Buyer 시장조사가 대비(+)가격	Online : 1차 예정가 대비 0%~5%이상 down Offline : Buyer 시장조사가 대비0%~5%이상 down	Online : 1차 예정가 대비 5%이상 down Offline : Buyer 시장조사가 대비 5%이상 down	15	○	
연속거래 현황	연속 거래 1회이하	연속거래 2회		5		
품질 위생	점수 00이하	점수 00~00		80	○	
가중치 합				100		

〈QCD평가 배점〉

협력업체 협조도 평가: 40점				
항목	Level 1(0점)	Level 2(3점)	Level 3(5점)	가중치
저단가 식자재 개발	직전 12개월에 0건	직전 12개월에 1~3건 미만	직전 12개월에 3건이상	15
조치역량 및 자세	조치상황에 대한 고객의 불만이 높고 대응이 느리며 제대로 대응하지도 못함	조치상황에 대한 고객의 불만은 없으나 Buyer가 판단하기에 개선의 여지가 많음	업체 귀책이 아닌 상황에 대해서도 신속하고 완벽하게 조치를 취함(반품,추가,삭제 중수량 조절,정상배송)	5
조치수행 지수	조치 수행지수 상위 40% 이하업체	조치 수행지수 상위 40%~70% 업체	조치 수행지수 상위 70%이상 업체	40
협업 활동	협업활동 건수 없음	아래활동 시행중 공동시장조사, 사양정립 (규격변경,포장변경 등) 기술지원,정보제공 그외에 상응하는 정도의 협업활동	아래 활동 시행중 PB개발, 공동구매, 도매 매출 그외 위에 상응하는 협업활동	40
가중치 합				100

〈협조도 평가 배점〉

1) 협력업체 종합평가도

"평가가 완료되면 각 역량항목에 대한 협력업체 종합평가서를 작성하는 데 각 연도별 평균, 동종 S/G공급사, 구매부서 평균, 구매부서 최고 점수와의 비교가 가능하도록 구성되어야 합니다. 이는 현 수준의 공급사의 역량정도를 분석하는 데 큰 도움이 될 수 있기 때문입니다. 또한 동일그룹에 속한 업체의 최고점수 및 평균점수와의 Gap을 비교함으로써 협력업체들이 명확한 개선 Point를 파악, 조회 가능하도록 시스템을 구축하는 것이 바람직한 방향입니다."

평가 요소	가중치	작년	금년	동일그룹 평균	구매팀 평균	구매팀 최고
역량 평가	10%					
Q-C-D(품질/가격/납기)부문	60%					
협조도 부문	40%					
합계		/100	/100	/100	/100	/100

〈협력업체 종합 평가도〉

"혹 여기 구매부서에서는 업체 평가를 위해 담당 MD(바이어)가 직접 협력사를 방문하시나요?" 이번 시간이 다소 지루한 주제를 다루는 강의라 약간의 긴장감을 조성하는 데는 질문만 한 게 없다는 것을 아는 김 교수는 질문을 던지고 잠시 청중의 반응을 살폈다. 해당 바이어가 담당하는 협력사를 방문하는 게 당연한데 질문의 요지를 이해 못 한 표정들이다. 김 교수는 긴장감을 풀기 위해 웃음을 보이며 질문에 대한 답을 설명하였다.

"제가 현직에 있을 당시 협력사 평가 시에는 구매MD가 자신의 담당 협력사가 아닌 다른 MD의 협력사를 방문하여 Cross-Check를 실시하도록 하였습니다. 왜냐하면 담당 MD의 주관적인 판단을 배제하고 좀 더 객관적인 검증이 요구되는 항목이었기 때문입니다." 몇 사람의 동조하는 고갯짓을 보고 강의를 이어갔다.

"따라서 이렇게 조사된 객관적 데이터는 시스템에 반영되어 평가되는데 기본적으로 실적기반으로 자동으로 불러오는 항목은 업체현황 및 과거 평가이력 또는 품질부서의 평가이력이 있고 여기에 Cross-Check한 내용을 평가항목의 점수에 반영하여 자동으로 평가점수가 합산될 수 있도록 시스템을 구축하는 것이 필요합니다. 한편, 평가 결과에 대해서는 담당MD가 해당 협력사에 내용을 전달하고 개선에 대한 피드백을 받을 수 있도록 함으로써 평가에 대한 개선방향을 지속적으로 점검하도록 하는 것이 중요한 사항입니다."

3) 상시평가체계

"한편, 정기평가 외 실적/기여도에 대한 평가를 추가 시행하여 평가기반의 계약/물량배정 관리를 시행하는 것이 바람직한데 이는 기존 협력사 역시 핵심업체라 하여 품질관리가 소홀해지거나 하는 것을 방지하면서 지속적으로 경쟁력을 갖추어야 하는 당위성을 제공해주기 때문입니다. 일반적으로 상시평가는 분기단위로 시행하는 것이 제 경험상 구매부서의 업무가중을 줄이고 공급사 역시 더 나은 품질관리를 위한 프로세스 구축을 위해 필요한 시간이 될 수 있습니다."

	평가 방법	시행 주기
품질 평가	• 품질 지수 • 품질보증 심사 점수	분 기
가격 평가	• 원가절감액	분 기
현장 평가	• 협력사 방문 / 점검 • 년간 이벤트 이력관리 (대량 미입, 위생사고)	수 시

사후 관리

- 거래 제한
- 물량 조절
- 정기평가 반영

〈상시 평가 유형별 운영기준〉

4) 협력업체 종합평가 Overview

"협력업체 평가에는 필요정보를 Online으로 받을 수 있도록 자동화하는 것이 평가체계를 용이하게 할 수 있는 방법이 됩니다. 왜냐하면 앞에서도 말씀드렸던 바처럼 협력업체 평가는 시스템으로 구현되는 것이 실행력을 높일 수 있는 방법이며 협력업체를 평가하는 데 그동안의 누적실적과 기준정보들을 바탕으로 Screening할 수 있기 때문입니다. 표에서 보시듯이 업체에 대한 유형이 거래하고 있지 않지만 시장조사를 통해 확보된 잠재업체와 언제든 거래가 가능한 조건을 실사를 통해 검증한 거래 가능업체, 그리고 최종적으로 현 거래업체로 구분하고 이에 대한 정보가 시스템에 내장되어 필요 시 Screening될 수 있도록 시스템이 구축되어야 한다는 것을 의미합니다.

협력사 평가 부분이 여러분들에게 다소 생소하고 어려운 이유는 시스템에서 처리하는 내용까지 포함하여 설명하고 있기 때문입니다. 따라서 강의의 내용 중 상당부분은 시스템으로 처리되고 필요한 사항은 프로세스에 의해 여러분들이 조사한 데이터를 입력하는 수준입니다. 단지 시스템에서 어떻게 운용되는지 알아야 하기 때문에 다소 어렵다는 느낌을 받으실 수 있습니다."

다소 지친 청중에게 다소 위안이 되는 말을 전하고 강의를 이어갔다.

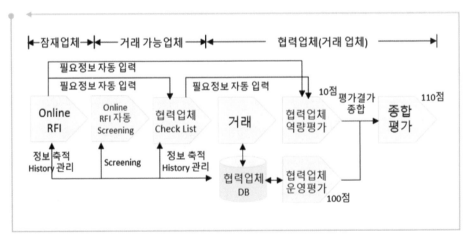

〈평가체계 프로세스 Map〉

S-C-T에 따른 차별화 육성방안

"자, 협력사 평가가 완료되었다면 SRS분석으로 분류된 매트릭스에 평가결과를 반영하여 협력사의 현 위치를 설정합니다. 설정된 협력사들은 다음과 같은 육성방안에 따라 차별화된 지원을 적용받게 됩니다.

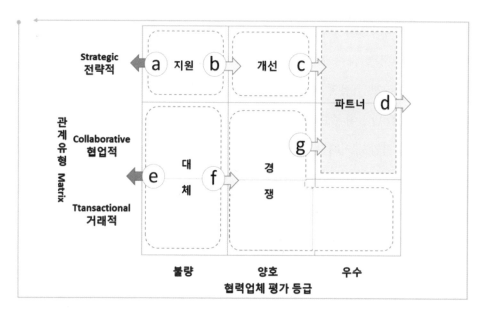

〈협력업체 육성방안의 종류 및 운영〉

즉 표에서 보듯이 지원, 개선, 대체, 경쟁, 협업(파트너)의 5개 차별화조건에 따라 육성에 대한 방안을 수립할 수가 있습니다. 이러한 5개 차별화 육성 Point는 7개의 차별화된 육성방안으로 도출됩니다.

1) 협력업체 육성 방안

첫 번째, 전략적 'a'의 경우, 전략적 협업업체로 선정되었더라도 협력사 평가등급이 저조하고 지속적으로 '불량' 평가를 받고 지원에 의한 효과가 부정적일 때 퇴출을 검토해야 합니다.

두 번째, 전략적 'b'의 경우는 시험운영기간을 거쳐 전략적 협력사로 지정되었으나 '불량' 등급을 받는다면 필요한 지원을 통해 '양호' 등급으로 발전시키는 것이 바람직한 방향입니다.

세 번째, 전략적 'c'의 경우, 전략적으로 '양호' 등급을 받은 공급사라도 장기간 지체되는 것보다는 상호 노력에 의해 파트너 단계로 발전해야 합니다.

네 번째, 전략적/협업적 'd'의 파트너 경우는 직접적인 경쟁 대신 장기간의 신뢰관계 구축을 통한 발전이 주요관리 방안이 됩니다.

다섯 번째, 협업적/거래적 'e'의 경우 거래적 업체로 '불량' 평가가 지속된다면 즉각 대체를 검토해야 합니다. 만약 협업적 업체라고 하면 육성 또는 대체 중 더 효과적인 방법을 선택할 수 있습니다.

여섯 번째, 협업적/거래적 'f'의 경우 주로 협업적 업체라면 육성을 통해 '양호' 등급으로 발전하도록 하고 만약 거래적 업체라면 더 우수한 업체를 소싱하는 것이 더 효과적일 수 있으나 개선의 결과가 지속적으로 긍정적 평가를 받는다면 거래관계를 유지할 수 있습니다.

마지막으로, 협업적 'g'의 경우는 우수 등급으로 발전한다면 협업관계를 유지하면서 안정적인 매출을 유지할 수 있으나 육성을 위한 자원투입에 있어서 우선순위는 전략적 업체에 있음을 숙지하여야 합니다. 이는 전략적 협력업체는 모든 육성활동에서 가장 우선순위를 가지며 장기적 협업관계 구축이 가능하도록 육성하는 것이 원칙이기 때문입니다."

육성 방안	판단의 조건
전략적 ⓐ 지원 → 퇴출	시험운영기간을 거쳐서 전략적 협력업체로 선정되었으나 지속적으로 '불량' 평가를 받고 지원에 의한 효과가 부정적일때
전략적 ⓑ 지원 → 개선	시험운영기간을 거친 전략적 협력업체가 지속적으로 '불량' 등급을 받는다면 원칙적으로 필요한 지원을 통해 '양호' 등급으로 발전해야 함.
전략적 ⓒ 개선 → 파트너	전략적으로 협력업체는 '양호' 등급에서 장기간 지체해서는 안되며 상호간의 노력과 신뢰관계 구축을 통해 파트너 단계로 발전해야 함.
전략적/협업적 ⓓ 파트너 → 지속적 발전	파트너 관계에서는 직접적인 경쟁대신 장기간의 신뢰관계 구축을 통한 지속적 발전이 주요관리 방안임.
협업적/거래적 ⓔ 대체 → 퇴출	주로 거래적 업체에 대해서는 '불량' 평가의 지속은 즉각 대체를 의미함. 협업적 업체인 경우는 육성이 필요한지 대체가 더 효과적인지를 판단하여 결정함.
협업적/거래적 ⓕ 대체 → 경쟁	주로 협업적 업체에 대해서 육성의 가능성이 있는 경우, 육성을 통해 '양호' 등급으로 발전하도록 함 거래적 업체인 경우는 대개 더 우수한 업체를 소싱하는 것이 효과적임. 개선에 대한 평가가 긍정적이면 교체하지 않고 지속적인 관계를 유지할 수 있음
협업적 ⓖ 경쟁 → 파트너	협업적 업체의 경우 '양호' 등급에 그치지 않고 '우수'등급으로 발전한다면 직접적인 경쟁없이 협업관계에 의한 안정적인 매출을 발생시킬 수 있으나 자원투입의 우선순위는 전략적 업체에 있음

〈협력업체 육성방안 결정〉

2) 전략적 협력업체에 대한 육성 활동 예시

"앞에서 육성방안에 대해 설명해드렸지만 구매 담당자가 이러한 결정을 전적으로 판단하여 조치를 하는 것은 사실 어려운 일입니다. 따라서 '전략업체 육성활동 예시'를 통해 솔루션을 들여다보기로 하겠습니다.

첫 번째 'a' 퇴출의 경우는 구매와 유관부서 간 심의위원회를 통해 결정하거나 심의위원회가 없는 기업일 경우에는 부서회의를 통해 부서장의 최종 결정으로 집행하는 것이 바람직합니다. 이 경우 지원인지 퇴출인지를 결정할 때 제공 가능한 지원내역, 투여자원 등의 효과를 예측하고 대체업체를 활용 시의 투여자원 효과와 비교하여 결정하는 것이 바람직한 방향입니다.

두 번째 'b' 지원의 경우, 개선의 여지가 있는 업체이므로 대개는 퇴출보다는 지원 필요성이 큰 공급사로 개선합의서 작성 및 밀착 모니터링을 통해 개선효과를 측정하고 기술지원, 교육 및 필요 시 재무적 지원(선급금, 대출, 매출보장 등)을 하는 것도 바람직한 방향입니다.

세 번째 'c' 개선의 경우, 전략적 업체이므로 최종적인 목표는 장기적 협력관계 구축이 유지되는 것이므로 지속적 개선이 필요합니다. 따라서 개선계획서 작성 및 공동 프로세스 개선, 재무적 지원 등이 요구됩니다.

네 번째 'd' 파트너의 경우, 협력업체와 기회와 위험의 공유가 필요합니다. 즉, 기회측면에서는 상호 공동의 노력을 통해 장기적이고 안정적인 물량을 보장할 수 있으나 위험측면에서는 거래를 원하는 공급사들의 진입장벽이 되는 가격과 품질에 대해 상호 노력하는 것이 요구되며 구매기업에서는 공동투자, 우수공급사 인증을 통한 공동프로세스 개선 등의 노력이 요구됩니다."

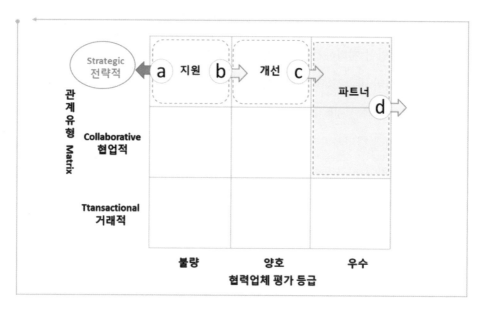

<Strategic 전략적>
<관계유형 Matrix>
Collaborative 협업적
Ttansactional 거래적
a 지원 b 개선 c 파트너 d
불량 양호 우수
협력업체 평가 등급

〈전략적 협력업체 육성방안〉

상생 Tip

S-C-T관점의 육성과 지원이 공급사에게 주는 혜택

· 규모가 있는 구매기업은 매해 우수업체를 선정, 시상하는 자리 마련.

· 업체는 혜택의 크기에 상관없이 우수업체 선정은 마케팅 활용도 큼.

· 대부분의 기업은 공급사에게 요구하는 자료 중 납품실적 요청.

* 우수업체 인증은 추가적인 타 거래선을 개발 시 유용하게 활용됨.

3) 협업적 협력업체에 대한 육성 활동 예시

"협업적 협력업체에 대해서도 구체적 육성활동 예시를 통해 실무에 적용할 솔루션을 제시하면,

첫째, 'e' 퇴출의 경우는, 협업적 업체이거나 거래적 업체라 하더라도 마찬가지로 구매담당자 개인이 처리하기는 어렵습니다. 따라서 심의위원회 또는 부서회의를 통해 결정하는 것이 바람직하며 이 역시 지원에 대한 효과와 대체업체 사용 시의 효과와 비교하여 결정하는 것이 타당한 방안입니다.

둘째, 'f' 협업적 협력사가 '지원'에 해당하는 경우, 지속적으로 협력업체 Pool의 기타업체와 비교하여 신규업체 전환의 실익이 적은 경우에만 기존업체를 지원하며 이때 개선합의서를 작성하고 전략업체가 우선인 기술지원 또는 재무적 지원을 선별적으로 지원하는 것이 바람직한 방안입니다

셋째, 'g'개선의 경우, 양호한 업체라 하더라도 협업적 업체이므로 지속적으로 협력업체 Pool내에서 기타 업체와 비교하여 신규업체 소싱의 실익이 적을 경우에만 기존업체를 개선시키는 것이 바람직하며 이때 개선계획서를 작성하고 프로세스 개선 및 재무적 지원, 품질위생에 대한 집중관리 등을 시행하는 것이 타당한 육성방안이 될 수 있습니다.

넷째, 'd'파트너 관계에서 협업적 협력업체인 경우, 전략적 업체와 동일한 육성이 필요하나 우선순위에서 후순위임을 인지하여야 합니다."

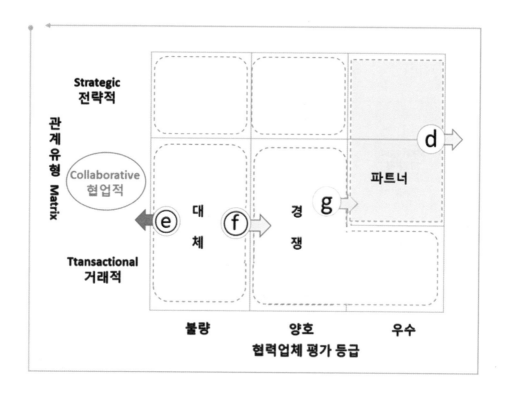

<Strategic 전략적>

관계유형 Matrix

Collaborative 협업적

Ttansactional 거래적

대체

f

경쟁

g

파트너

d

e

불량   양호   우수

협력업체 평가 등급

〈협업적 협력업체에 대한 육성방안〉

4) 거래적 협력업체에 대한 육성 활동 예시

거래적 관계에 있는 업체의 솔루션의 경우, 심의위원회 결정 또는 해당 부서 팀 회의를 통해 중단 또는 지원을 결정하고 구매부서장이 이를 승인하는 형태가 바람직하며 이 역시 제공 가능한 지원활동의 내역, 투여자원 및 그 효과를 예측하여 대체업체 사용 시의 투여자원 및 효과와 비교하여 결정하는 것이 필요합니다.

만약 지원이 필요한 경우는 협력업체 Pool 내의 기타업체 소싱의 실익이 적은 경우에만 지원이 가능하며 이 역시 개선계획서 작성 및 일부 기술지원 등이 필요하며 일부 우수업체에 대해서는 물량보장 등의 방법으로 협업적인 형태를 유지할 수 있습니다."

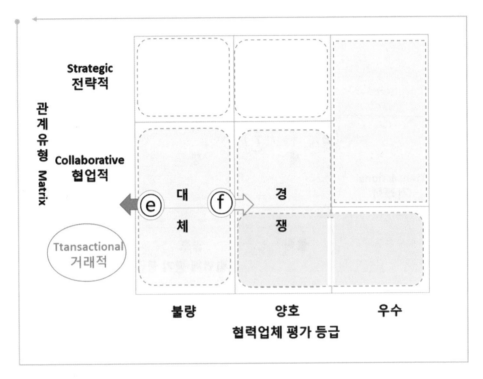

〈거래적 협력업체에 대한 육성방안〉

IP(incentive & Penalty) 제도

"한편, 육성지원책을 통해 지속적으로 협력사의 관계를 개선하는 활동을 함과 동시에 평가결과에 대해 IP(incentive & Penalty)제도를 통해 프로세스 개선의 세부 방향성을 협력업체와 공유하고 실질적인 동기 부여를 주거나 또는 시정을 위한 조치가 필요합니다.

여기서 IP 제도 자체는 Penalty보다는 Incentive를 위주로 한 프로그램을 시행하는 것이 중요합니다. 공급사 설문을 통해 확인한 바로는 Incentive에서 가장 만족을 느끼는 부분은 '안정적인 매출 보장'이며 파트너제도, 개선 합의제도, 포상, 물류편의 제공 등을 선호하고 있습니다.

또한 이러한 결과에 대해서는 해당 공급사가 해당내용을 조회 또는 피드백을 통하여 Case별로 구체적인 대응방안을 마련할 수 있도록 제공되는 것이 필요하다는 말씀을 드립니다.

개요	• Penalty 보다는 Incentive를 위주로 한 프로그램을 시행함 • Incentive에서 협력업체들이 가장 만족을 느끼는 부분은 '안정적인 매출의 보장'이며 파트너제도, 개선합의제도, 포상제도, 물류편의제공, 이의제기 제도 등을 활용할 수 있음 • Penalty는 일회성의 처벌보다 시정 요청→ 주의 → 경고 → 거래중단 등의 절차를 통한 체계적인 접근으로 예방에 비중을 둠
기본 프로세스	• 기본 프로세스 . 평가결과 취합(월별/분기별/연도별)→I/P프로그램 실행 대상 업체 및 내용 도출 →이의제기 취합 →확정 → 실행 → 지속적인 보완
솔루션 특이사항	• 솔루션 특이사항 . 협력업체가 평가결과 및 진행사항, P/I진행현황 및 내용에 대해 조회 가능해야 함 (Case별로 구체적인 대응방안 가능해야 함) . 평가 및 I/P에 대한 교육/정보제공 기능이 있어야 함

〈IP(incentive & Penalty) 제도〉

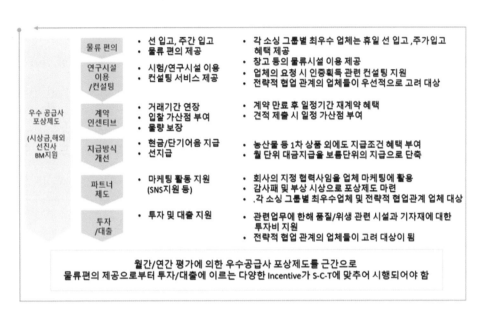

물류 편의	• 선 입고, 주간 입고 • 물류 편의 제공	• 각 소싱 그룹별 최우수 업체는 휴일 선 입고, 주가입고 혜택 제공 • 창고 등의 물류시설 이용 제공
연구시설 이용 /컨설팅	• 시험/연구시설 이용 • 컨설팅 서비스 제공	• 업체의 요청 시 인증획득 관련 컨설팅 지원 • 전략적 협업 관계의 업체들이 우선적으로 고려 대상
계약 인센티브	• 거래기간 연장 • 입찰 가산점 부여 • 물량 보장	• 계약 만료 후 일정기간 재계약 혜택 • 견적 제출 시 일정 가산점 부여
지급방식 개선	• 현금/단기어음 지급 • 선지급	• 농산물 등 1차 상품 외에도 지급조건 혜택 부여 • 월 단위 대금지급을 보름단위의 지급으로 단축
파트너 제도	• 마케팅 활동 지원 (SNS지원 등)	• 회사의 지정 협력사임을 업체 마케팅에 활용 • 감사패 및 부상 시상으로 포상제도 마련 • 각 소싱 그룹별 최우수업체 및 전략적 협업관계 업체 대상
투자 /대출	• 투자 및 대출 지원	• 관련업무에 한해 품질/위생 관련 시설과 기자재에 대한 투자비 지원 • 전략적 협업 관계의 업체들이 고려 대상이 됨

우수 공급사 포상제도 (시상금, 해외 선진사 BM지원)

월간/연간 평가에 의한 우수공급사 포상제도를 근간으로
물류편의 제공으로부터 투자/대출에 이르는 다양한 Incentive가 S-C-T에 맞추어 시행되어야 함

〈Incentive 적용 사례〉

　또한 앞의 표에서 보시듯이 Incentive는 협력업체를 육성하기 위한 동기부여와 성과개선의 목적으로 시행되어야 하고 가장 선호하는 부분을 중심으로 구체적으로 지원하는 것이 중요하다고 할 수 있습니다. 또한 Penalty 역시 처벌을 한다는 개념이 아닌 Claim을 낮추는 데 그 실행 목적을 두고 있어야 협력사와의 공감대를 통해 지속적인 개선방향을 찾아갈 수가 있습니다. 따라서 이의제기 제도 등을 통해 공급사의 Penalty에 대한 당위성을 검증하고 개선활동을 통해 우수협력사로의 전환을 유도하는 것이 바람직합니다. 다음 표는 그 예시이며 개선활동에 대해서는 구매기업의 조건에 따라 보완하여 활용하시기를 바랍니다."

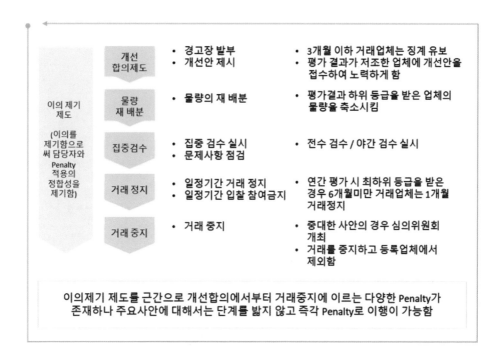

이의 제기 제도	개선 합의제도	• 경고장 발부 • 개선안 제시	• 3개월 이하 거래업체는 징계 유보 • 평가 결과가 저조한 업체에 개선안을 접수하여 노력하게 함
(이의를 제기함으로써 담당자와 Penalty 적용의 정합성을 제기함)	물량 재 배분	• 물량의 재 배분	• 평가결과 하위 등급을 받은 업체의 물량을 축소시킴
	집중검수	• 집중 검수 실시 • 문제사항 점검	• 전수 검수 / 야간 검수 실시
	거래 정지	• 일정기간 거래 정지 • 일정기간 입찰 참여금지	• 연간 평가 시 최하위 등급을 받은 경우 6개월미만 거래업체는 1개월 거래정지
	거래 중지	• 거래 중지	• 중대한 사안의 경우 심의위원회 개최 • 거래를 중지하고 등록업체에서 제외함

이의제기 제도를 근간으로 개선합의에서부터 거래중지에 이르는 다양한 Penalty가 존재하나 주요사안에 대해서는 단계를 밟지 않고 즉각 Penalty로 이행이 가능함

〈Penalty 공급사 이의제도 프로세스〉

1) IP 적용기준과 대상조건

"여기서 IP적용기준과 대상조건은 평가점수에 따라 적용기준을 반영하는 것이 좋습니다. 다시 말하면 적용기준은 우수, 양호, 불량, 탈락이며 평가기준은 기업운영에 실시간 영향을 주기 때문에 상시평가로 진행하며 적용은 월간, 연간으로 적용하되, 사회적 이슈와 같은 중대 클레임의 경우는 수시 반영하는 것이 원칙입니다. 대상조건은 우선적으로 월 단위 평가 시 거래시작 3개월 이상 경과된 업체를 대상으로 하며 연간 평가 시는 실적거래기간 6개월 이상 업체를 대상으로 하는 것이 일반적인 사항입니다. 다음 표의 명시된 내용을 참조하시기 바라며 이 역시 각 구매기업의 조

건에 따라 변경이 가능한 내용은 보완하여 활용하시기 바랍니다.

적용기준

- 우수　　종합평가 90점 이상
- 양호　　종합평가 80점 이상
- 불량　　종합평가 80점 이하
- 탈락　　품질위생점수 60점 미만
　　　　　(환산점수 48점 미만)

평가기준

- 상시평가 : 업체에 상시로 Feedback
- I/P 적용기준 : 월간/연간
- 중대클레임의 경우 : 수시로 반영
  Penalty 적용

- 품질위생에 대한 부분의 점수는
  Grouping에 의거, 평균 점수로
  보정해 줌
- 실행 후 3개월간 운영을 거쳐 판정
  적용기준 점수를 확정하고 이후
  1년마다 재조정 작업을 실시함

대상 조건

	월간	연간
시상 (I)	• 거래시작이후 3개월 이상 • 납품 사업장 10개 이상 • 거래금액 3천만원/월 이상 • 납품일 수 20일 이상	• 실적거래기간 6개월 이상 • 거래금액 3천만원/월 이상 　단 임가공 업체는 매출기준 　1천만원/월 이상
	• 95점이상이면서 각 소싱 그룹별 최우수 업체 2곳에 속할 것 • 시상금, 감사패, 연간인 경우 100만원 상당의 BM비용 지급	
	• 신규 거래 업체인 경우 　1개월 유보	• 거래 시작 이후 3개월 이하의 　경우 유보하나 차년도 　첫 거래 월 평가 시 징계 　대상이 되면 년 징계 적용
징계 (P)	• 70점 미만이면서 소싱 그룹별 최하위 업체 2곳에 속할 것 • 70점 미만인 업체 전부는 시정요청→주의 경고 및 징계의 단계를 　연속으로 통과함 • 구매팀에서 정의한 '중대 클레임'발생 시, Penalty기준에 의거 징계	
	• 경고장, 개선합의서, 3개월 거래정지	

〈Penalty 적용기준 및 대상조건〉

한편, IP는 S-C-T별로 적용순서를 우선으로 반영하여 실행하는 것이 효과적일 수 있습니다. 왜냐하면 차별화되고 전략적 제휴가 요구되는 협력사는 상호 간 공동의 개선노력이 무엇보다 중요하기 때문에 실행에 대한 효과성 측면에서 바람직한 방법이 될 수 있습니다. 다음 표는 적용 예시를 보여줍니다."

	P/I 종류		Strategic	Collaborative	Transactional
Incentive	월간 (기본)	• 물류편의 • 연구시설 이용 및 컨설팅 • 계약 인센티브 • 지급방식 개선 • 투자 / 대출	• 물류편의 • 대금 지급방식 개선 • 필요시 연구시설 이용 및 컨설팅 • 필요시 투자 /대출 (심의위원회에서 결정)	• 물류편의 • 대금 지급방식 개선 • 필요시 연구시설 이용 및 컨설팅	• 물류편의 • 지급방식 개선
			• 연속누적 개념임 • 평가점수 90점 이하 시 소멸	• 연속누적 개념임 • 평가점수 90점 이하 시 소멸	• 연속누적 개념임 • 평가점수 90점 이하 시 소멸
	연간	• 파트너 제도	• 심의위원회에서 연간 파트너 지정 (평가점수 기준에 의거) • 2개월 연속 90점 이하 시 소멸	• 심의위원회에서 연간 파트너 지정 (평가점수 기준에 의거) • 2개월 연속 90점 이하 시 소멸	• 심의위원회에서 연간 파트너 지정 (평가점수 기준) • 2개월 연속 90점 이하 시 소멸
Penalty	월간 (기본)	• 개선합의제도 • 교육이수 • 물량재배분 • 지급보류 • 집중 검수 • 거래정지 • 거래중지 • 컨설팅	• 개선합의제도 운영 (3개월 패널티 유보) 교육이수, 필요시 컨설팅 투입 • 집중 검수 • 물량재배분 • 심의위원회 회부, 거래중지 및 거래정지 혹은 육성 여부 결정	• 개선합의제도 운영 (1개월 패널티 유보) 교육이수, 필요시 컨설팅 투입 • 물량재배분 • 거래정리(1개월)	• 거래정지 (1개월)
			• 연속누적 개념임 • 평가점수 90점 이상 시 소멸	• 연속누적 개념임 • 평가점수 90점 이상 시 소멸	• 연속누적 개념임 • 평가점수 90점 이상 시 소멸
	연간	• 거래정지 • 거래중지	• 심의위원회 회부, 거래 중지 혹은 육성여부 결정	• 심의위원회 회부, 거래 정지(3개월) ~거래중지 혹은 육성여부 결정	• 거래중지

〈S-C-T별 Incentive & Penalty 적용 사례〉

2) 심의위원회의 역할

"또한 IP에 대한 주요사안은 구매와 품질관련 부서 간의 공동 심의위원회를 통해 결정하는 것이 구매 담당자의 주관성을 배제할 수 있어 바람직한 방법이라고 앞에서 설명해드렸습니다. 일반적으로 심의위원회 위원장은 구매부서의 담당 임원 또는 결정권자 중 선임되며 심의위원들로는 구매부서장, 식품연구소, 품질부서장, 물류부서장이 주가 되며 관련 주제인 경우 필요 시 영업부서장과 메뉴관련 부서장도 참여하는 것이 바람직합니다. 심의위원회가 당장 없는 기업이라도 심의회 등을 구매내부에서 자체적으로 실시하여 구매MD 개인이 임의적으로 결정하는 폐단을 방지하는 것이 절대적으로 필요합니다."

- 심의위원회 위원장 : **구매팀 담당 임원**
- 심의위원 : **구매팀장, 식품연구소장, 위생안전팀장, 물류팀장**
  (필요시 영업팀장, 메뉴관련 팀장)
- 소집
  - 위원의 요청에 의해 위원장의 승인 시 소집
  - 연간 평가결과 검토 및 승인 시 소집
  - P/I 집행에 대해 심의 위원회 의결 사항인 경우 소집
    . 컨설팅 제공
    . 투자
    . 파트너 인증
    . 거래중지
- 전결
  - 위원장 부재시 추후 별도 결재로 승인함
  - 위원 부재시 간부급 대리인 참석을 필수로 함
  - 위원장 포함 다수결 원칙에 의거하여 가결함
  - 찬반 동수인 경우는 위원장에 결정권
- 개선 합의서는 관련 위원들의 합의와 구매팀장의 결재로 승인함

〈심의 위원회 구성 내용〉

3) 퇴출의 조건

"앞에서 공급사에 대한 갑질 논란에 대한 언론이슈를 말씀드린 바 있습니다. 따라

서 퇴출을 고려할 때는 충분한 검토가 필요합니다. 다시 말하면 명확한 기준에 의거한 퇴출이 전제되어야 한다는 것을 의미합니다. 퇴출에는 2가지 종류가 있습니다. 즉, '완전 퇴출'과 등록업체 Pool에 남겨져 잠재공급업체로 거래여지를 가지는 '거래 퇴출'입니다. 완전퇴출의 경우는 지원을 통한 개선이 미미하고 중대한 클레임 발생이나 등록업체 수의 제한이 적용될 때 동일 S/G그룹 내에서 '불량'리스트 중 하위 업체에 국한되는 경우입니다. 이럴 경우는 더 이상 거래가 불가능한 경우이므로 심의위원회를 통해 결정되거나 협의체가 없는 경우 부서회의를 통해 부서장이 승인하는 절차로 진행될 수 있습니다.

따라서 우리가 일반적으로 '퇴출'이라는 표현을 사용하는 것은 '거래 퇴출'의 개념으로 추후 공급사의 재진입 가능성을 열어두는 것이 상생관계 측면에서 올바른 거래 관행이 될 수 있습니다."

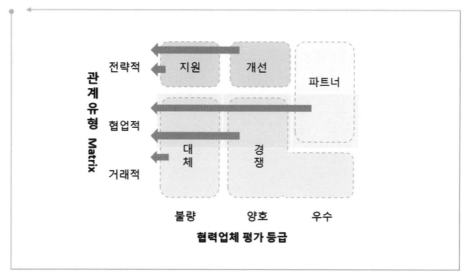

〈퇴출의 유형〉

2. 프로세스로 들여다보는 협력사 통합관리

　"효과적이고 효율적인 협력업체 관리를 위한 To-Be 통합관리 프로세스는 다음 표와 같습니다. 다시 말하면 업체를 선정하고 등록하고 공급사별 분류를 통해 S-C-T별 공급사의 포지션이 결정된 후 평가시스템에 의해 평가가 진행되고 이후 I/P 제도에 의한 동기부여를 통해 지속적으로 협력업체와의 상생관계를 발전시키는 것이 필요합니다."

　표가 화면에 보이자 "우와, 우리가 저걸 다 배운 건가요?"라고 반문하는 듯 짐짓 놀라는 표정을 짓는 청중을 바라보고 잠시 김 교수 역시 짙은 미소가 입가에 번졌다.

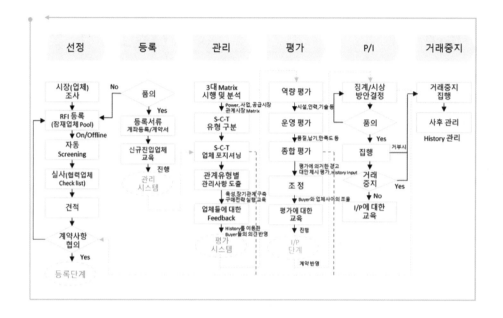

<선정>

시장(업체) 조사 → RFI 등록 (잠재업체 Pool) → On/Offline → 자동 Screening → 실사(협력업체 Check list) → 견적 → 계약사항 협의 → Yes

등록단계

<등록>

No → 품의 → Yes → 등록서류 계좌등록/계약서 → 신규진입업체 교육 → 진행

관리 시스템

<관리>

3대 Matrix 시행 및 분석
Power, 사업, 공급시장 관계사장 Matrix
→ S-C-T 유형 구분 → S-C-T 업체 포지셔닝 → 관계유형별 관리사항 도출
육성,장기관계구축 구매전략 실행,교육
→ 업체들에 대한 Feedback
History를 이용한 Buyer들의 의견 반영

평가 시스템

<평가>

역량 평가
시설,인력,기술 등
→ 운영 평가
품질,납기,만족도 등
→ 종합 평가
평가에 의거한 경고 대안제시 평가, History Input
→ 조 정
Buyer와 업체사이의 조율
→ 평가에 대한 교육 → 진행

I/P 단계

계약반영

<P/I>

징계/시상 방안결정 → 품의 → Yes → 집행 → 거래 중지 → No → I/P에 대한 교육

거부시 → 거래중지 Yes

<거래중지>

거래중지 집행 → 사후 관리

History 관리

〈협력업체 통합관리 프로세스 Road-Map〉

"일반적으로 구매협력업체 관리를 위한 시스템은 'Sourcing, 관리시스템, 평가시스템, 운영시스템'으로 구성되어 있으며 서로 유기적으로 정보를 주고받을 수 있도록 설계하는 것이 필요합니다. 결과적으로 우리가 지금 배우고 있는 이 복잡한 협력업체 운영체계를 시스템으로 구현함으로써 협력업체 관리의 전 범위에서 가치창출을 지원할 수 있도록 시스템을 구축하는 것이 효과적이라는 것을 말씀드리고 싶습니다."

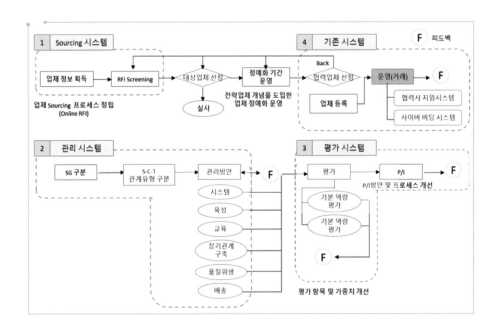

〈구매 협력업체 관리 시스템〉

　김 교수는 사실 시스템에서 구현되는 협력업체 운영체제는 구매 기업이 시스템을 도입하게 되면 기본적으로 컨설팅업체가 주도적으로 기존 선진화된 운영 모듈을 해당기업에 맞게 가공하여 구축하는 게 일반적이라 주요한 협력사 운영체계를 설명하는 것이 필요할까 하는 의문이 강의를 준비하면서 들었었다. 그러나 결과적으로 SCM상의 가장 중요한 주체인 협력사의 운영체계를 모르고 지나간다는 것은 결과적으로 앞서 언급했던 바처럼 협력사 운영을 효율적으로 할 수 없으며 이로 인해 구매 경쟁력 역시 약화될 수밖에 없기 때문에 다소 지루한 내용이지만 숙지하는 것이 추후 협력업체 운영을 위한 발판이 될 거라는 믿음을 김 교수는 갖고 있었다.

　"지금까지 협력업체를 육성하기 위한 시스템 기반의 관리체계에 대해 설명해드렸습니다. 이제는 육성측면에서 '협력사 통합관리를 위한 운영방안'에 대해 조금 더 설명을 보충하고자 합니다."

협력사 선진화

"전략 소싱 방법론에서 설명해드린 바처럼 협력업체를 육성하고자 하는 취지는 협력사 정예화를 통한 핵심업체 중심으로 운영방향을 전환하고 공급사슬의 주체별로 개선과제 활동을 추진하여 최적의 가격, 수급안정화, 품질 경쟁력 확보를 위한 기반을 구축하고자 함입니다. 따라서 육성을 통한 핵심업체 확대와 더불어 협력사를 더욱 선진화할 수 있도록 핵심업체 운영 프로세스를 고도화할 필요가 있습니다."

핵심업체 운영

"또한 수급불안상황에 대비하고 안정적 공급기반 확보를 위해 협력업체와 상생의 협력관계 구축이 필수적입니다. 이를 위해서는 핵심업체 운영을 통한 가격 및 품질 경쟁력 기반을 구축해야 합니다. 핵심업체 운영 프로세스는 후보업체를 선정하고 운영하며 사후관리를 하는 절차로 진행됩니다. 다시 말하면 후보업체를 List-up한 후 전략 소싱 방법론에 따라 협력사 차별화 분석을 통해 핵심업체를 최종 선정하여야 합니다.

다음 단계인 운영 부문에서는 핵심업체 거래품목정보와 협력업체의 니즈를 파악한 후 물량집중 또는 자금, 기술, 교육지원 등의 육성 지원이 필요합니다. 마지막 단계는 사후관리로 핵심업체 간담회를 실시하고 핵심업체 운영지표에 대한 공감대를 형성하도록 하는 것이 필요합니다. 이를 도식화하면 아래와 같습니다.

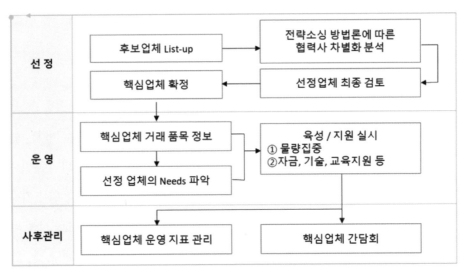

<핵심업체 운영 프로세스>

　　이러한 전략 소싱에 따른 핵심업체 운영에 대한 장기적 기대효과는 협력업체를 정예화하고 이를 지원, 육성함으로써 구매 경쟁력 요소를 최적화하며 이는 업체수준을 향상하게 함으로써 안정적 공급과 원가절감, 품질개선 등을 통해 QCD관점의 구매 경쟁력을 발전시키기 위해서입니다."

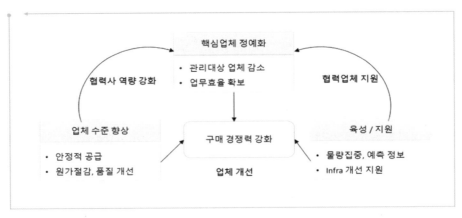

<핵심업체 선순환 효과>

협력업체 운영 체계

"일반적으로 구매처는 협력업체를 효과적으로 관리한다는 명분으로 갑의 지위권을 남용하는 경향이 종종 있었습니다. 따라서 여기서는 '협력업체 관리'라는 표현보다는 '운영체계'라는 말로 협력업체와의 상생관계를 대신 표현하고자 합니다. 협력업체 운영에 있어서 많은 기업들이 몇 가지 고질적인 문제에 봉착하곤 합니다. 그것은 갑자기 협력사가 부도가 나거나 화재가 나는 등 긴급사안이 발생했을 때 적절한 조치를 사전에 마련해두고 있지 않는다는 점입니다. 이는 각각의 품목별 운영그룹을 공급하는 공급시장의 사전 분류 및 Pool을 충분히 준비하지 않았다는 반증이기도 합니다.

따라서 협력업체 Pool을 확보한다는 것은 해당 품목그룹의 전문성을 사전에 파악하여 차선책의 복안을 마련해두고 있어야 한다는 것을 뜻합니다. 한편, 기존의 공급사들이 해당 품목그룹의 적임업체인가에 대해서도 적절한 객관적 평가를 통해 경쟁력을 검증하는 운영체계가 필요합니다.

일반적인 절차는 구매담당자가 시장정보와 업체정보를 수집하고 잠재업체 대상이 선정되면 업체실사를 거쳐 공급 Pool로 등록하는 것과 이후 입찰 시기 또는 필요시기에 견적을 받아 거래가 시작되면 지속적인 모니터링을 하는 방식으로 진행하는 것이 필요합니다. 따라서 협력업체를 등록하는 절차부터 일정한 프로세스로 진행하는 것이 당연합니다."

1) 협력업체 등록 절차

"협력업체를 등록하기 위해서는 시장 정보 등으로 얻어진 잠재업체를 대상으로 경쟁력이 있는지를 시장가격 대비 공급가를 가 견적 형태로 받아보고 통과되면 품질을 담당하는 부서에서 위생 조건 등의 실사를 거쳐 최종 거래 가능업체로 등록하게 됩니다. 등록이 되면 견적제출 또는 입찰에 참여할 수 있는 자격을 부여받게 됩니다.

다음 표는 앞에서 설명해드린 등록절차를 도식으로 보여주고 있습니다.

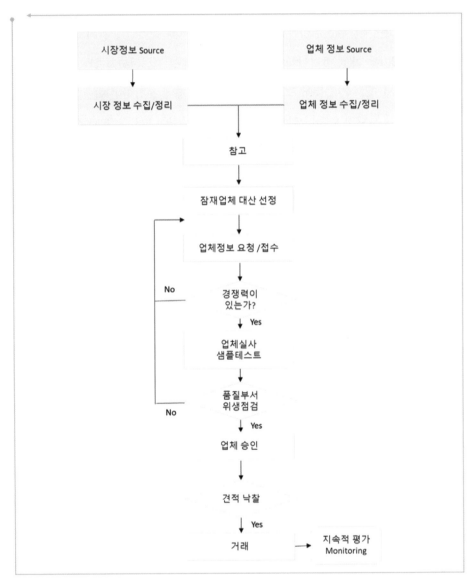

〈협력업체 등록 및 거래 프로세스〉

2) 핵심과제와 To-Be 방향성

마지막으로 협력업체 운영체계를 위한 핵심과제와 To-Be방향성을 설명해드리고 협력업체 운영에 대한 전반적인 강의를 마치도록 하겠습니다. 협력업체를 운영하는 데 필수적인 5대 핵심과제가 있습니다.

첫째는, 업체정보 획득 과정입니다. 이는 시장 조사 및 온라인 정보검색을 통해 새로운 잠재업체를 발굴하는 활동이 필요합니다.

둘째는, 전략 소싱에서 설명해드렸듯이 전략을 수행하기 위한 기본단위를 S/G으로 분류하는 작업입니다. 이는 결국 하나의 전략 체계를 갖추기 위해 필요한 필수 과정입니다.

셋째는, 조사된 업체에 대해서는 기본적인 사항이 시스템에 등록되어 구매담당자가 필요한 소싱처가 발생될 경우 Screening을 통해 필요업체의 정보를 탐색해주는 기능입니다.

넷째는, 정기적, 상시적 평가에 대한 프로세스를 갖추는 것입니다. 이는 구매기능에 있어 부정적인 거래관행을 방지하고 투명한 구매조직을 위한 객관적 지표로 활용됩니다.

다섯째는, 우수협력사를 육성하고 지원하기 위한 I/P제도를 통해 '상생의 묘'를 구축하는 선순환식 발전체계를 정립하는 것입니다.

다음의 표에서 보듯이 협력업체 운영체계는 이 5가지 관리항목을 중심으로 연결되어 있습니다. 때문에 이 도식화된 구조를 이해하고 계시면 여러분이 협력사를 대상으로 하는 활동이 어느 단계에서 진행되고 있는지를 분명히 아실 수 있고 다음 단계로의 방향성에 대해서도 분명한 목표점을 설정하실 수 있게 됩니다. 다시 한번 각각의 운영체계의 연결 프로세스를 표를 통해 참조하시기 바랍니다."

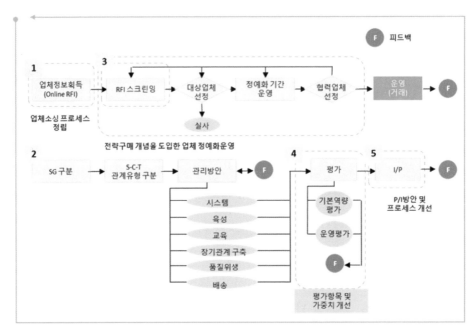

<핵심과제와 To-Be 방향성>

상생 Tip

협력업체 평가 시 주요 점검 내용

일반적으로 규모가 있는 구매기업은 공급사를 평가 시 3가지 중 해당 내용을 주요사항으로 점검함.

1. 역량 - 재무건전성/경영자 마인드/납품 대응력 /안전성.

2. QCD - 가격 경쟁력/품질위생 *가중치 가장 높음.

3. 협조도 - 저단가 식재 개발/상황조치 역량/협업활동.

짬짬이 Info. 7.

구매인의 국내외 출장준비

구매를 하는 사람이라면 국내뿐만 아니라 해외 출장도 빈번히 가게 된다. 2000년 초반까지도 실상 해외 출장을 가는 직원이 있으면 대단히 축하할 일이었다. 그만큼 드문 일이었기 때문이다. 그러나 지금이야 해외에서 직접 수입을 하는 경우가 많아져 마땅히 일이 있으면 예전보다는 더 쉽게 가게 되는 일이 되었다. 그러나 한 가지 꼭 당부하고 싶은 말이 있다. 출장지에 대한 정보를 사전에 충분히 조사하지 않고 현장에 가서야 파악하려는 경향이다. 이러다 보면 결국 멀리 타국까지 가서 면담하는 내용이 매출규모나 종업원 수, 상담내용 및 현장사진 몇 장 찍어오고 보고서를 작성한다. 돈이 아깝지 않은가?

출장 전에는 국내뿐만 아니라 해외출장에도 반드시 사전 해당 업체에 대해 충분한 조사를 해야 한다. 때문에 보고서 역시 사전에 조사할 수 있는 업체현황, 상품현황, 소싱품목 등 모든 자료를 사전에 할 수 있는 만큼 작성을 해가는 것이 좋다. 결국 현지에 가서는 직접 상품을 보고 특성을 확인하고 업체의 차별화된 노하우나 역량에 대한 세세한 것들을 확인하는 것이 되어야 훨씬 많은 것들을 현지에서 찾아낼 수 있으며 바로 복귀하여 거래를 위한 후속작업을 진행할 수 있다. 또한 출장 보고서 역시 출발 전에 조사된 내용과 현지에서 확인한 세세한 내용들을 첨가하여 풍부한 자료로 활용되도록 해야 하며 출장 복귀 후 D+1일 이내에 보고서를 완료하는 것이 필요하다. 가장 생생한 기억을 가진 시점에 기록하는 것이 가장 정확하기 때문이며 이는 초기 출발 전 조사된 자료에 현장의 상담내용 등을 덧붙이는 것이므로 반나절이면 보고서를 완료할 수 있기 때문이다.

'더 이상 사전조사 가능한 업체현황에 대한 질문으로 황금 같은 시간을 허비하지 않았으면 좋겠다.'

결국 구매가 최고의 경쟁력이다

잘 나 가 는 1 % C E O 만 아 는 구 매 시 크 릿

제8장

구매역량은
측정되고
있는가?

이 장에서는 기업이 모든 구매 전략 프로세스가 운영되고 있다는 것을 전제로 각 구매부서의 역량측정을 통해 지속적으로 개선할 수 있는 구체적인 방법과 절차를 예시로 보여주고자 한다.

김 교수는 강의 중에 구매 역량에 대한 내용들을 자주 언급했었다. 왜냐하면 구매 역량은 대내외적인 환경에 따라 상시 현 수준을 측정하고 잠재된 역량을 발굴함과 동시에 기존 역량을 강화하는 활동을 하는 것이 구매 개개인뿐만 아니라 부서단위의 전문성을 향상시키고 구매의 방향성을 명확하게 제시해주기 때문이다. 따라서 이러한 각 부서의 역량평가는 구매 부서별로 구매가 취하는 운영전략의 현 수준을 측정함으로써 미진한 영역을 당면과제로 도출하는 데 더 없이 좋은 Tool로 활용할 수 있다는 것을 설명하였다.

김 교수 역시 부서장으로 근무하던 시절에 반기 또는 연 단위로 구매 워크샵을 실시하여 전반기 구매 전반의 프로세스가 정합성을 가지고 운영되고 있는지를 비교 평가하고 각 프로세스에서 요구하는 세부 항목의 향상도를 측정하여 하반기 집중 개선 과제를 도출하는 활동을 수행했었다. 결국 이러한 활동은 구매가 발전적 단계를 거쳐 전문역량을 갖추는 데 중요한 전환점을 만들어주는 계기가 되었음을 청중에게 강조하면서 강의의 본론을 진행했다.

1. 남과 비교되는 구매역량 Gap 분석

"기본적으로 구매부서가 가격, 품질, 협력사, 상품경쟁력을 향상시키기 위해서는 구매부서의 역량이 어느 정도 수준인지 최고 지향점과의 Gap을 분석하여 상품 경쟁력과 협력사 운영 역량을 정비하여야 합니다. 따라서 각 부서의 구매 현 수준에 따라 요구되는 역량을 발굴하여 선정하고 평가테이블을 마련하여 반기 또는 연 단위로 역량의 발전정도를 점검하는 것이 필요합니다. 각 역량에 대한 평가 방법은 역량을 비교할 수 있는 최고 지향점을 목표로 해당 구매부서가 어느 정도 목표치에 근접하고 있는지를 측정한 뒤 점수화하여 방사형 그래프로 설정하면 쉽게 이해할 수 있습니다.

아래 표의 내용은 예시입니다. 따라서 구매부서의 핵심역량을 도출하고 구매부서가 선진업체 벤치마킹 또는 조사자료를 통해 얻어진 목표 지향점을 기준으로 현 수준을 측정합니다. 이를 통해 객관적인 문제점을 도출하고 이에 대해 단계별 보완과제를 도출하는 것이 중요합니다. 일반적으로 목표지향점과의 차이분석을 쉽게 설명할 수 있는 것은 Gap분석입니다. 이는 '방사형 그래프', 일명 '거미줄 그래프'를 통해 가격, 품질, 협력사, 상품 이 4가지 핵심주제를 기반으로 필요한 역량을 분석하는 방법이 많이 사용됩니다. 예시의 표는 각각의 경쟁력 정도를 비교 분석하여 과제를 도출하는 것을 보여주고 있습니다.

첫 번째, 가격관리 측면에서는 TCO관리, 구매전략, 원가분석, 시황분석, 협상 등의 현 수준을 비교한 결과, 가격 경쟁력을 검증하는 과제가 도출되었음을 보여주고 있으며,

두 번째, 협력사 운영 부문은 잠재업체 Pool을 발굴하고 Compliance, 즉, 정책수용도와 협력사 시스템의 지원 등을 비교한 결과로 잠재업체 Pool 확보와 협력사 육성, 지원책의 과제를 도출하였음을 보여줍니다.

세 번째, 상품개발부문은 상품 개발 프로세스, 품목 전문성, 품목군 운영 전략, 시장의 트렌드 분석 등을 비교한 결과로 품목 전문성 확보 및 운영전략 수립과 상품 프로세스 점검과 같은 과제를 도출하였음을 보여줍니다.

네 번째, 품질관리 부문은 클레임의 이해도, 품질지도 능력, SCM의 이해도를 비교한 결과로 품질지도 표준화와 품질관리체계 점검의 과제를 도출하였음을 보여주고 있습니다.

이러한 예시의 결과 값은 여러분 회사 역시 각각의 역량에 대한 세부 프로세스를 정립하고 각각의 세부 프로세스에 대한 역량평가 결과를 반영하여 보완할 과제를 도출해야 하는 방법론과 당위성을 설명하는 것입니다."

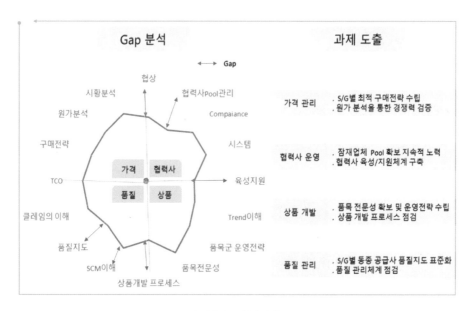

〈구매역량 Gap분석 예시〉

상생 Tip

구매기업과 공급사간 적정 거래 물량 기준

· 구매기업/공급사는 배정 또는 공급하는 물동량이 공급사(자사)의 매출규모 기준, 25%선을 넘지 않도록 유의.

양사의 경우 물량의 안정적인 공급 측면에서 구매기업은 품질 및 안정적 물량확보 리스크가 있고 공급사는 구매기업의 물량공급이 중단되어 기업회생 리스크가 상존하므로 공급사는 추가영업 필요함.

2. 통으로 보여주는 TO-BE 구매 역량

　"다시 말하면 Gap분석을 통해 구매기업의 공통적인 업무 프로세스를 크게 시황조사, 상품개발, 구매 전략수립, 업체선정, 가격결정, 사후관리로 구분 지었다면 이에 대한 세부 프로세스는 다음 표와 같이 정의하여 각각의 역량정도를 평가하는 것입니다. 즉, 설명 드린 4가지 역량 과제를 종합적으로 보완하기 위해서는 큰 틀의 Mega 프로세스를 시황조사~사후관리 순으로 나열하고 각 항목을 규정하는 세부 프로세스를 설정한 후 진척수준을 점수화 하여 그 결과값을 보여주도록 하는 것입니다. 이는 각 부서의 세부 프로세스를 충족하는 역량단위의 부서별 현 수준을 큰 틀에서 한 눈에 보여주는 표로 활용이 됩니다.

　마찬가지로 Mega프로세스의 하위 프로세스 평가를 통해 각각의 역량수준을 평가하게 됩니다. 예를 들면 '시황조사'에 대한 세부 필요 항목이 '시황분석, 시장조사, 시세 분석, 시황공유 프로세스'로 분류하였다면 이를 다시 정량적인 평가를 위해 세부 프로세스 단위로 점수를 계산하여 하위 프로세스의 현 수준을 측정하게 됩니다. 이 부분은 8-3표에서 상세하게 설명해드리겠습니다.

Mega Process	1. 시황 조사	2.상품 개발	3.구매전략수립	4.업체 선정	5.가격 결정	6.사후 관리
세부 프로세스	1. 시황 분석 ◗	1.고객니즈분석 ◗	1. 품목특성분류 ◗	1.재무평가 ●	1. 목표가 설정 ◗	1. 실적분석 ◗
	2. 시장 조사 ◗	2. Spend 분석 ◗	2. 전략레버결정 ◗	2. 바이어실사 ◗	2. 견적비교 ◗	2. 품질관리 ◗
	3. 시세 분석 ◗	3. 상품컨셉개발 ◗	3. Pool업체 조사 ◗	3. QA점검 ◗	3. 협상 ◗	3. 운영관리 ◗
	4. 시황 공유 ◗	4. 샘플테스트 ◗	4. RFI/RFP ◗	4. 신규업체 등록 ◗	4. 매입가결정 ◗	4. 평가관리 ◗
		5. 판매계획 수립 ◗		5. 업체교육 ◗	5. 매출가결정 ◗	
					6. 계약 ◗	

〈핵심과제와 To-Be 방향성 예시〉

3. 쪼개서 보여주는 TO-BE 구매 역량

"위에서 보신 전체적인 맥락에서 평가된 세부 프로세스 결과값은 지금 설명해드리는 각 구매부서의 세부 프로세스의 평가를 통해 얻은 결과입니다. 즉, 인력/조직, 기술/프로세스, 시스템/인프라 3가지 영역에 따라 세부 프로세스를 규정하는 구매부서의 현재 상태의 요건들을 기술하고 그 진척도를 측정하는 것을 말합니다. 한편 측정된 평가 결과를 통해 실질적인 개선과제 또는 미흡한 부분을 개선하는 Action Plan을 도출하여 보완하는 활동을 시작해야 합니다. 물론 그에 대한 보상은 구매 역량의 지속적 발전과 더불어 기업의 성과로 나타나게 될 것입니다."

사실 평가에 대해 이미지로 그 달성정도를 표현했지만 강의를 듣는 청중에게는 '인력/조직, 기술/프로세스, 시스템/Infra'각 항목에 필요한 내용. 즉, 구매 전문성, 현장활동 건수 등과 같은 정량적으로 평가할 수 있는 내용들을 점수화하여 전년 또는 전반기의 평가결과와 비교하고 이를 이미지화 하게 되면 현 수준을 쉽게 보여줄 수 있는 장점이 된다는 것을 김 교수는 청중에게 강조하고 이를 설명하는 세부 프로세스에 대해 설명을 시작했다.

시황조사

"품목군을 담당하는 부서의 경우 세부 프로세스는 시황을 분석하고 시장조사를 통해 시세를 분석한 후 관련 부서 및 담당자에게 상호 공유하는 것이 중요합니다. 이는 결국 대내외적으로 시황에 대한 정보를 입수하는 것으로 외부 거래 또는 신규 잠재고객과의 원활한 소통을 위해서 반드시 필요한 지식 정보채널이라고 할 수 있습니다.

다음 표의 예시는 시황회의를 통해 시황을 조사하는 역량은 우수하나 외부 시황전문기관 활용의 보완이 필요하다는 것을 예시로 보여주고 있습니다. 따라서 여러분회사의 조건에 부합하는 요건들을 찾아내서 보완 과제를 도출하는 데 활용하시기를당부드립니다."

세부 프로세스	평가	인력/조직	평가	기술/프로세스	평가	시스템/Infra	평가
1. 시황 분석	◗	·구매담당 5년이상 전문성 여부 검증	◗	·시황회의 통한 단가검증 •트렌드 분석 및 공유	◗	·시황전문기관 활용 여부	◖
2. 시장조사	◑	·전담인력 부재 •현장활동 강화	◑	·주 유통경로 조사 •산지,가락시장 외	◑	·물가협회 자료 활용	◑
3. 시세분석	◑	·구매담당 5년이상 전문인력 여부	◑	·품목별 최근 5년 시세분석 •전문사이트 참고	◑		◖
4. 시황 공유	◗	·전담인력 1인	◗	·내부, 유관부서 시황공유	◗	·사내 게시 및 메일링	◗
Total	◗		◗		◗		◑

⟨구매부서 시황조사 프로세스 상세역량 측정 예시⟩

상품개발

"상품개발 측면에서는 우선 고객 니즈를 분석하고 예상되는 Spend를 분석한 후상품 콘셉트를 정하여 테스트 및 판매계획을 수립하는 프로세스가 필요합니다. 표의 예시는 고객 니즈 분석, 상품 콘셉트 개발 등의 전문인력을 양성하고 관련 부서 즉, 메뉴, PB, 연구소, 영업 등과의 협력 등이 다소 미흡하다는 것을 예시로 보여주고 있습니다."

세부 프로세스	평가	인력/조직	평가	기술/프로세스	평가	시스템/Infra	평가
1. 고객니즈분석	◗	.전문인력 없음 •요청 시 대응 미약	◗	.신규품목 요청 절차 有 •운영,영업 등 요청 접수	◗	. SRM	◗
2. Spend분석	◕	.전담인력 여부 •관련 부서 협업	◗	.전략소싱내 세부절차	◗	.품목별,S/G실적 집계	◗
3. 상품컨셉개발		.전문인력 부재 •요청 시 대응	◖	.개발 Tool 미정립	◗		◗
4. 샘플 테스트	◕	.유관부서 협의체 • 필요 시 외부 의뢰	◕	.관능테스트(맛/규격) •안전성 검사	◔	. 테스트 결과 보고서	◗
5. 판매계획수립	◗	.전문인력 없음 •영업/운영 의존도	◖	.할인 프로모션 등 시행 영업/운영 협업	◗	. SRM	◗
Total	◗		◗		◗		◗

〈구매부서 상품개발 프로세스 상세역량 측정 예시〉

구매전략 수립

"구매전략은 앞서 전략 소싱 방법론에서 많이 다루긴 했지만 한 번 더 간략히 설명하자면 S/G의 품목특성을 분류하여 전략 방법(레버)을 결정하고 Pool업체를 조사한 후 RFI 및 RFP를 통해 거래가능한지 여부를 검증하는 단계가 요구됩니다. 이를 위해서는 항목별 역량수준에 있어 전략 레버를 검증하고 Pool업체를 조사하고 전략 소싱 체계의 보완이 필요함을 예시로 보여주고 있습니다."

세부 프로세스	평가	인력/조직	평가	기술/프로세스	평가	시스템/Infra	평가
1. 품목특성분류	◑	.구매기획 전담1인 *소싱그룹 분류	◑	.품목/산업특성 기준 • 전략/경쟁/안전/일반	◐	.SRM *소싱그룹 분류체계	◑
2. 전략레버 결정	◐	.부서별 검증	◐	.전략군별 레버 결정 • 입찰Tool, 전략적 제휴	◑	.SRM(전략소싱) • 구매전략 방향성 제시	◐
3. Pool 업체 조사	◑	.담당S/G별 Pool 확보	◑	.시장 조사 *박람회 참관 기회 제공	◑		
4. RFI/RFP	◑	.바이어별 검증 *S/G별 레버선택	◕	.RFI/RFP 표준양식 • 업체 회신율	◐	.SRM 전략소싱체계	◑
Total	◑		◑		◑		◑

〈구매부서 전략 소싱 프로세스 상세역량 측정 예시〉

업체선정

"업체 선정은 입찰이나 협상을 통해 수의계약 또는 참여업체로서 자격을 부여하는 절차를 규정하는 것입니다. 따라서 원활한 물품 공급을 위해서는 업체의 재무안전성을 위한 재무평가, 바이어 실사, 품질부서 점검, 업체등록 및 업체교육 순으로 프로세스를 진행하여야 합니다. 본 도표의 예시에서는 전반적으로 양호한 역량으로 평가되었으나 바이어실사~업체교육에 대해 추가적인 수행 능력 등의 보완이 필요하다는 것을 보여주고 있습니다.

결국 구매업무는 전 과정이 Mega프로세스와 하위구조의 세부 프로세스를 가지고 있기 때문에 이러한 구체적인 역량측정을 통해 하위구조인 세부 프로세스 역시 지속적으로 개선, 보완하는 것이 필요하며 결과의 조합이 총체적으로 핵심역량으로 경쟁우위를 지니게 된다는 것을 명심하시기 바랍니다.

세부 프로세스	평가	인력/조직		기술/프로세스	평가	시스템/Infra	평가
1. 재무 평가	●	. 구매기획 전담 1인 •외부신용평가사 등	●	. 업체등록 시 연1회 •B등급 이상 거래 가능	●	. SRM(사전 평가표) •신용평가사 정보	●
2. 바이어 실사	◗	. 바이어별 검증 •5년이상 전문성	◗	. 거래 가능성 파악 •재무,경영,마인드,가격 등	◗	. SRM(심사관리)	◗
3. 품질부서 점검	◗	. 전담 조직 보유 •품질부서	◗	. 품질부서 평가 기준 •서류,공정심사	◗	. QA 평가시스템	◗
4. 신규업체 등로	◗	. 바이어별 검증 •5년이상 전문성	◗	. 신규업체 등록 절차 이행	◗	. SR(지원시스템)	◗
5. 업체 교육	◗	. 바이어별 교육 •정기 교육 부재	◐	. 협력업체용 매뉴얼 •발주,납품,상황,계약 등	◗	. SRM(매뉴얼) •물류입출고 관련	●
Total	◗		◗		◗		◗

〈구매부서 업체 선정 프로세스 상세역량 측정 예시〉

가격 결정

"가격 결정은 사전 시황 분석과 시장조사를 통해 예상하는 목표가를 설정하고 견적비교와 협상을 통해 매입할 수 있는 가격을 결정하고 계약을 진행하는 프로세스로 설명할 수 있습니다. 이를 위해서는 목표가설정, 협상, 매입가 결정 등에 있어 검증 능력과 시장조사와 전략 소싱 Tool 활용 등의 보완과제가 필요하다는 것을 보여주고 있습니다."

세부 프로세스	평가	인력/조직	평가	기술/프로세스	평가	시스템/Infra	평가
1. 목표가 설정	◗	. 구매부서내 검증	◗	. 시장조사 * 유사상품 조사, 동종사	◗		◖
2. 견적 비교	◕	. 바이어별 검증	●	. 입찰/견적 프로세스 * Fax, 메일 등	●	. SRM(On-Line) * 필요시 Fax진행	◗
3. 협상	◖	. 담당자~부서장	◕	. 프로세스 미흡 * 원가분석, 조사기관 자료	◕		◗
4. 매입가 결정	◕	. 바이어/부서 검증 * 전결규정 준용	◕	. 단가 결정 품의 * 전략소싱 Tool 활용	◗	. SRM(계약관리)	◕
5. 판매가 결정	◕	. 구매기획 1인 * 사외 물가자료 적용	◗	. 판매가 결정 프로세스	◗	. SRM(계약관리)	◗
5. 계약	◗	. 담당 바이어	◗	. 시스템 품의 * 시스템 품의 및 전자 승인	●	. SRM(계약관리) . 계약 품의	●
Total	◗		◗		◗		◗

〈구매부서 가격 결정 프로세스 상세역량 측정 예시〉

사후관리

"사후관리는 판매 및 품질 실적 등을 평가하고 품질관리 및 운영관리, 평기관리 등의 프로세스로 설명되는데 평가관리 측면에서 평가의 주체에 대한 보완점을 예시로 보여주고 있습니다."

세부 프로세스	평가	인력/조직	평가	기술/프로세스	평가	시스템/Infra	평가
1. 실적분석	◗	. 담당자별 진행 * 전담인력 부재	◗	. 이익율 관리 클레임율, 원가절감 관리	◗	. SRM	◗
2. 품질관리	◗	. 전체 바이어 * 품질부서, 물류 협업	◗	. 협력사/고객사 방문 * 산지/생산시설, 사업장	◗	. 클레임 집계 . VOC 집계	◗
3. 운영관리	◗	. 담당 바이어 * 물류그룹 협업	◗	. 재고관리 * 물류 공동 협업	◗		◗
4. 평가관리	◗	. 담당 바이어 * 구매기획 주관	◗	. 협력업체 선정 . 정기 평가(년 1회)	◗	. SRM(업체관리)	◗
Total	◗		◗		◗		◗

〈구매부서 사후 관리 프로세스 상세역량 측정 예시〉

"교수님, 현 수준의 역량평가 예시를 통해서 보완과제를 도출하는 내용은 저희가 평소 해보지 않았던 방법이라 당장 실무에 도움을 줄 수 있다고 생각합니다. 그런데 저희는 아직 전략 소싱도 도입하지 않은 상황인데 어떤 프로세스를 도출해야 하는지가 다소 막막해집니다."

김 교수는 짐짓 진지한 질문자의 태도를 보면서 말문을 열었다.

"네. 좋은 질문입니다. 그동안 저는 강의를 통해서 구매업무 전반에 대한 프로세스를 구분하여 설명해드렸습니다. 결국 구매 업무를 나열한 도표를 보시고 각각의 프로세스에 대한 구체적인 하위 프로세스를 나누는 작업이 우선 필요합니다. 따라서 그 방법은 이미 VDT 분석을 통해 설명 드렸습니다. 따라서 이제는 여러분이 현업에 돌아가서서 Mega프로세스와 그 하위 프로세스를 도식화하는 작업을 실시하시기를 추천드립니다. 그리고 여러분 회사에 적합한 구매 업무의 역량수준을 표현하는 내용들을 발굴하여 개선과제로 도출하고 실행하시기를 바랍니다. 다시 말씀드리지만 본 강의에서 설명 드린 예시는 여러분들이 실무에서 적용할 때 그 결과물을 유추할 수 있는 내용이니 가감하여 활용하시기를 바랍니다. 대답이 되었나요?"

"네. 그렇군요. 앞으로 할 일이 많겠네요. 하하."

김 교수는 일단 프로세스를 정립해두면 구매가 해야 할 일들이 명확하게 보이기 시작한다는 것을 설명하면서 분석된 역량에 대한 세부과제 도출을 위해 앞에서 배웠던 VDT 분석에 대한 설명을 이어갔다.

4. 부족한 역량 채워주는 Biz 분석

"구매 활동에 있어 역량의 Gap분석 결과 보완 과제가 선정되면 구체적인 방법에 대한 항목을 도출하여야 합니다. 구매에 있어 기본적으로 중요한 경쟁력 항목은 원가(Cost), 상품(Product), 품질(Quality)이므로 부서단위의 협의를 통해 각 항목에 가장 필요한 것이 무엇인지 논의하시기 바랍니다. 일반적으로 이러한 분석방법은 앞에서도 설명해드렸지만 what-to 방식, 또는 VDT(Value Drive Tree)라고 명명합니다. 이러한 방법은 모든 실무자가 참여하여 협의하기 때문에 상하 수직적인 지시관계가 아닌 수평적으로 전략을 이해하고 능동적으로 자신의 역할을 찾아 시행하는 장점이 있다는 점에서 권장할 내용이라고 생각됩니다. 다음 표는 상품경쟁력을 위한 VDT 예시를 보여주는 것이므로 여러분 회사의 역량 분석결과로 도출된 과제들을 중심으로 마지막까지 Leve을 나열해보기 바랍니다. 분명 솔루션이 명확하게 보이게 될 것입니다."

김 교수는 강의가 막바지를 향해 가고 있는 상황을 느끼면서 잠시 생각에 잠겼다. 아마도 이 모든 지식전달이 어느 정도 청중에게 수용되었을까 하는 염려가 불현듯 뇌리를 스쳐 지나갔기 때문이다. 한편으로 많은 시간 동안 열정적으로 강의에 참여해준 구매인들에게 감사한 마음이다. 그리고 강의의 내용이 100% 바로 수용될 수 있는 내용이 아니기에 두고두고 실행을 통해 강의 내용을 상기해주기를 기대했다.

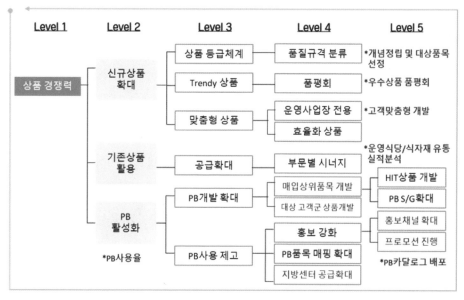

Level 1	Level 2	Level 3	Level 4	Level 5
상품 경쟁력	신규상품 확대	상품 등급체계	품질규격 분류	*개념정립 및 대상품목 선정
		Trendy 상품	품평회	*우수상품 품평회
		맞춤형 상품	운영사업장 전용	*고객맞춤형 개발
			효율화 상품	
	기존상품 활용	공급확대	부문별 시너지	*운영식당/식자재 유통 실적분석
	PB 활성화	PB개발 확대	매입상위품목 개발	HIT상품 개발
			대상 고객군 상품개발	PB S/G확대
		PB사용 제고	홍보 강화	홍보채널 확대
				프로모션 진행
	*PB사용율		PB품목 매핑 확대	*PB카달로그 배포
			지방센터 공급확대	

〈VDT(Value Drive Tree) 상품 경쟁력 예시〉

5. 구매 아카데미가 구매 전문가를 키운다

"구매부서는 매출원가를 줄이는 데 중요한 역할을 하는 부서이자 신 성장 동력을 창출하는 가치창출 부서입니다. 때문에 구매역량을 강화하기 위해서는 실질적이고 체계적인 교육이 제공되어야 합니다. 이를 통해 구매전문가를 육성하여 구매역량을 집중할 수 있도록 독려할 필요가 있습니다. 운영방안은 4단계 순환프로세스가 필요 합니다. 즉, 역량평가 → 역량확인 및 교육계획 수립 → 교육진행 → 등급평가의 순 으로 진행하는 것이 바람직합니다. 커리큘럼은 사내 · 외 강의 참가/사외 위탁교육/ 집합교육 등 목적에 따른 교육을 통해 효과를 최고치로 극대화할 필요가 있습니다. 이를 위해서는 온라인 강의, 사내 강의, 사외 위탁교육, 집합교육 등의 4가지 유형의 교육프로그램이 필요하며 이러한 전반적인 교육과정에 대해서는 해당 표를 참고하 여 여러분 회사에 적합한 프로그램을 선정하시기를 바랍니다."

종류	정의	대상
온라인 수강	온라인을 통하여 원격으로 수강하는 교육	• 구매 기초 과정 • 수시 역량 보완 필요 시
사내강의	사내 강사가 강의하는 교육	• 품목 전문지식 • 구매 실무 Know-how
사외위탁교육	외부 교육기관이 주관하는 교육	• 전문적 수준의 교육(CPSM 등) • 기타 특수한 분야의 직무능력 향상이 필요한 경우 (쌀 소믈리에 등)
집합교육	강사 초빙하여 사내에서 실시하는 교육	• 구매팀 교육 중 수요 많을 시 • 전 Buyer 대상 교육 대상이 필요한 경우

* 사내 강의는 배출된 구매전문가 활용

〈구매 아카데미 교육 유형〉

과정명	목표	대상
구매입문	구매 및 Process의 이해 • 부서소개 • 구매기초용어 · 지식 • 구매인으로서의 자부심 (가치체계 내재화)	구매업무를 처음 수행하는 신입입사자 (경력입사 · 전배 직원 포함)
구매기본	구매 기초역량 확보 • Buyer 공통 직무지식 • 구매일반, 협상, 협력사 관리 등	구매 초급 Buyer
구매심화	구매/품목 전문역량 보유 • Buyer 심화 직무지식 • 품목관리 지식 등	구매 중급 · 고급 Buyer
구매전문가	구매 전문가 배출 • CPSM등 개인별 역량보완 교육 • 품목별 전략과제 수행	후보로 선정된 구매고급과정 수료자

〈구매 아카데미 교육 과정〉

저자가 보는 구매인의 가치창출

우리가 지금까지 이 책을 통해 배우고 익힌 경영이론과 구매 전략들이 원가절감뿐만 아니라 기업의 새로운 비즈니스를 창출하는 기회가 되어야 한다는 것을 이해했다. 이는 결국 우리가 알고 있는 공급망 관리(SCM)를 최적화하여 비용을 최소화하는 반면 가치사슬 공급망의 모든 단계에서 가치를 창출하여 이윤을 남기는 활동이 가능하기 때문이다.

가치사슬 면에서 보면 상품의 흐름이 정방향으로 흐른다면 대가로 들어오는 자금의 흐름은 역방향이다. 따라서 가치 창출이란 이러한 각각의 공급망 단계에서 최적의 부가가치를 만들어 새로운 비즈니스를 만드는 총체적인 활동이다.

구매는 시장환경이나 유통구조, 상품에 대한 특성을 정확히 알고 있는 부서이다. 따라서 상품의 흐름을 이해하고 자금이 들어오는 길목에서 새로운 가치를 만들어 기업의 신 시장을 개척하는 일은 백 번 생각해도 구매인의 전문성을 따라올 부서는 없다는 결론을 내린다. 따라서 지금부터 새로운 시각으로 기업 내에 가치를 만들고 수익을 창출하는 원대한 포부를 갖기를 바란다.

그리고 이를 이해하는 1%의 경영진은 구매를 적극 활용하는 리더로 승승장구하기를 바란다.

새로운 시각으로 기업 내에 가치를 만들고
수익을 창출하는 원대한 포부를 갖기를 바란다.

– 에필로그 중

김 교수는 아직 못한 말들이 많음을 통감했다. 지면에 모두 옮겨 적는 것은 두서없는 모양새가 될 듯싶어 추후 강의가 잡힌다면 더 많은 경험담을 들려주겠다는 약속을 청중과 했다. 많은 시간 할애받은 시간이 아니라 더더욱 아쉬움이 남는다. 그러나 중요한 것은 이들 가운데 많은 변화들을 감지하였고 그것은 아마도 이 회사의 구매가 적어도 지금까지 와는 다른 위상을 갖추는 데 결정적으로 기여할 수 있는 동력이 되리라 믿는다.

오랜 시간이 흘러 세상의 이치를 깨닫는 옛 성현들의 가르침처럼 구매는 깊이 들어 갈수록 더욱 매력을 느끼는 영역이다. 방법을 알고 이론적으로 무장한 실무형 구매인들은 어떤 곳에 있든지 열 사람의 몫을 해낼 만큼 뛰어난 기량을 표출하리라고 자신한다. 그러한 근거는 세상의 이치를 깨닫는 것처럼 모든 공급망에 걸쳐 인과관계를 분명히 이해하고 그 안에서 관계와 개선과 새로운 시도를 통한 가치창출을 끊임없이 수행할 수 있는 역량이 이미 몸속에 내재되어 있기 때문이다. 이 책을 접하는 독자 역시 그러한 잠재된 역량을 끌어내고 새로운 도약의 발판으로 삼아주기를 바란다.

세상에 많은 발명이 수없이 탄생하고 사멸하기를 반복하고 있다. 앞으로 100년쯤 뒤에는 아마도 우리는 달에 가서 휴가를 보내고 있지 않을까 싶다. 그만큼 시대는 빠르게 변화되고 있다. 구매 역시 발 빠르게 이러한 모든 문물들을 받아들이고 확대해야 하는 역할과 의무를 가지고 있다. 따라서 시대가 바뀌는 것만큼 구매는 더 빠르게 세상이 주목하는 상품을 발굴하고 전파하며 기업의 새로운 수익원을 창출하는 역할을 한다는 측면에서 더 이상 고여 있는 구매가 아닌 역동적으로 공급망을 관리하고 리딩하여 끊임없는 기업의 성장동력으로 발전할 거라고 확신한다.

한편, 이 책을 대하는 CEO와 경영진분들이 구매가 더 이상 비용을 지출하는 부서로서가 아닌 이익을 보증하는 'Profit Center'로서의 위상을 찾아갈 수 있도록 구매 역량을 믿고 구매의 R&D 역량을 확대하여 신 시장을 개척하도록 적극 지원해주기를 바란다.

그런 의미에서 저자는 이 책을 접하는 분들은 상위 1%만이 갖는 경쟁력을 소유했다고 감히 말씀드리고 싶다. 왜냐하면 이론적인 면에서 정말 훌륭한 구매 도서들이 국내 시중에 유통되고 있지만 저자는 실무 구매이력과 이론을 함께 담은 저서는 거의 접해보지 못했기 때문이다. 따라서 저자가 가지고 있는 긴 역사의 구매 역량에는 세상에 다 풀어내지 못한 시크릿이 있다고 굳게 믿고 있다. 저자가 구매 바이어를 거치고 구매 임원의 자리에 오르기까지 긴 여정 동안 저자 역시 이러한 책이 나오기를 학수고대했던 것도 하나의 이유이다.

이 책의 명을 '잘나가는 1%의 CEO만 아는 구매 시크릿'으로 명명한 것 역시 저자 역시 한 사람의 독자로서 구매가 SCM 전반에서 그 가치가 명명백백 발현되고 그 가치를 인정받는 1%의 소중한 구매인이 되기를 진심으로 바라기 때문이다.

결국 구매가 최고의 경쟁력이다

잘 나 가 는   1%   C E O 만   아 는   구 매   시 크 릿

부록

유통구조를 이해하고 비용구조를 추적한다는 것은 구매인에게는 원가절감의 기회를 포착하는 것과 같다. 왜냐하면 유통단계를 조사하고 비용구조를 밝히는 것은 현재 구매하는 유통단계보다 한 단계 선행단계로 진입이 가능한지를 타진하고 원가절감을 가늠해볼 수 있기 때문이다. 따라서 본 장에서는 구매인들이 현업에 접목하여 활용되도록 주요품목의 자료를 기술하였다. 단, 시장환경에 따른 비용구조는 다소 변동될 수 있음을 양지해주길 바란다.

주요 품목에 대한 작업 공정은 품질문제를 야기할 수 있는 개연성을 찾는 활동임과 동시에 해당 업체의 생산구조를 이해하고 제조원가를 추적하는 데 큰 도움이 된다. 따라서 이 장에서는 식품 유통시장에서 주로 사용되는 품목 위주로 작업 공정에 대한 내용을 간추려 올리고자 한다. 참고로 협력사 둘도 내부 공정의 개선활동이 활발해지면서 세분화되거나 시설 인프라를 도입하여 단축하는 사례도 있음을 이해하고 참고자료로 활용되기를 바란다.

국내외 산지정보는 오랜 기간 반복적인 산지 방문 등을 통해 경험적으로 숙지하게 되는 것이 일반적인 사항이다. 따라서 사전에 출하정보를 안다는 것은 해당지역의 재배현황이나 작황을 수확 전에 확인하거나 조사할 수 있는 기초정보가 되기 때문에 이 역시 구매인들에게는 귀한 자료가 될 수 있다. 본 장에서는 농산물과 수산물에 대한 출하정보를 부록으로 실었다. 그러나 기후 조건에 따라 수확시기, 품종, 재배지의 변동은 불가피함을 이해해주길 바란다.

제1장 유통구조 한눈에 보기

구매인들에게 중요한 지식정보는 유통구조에 대한 이해이다. 왜냐하면 유통구조를 안다는 것은 각각의 유통단계에서의 비용구조를 추적할 수 있고 이를 통하여 원가절감의 기회를 포착할 수 있기 때문이다. 따라서 본 장에서는 유통단계별로 예상되는 비용구조를 밝히고 상위단계 진입 시 예상되는 투자대비 원가 절감액의 상관관계를 분석하여 활용될 수 있기를 기대한다.

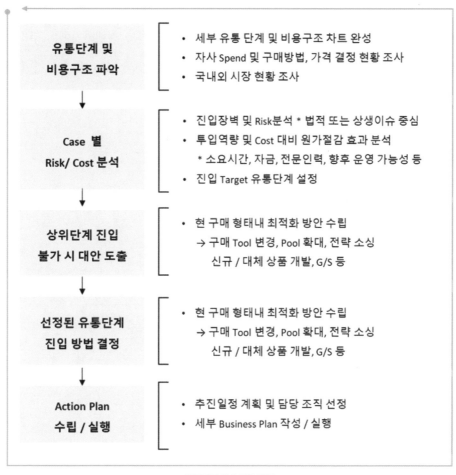

| 유통단계 및
비용구조 파악 | • 세부 유통 단계 및 비용구조 차트 완성
• 자사 Spend 및 구매방법, 가격 결정 현황 조사
• 국내외 시장 현황 조사 |

유통단계 및
비용구조 파악

- 세부 유통 단계 및 비용구조 차트 완성
- 자사 Spend 및 구매방법, 가격 결정 현황 조사
- 국내외 시장 현황 조사

Case 별
Risk/ Cost 분석

- 진입장벽 및 Risk분석 * 법적 또는 상생이슈 중심
- 투입역량 및 Cost 대비 원가절감 효과 분석
  * 소요시간, 자금, 전문인력, 향후 운영 가능성 등
- 진입 Target 유통단계 설정

상위단계 진입
불가 시 대안 도출

- 현 구매 형태내 최적화 방안 수립
  → 구매 Tool 변경, Pool 확대, 전략 소싱
     신규 / 대체 상품 개발, G/S 등

선정된 유통단계
진입 방법 결정

- 현 구매 형태내 최적화 방안 수립
  → 구매 Tool 변경, Pool 확대, 전략 소싱
     신규 / 대체 상품 개발, G/S 등

Action Plan
수립 / 실행

- 추진일정 계획 및 담당 조직 선정
- 세부 Business Plan 작성 / 실행

〈유통구조 조사 접근 방안〉

1. 국내산 닭고기 유통구조 분석

국내산 닭고기 제조사들은 대부분 계열화사업으로 유통구조가 조성되어 있어 상위단계로의 진입은 사실 어려움이 많다는 것을 보여주고 있다. 또한 수익구조 역시

사육농가에서 도계 가공장까지 도달하는 데 불과 약 4.4% 정도의 이윤이 발생하기 때문에 도계/가공장 사업에 신규로 참여하여 대규모 투자를 진행하기에는 무리한 투자일 수밖에 없다. 따라서 국내 우수 도계/가공장을 둔 공급사 Pool을 확보하여 경쟁관계를 유도하는 것이 바람직한 구매방법이다.

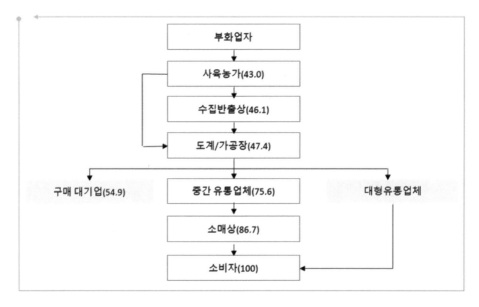

〈국내산 닭고기 유통 및 원가구조 예시〉

2. 쌀 유통구조 분석

유통회사의 규모가 크고 센터를 보유하고 있다면 대부분 미곡처리장 (RPC: Rice Processing Complex)에서 직 구입하는 프로세스를 가지고 있다. 따라서 RPC에서 구매하는 단계보다 선행되는 구매를 위해서는 RPC지분 참여 또는 RPC를 건립하는 것이 필요하나 양곡도정업 자체가 중소기업 고유 업종으로 지정되어 있어 대기업이 참여가 어렵다. 따라서 현행 구매단계에서 조곡가(도정 전 상태 가격)의 기복에 따라 미리 수매를 통해 사일로우에 저장해두는 RPC와 시장여건에 따라 농가에서 조곡을 비정기적으로 사서 도정하는 RPC와의 가격 GAP을 활용하는 것을 권장한다. 즉, 충분한 업체 POOL을 확보하고 산지 수확상황 및 시장동향을 분석, 조곡 구매방식에 따른 경쟁력 업체를 선정하는 것이 바람직한 원가절감 방안이 될 수 있다. 그러나 환경에 따라 작황 또는 시장환경이 변동할 수 있기 때문에 앞의 2가지 형태의 업체에 대해 복수거래 형태로 진행하되 물량배분의 차이를 두는 것이 상생관계를 위해 바람직한 방법일 수 있다.

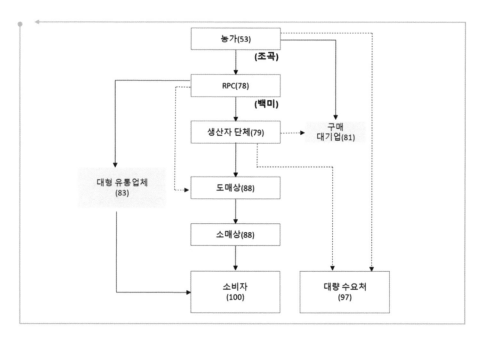

〈쌀 유통 및 원가구조 예시〉

3. 수입육 유통구조

여건이 되는 유통회사는 해외에서 직접 수입하거나 수입업체로부터 국내에서 매입하는 방식을 병행하는 것이 일반적이다. 직수입보다 선행되는 구매방법은 해외 농장과 직거래 또는 도축장을 인수, 지분 참여 등 생산 및 사육단계의 투자가 필요하지만 이에 따른 리스크도 예상되어 아직까지는 미개척시장이라고 할 수도 있다. 예시로 김 교수가 호주출장 시 현지 도축장 인수 시 약 150~200억 정도가 소요된다고 하니 투자기업의 회수기간을 고려하면 선행단계의 진입은 좀 더 고려해볼 사안이다.

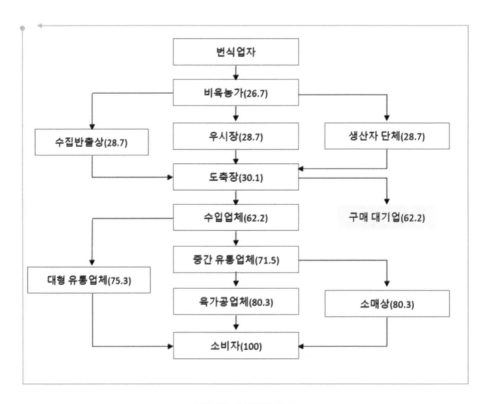

〈입육 유통 및 원가구조 예시〉

4. 국산 돈육 유통구조

규모가 큰 유통업체의 경우 국산 돈육의 구매는 도축된 원물을 부분육으로 분리 작업하는 육가공업체에서 직 구매하는 단계일 것이다. 이보다 선행되는 구매단계는 농장 직거래 또는 도축장 인수, 지분 참여 등 생산 및 사육단계에의 투자가 요구된다. 따라서 원료육의 가격이 결국 산출품목의 가격에 영향을 주기 때문에 대형유통기업의 경우 저렴한 시점에 원료를 구매하여 임 가공하는 방식으로 원가절감을 하는 전략을 사용하고 있다.

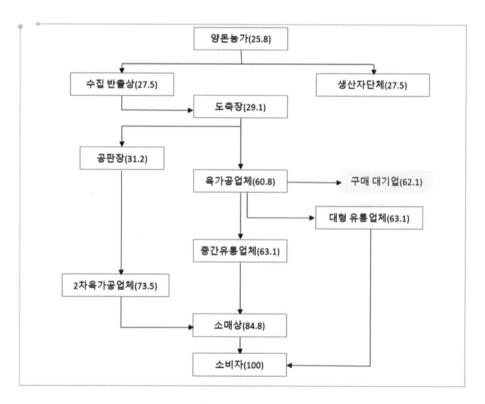

〈국산 돈육 유통 및 원가구조 예시〉

5. 김치 유통구조

대형 유통업체는 대부분 김치 제조사와 직거래 방식으로 구매하고 있다. 따라서 이보다 선행하는 구매를 위해서는 제조단계에서 참여가 필요하나 김치는 중소기업 적합 품목으로 지정되어 있어 현 구매 프로세스 내에서 최적화하는 것이 필요하다.

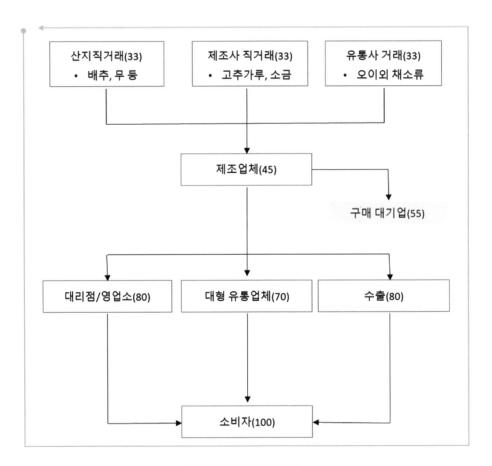

〈국내산 김치 유통 및 원가구조 예시〉

6. 오징어 유통구조

오징어 유통구조는 연근해산, 원양산, 수입산으로 구분되며 대부분 대형 유통업체의 경우 산지 위판장을 통해 비축구매를 하고 있어 선행단계 구매를 위해서는 선사와 직거래 방식 또는 선사와의 지분참여 등이 될 수 있으나 리스크가 상존하여 충분한 검토가 요구된다.

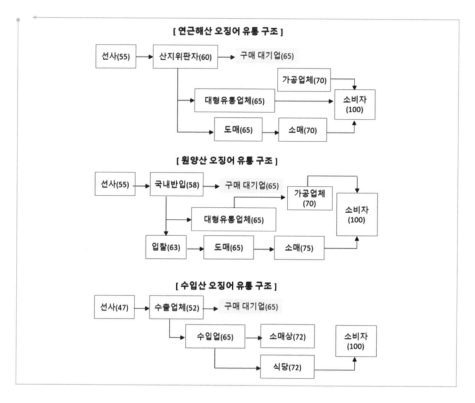

〈오징어 유통 및 원가구조 예시〉

7. 우유 유통구조

대형 유통업체는 직접 우유를 생산하는 유업사와 직거래 형태를 취하고 있으며 현 구매 프로세스 내에서 유업사간 경쟁을 통해 최적화하거나 PB형태로 원가절감을 추진할 필요가 있다.

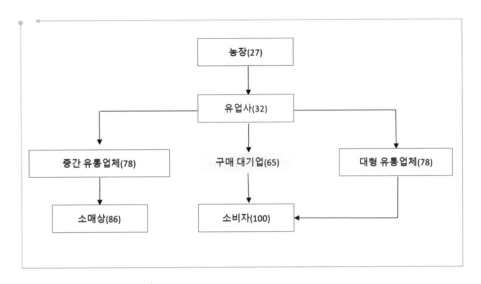

〈우유 유통 및 원가구조 예시〉

8. 계란 유통구조

계란 역시 대형 유통업체는 생산농장과 직거래 형태로 구매하고 있어 생산농장 Pool을 충분히 확보하여 경쟁을 유도하거나 PB제품화 등으로 최적화하는 방법이 바람직하다.

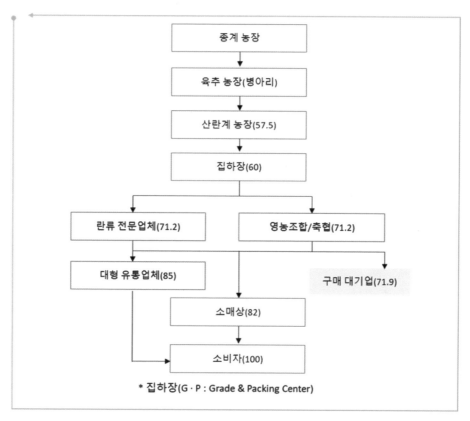

9. 식용유 유통구조

식용유의 매입은 대형유통업체의 경우 제조사와 직거래 형태로 운영되는 형태이며 대부분 제조업체에서 대두 및 대두유를 수입하여 정제작업을 통하여 식용유를 제조 유통하고 있다. 한편, 사료계열사를 두는 업체일 경우 기름을 짜고 나오는 대두박을 원료로 사료생산을 하기 때문에 사료생산이 많아지면 부가적으로 생산되는 대두유가 많아져 재고 소진을 위해서 일시적으로 가격하락이 수반되기 때문에 이 시점에 비축구매를 하는 것도 원가절감을 위해 필요한 전략일 수 있다.

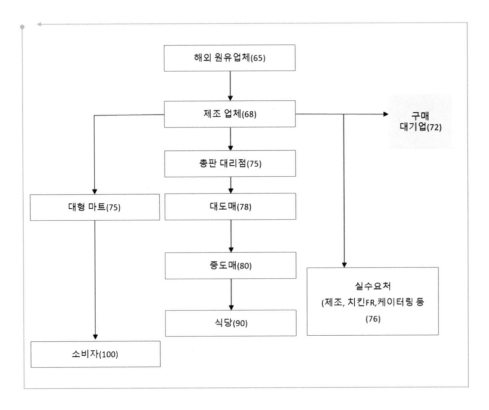

〈식용유 유통 및 원가구조 예시〉

제2장 작업 공정도 이해하기

구매를 처음 접하면 우선적으로 담당하는 품목이 어떻게 고객에까지 전달되는지가 중요한 궁금증 중에 하나이다. 여기서는 일반적으로 공급사, 유통회사, 고객사로 연결되는 공급망에 있어서의 주요 품목들에 대한 작업 공정이므로 숙지하고 독자의 회사의 조건에 따라 수정하기를 바란다. 물론 대부분의 경우는 필연적으로 유사한 공정을 지니고 있고 단지 공정을 실행하는 주체가 다소 상이할 수 있을 것이다. 따라서 해당 공정에 대한 이해와 동시에 추후에는 공정별 주체를 조사하여 향후 비용 및 품질관련한 공정을 개선하고 상품의 원가구조를 좀 더 상세하게 이해하는 계기로 삼아주길 바란다.

1. 미, 잡곡/과일류

구분	품명	공정도	설비
미곡	경기미 지방미	산지→수확→보관(저장고 · 사일로)→도정(조곡→현미→백미) →선별(진동스크린/석발기/색채선별기/금속탐지기) →소분→ 포장 → 운송 →보관(위탁창고) →센터납품→업장배송	도정기 선별기
잡곡	국산잡곡 수입잡곡	산지→수확→보관(저장고 · 사일로) →도정→선별(진동스크린→석발기→ 색채선별기→수작업/육안선별)→소분→운송→보관(위탁창고) →센터납품→업장배송	도정기 선별기

〈미/잡곡류〉

구분	품명	공정도	설비
국산 과일	사과/배 /감귤(외)	산지→저장→작업장 운송→검수→선별(중량·품질) →소분/포장 →공급	중량측정기 산지저장시설
수입 과일	파인애플/ 바나나(외)	산지수확→산지선별→수입→(후숙) →선별(중량·품질) →소분/포장→공급	도정기 선별기

〈과일류〉

2. 채소류/전처리

구분	품명	공정도	설비
무/ 배추	무·배추 (일반)	산지→수확→운송(소분장 작업) →선별,계근,포장 →냉장보관(완제품) →공급	저온저장시설
	무·배추 (저장)	산지→수확→산지저온창고→운송(소분 작업장) →선별/계근/포장→냉장보관(완제품) →공급	저온저장시설
엽채류	시금치 (외)	농장→수확→선별(1차) →포장→배송→선별(2차) →소분 →포장 →냉장보관→공급	작업장
조미채	대파류	농장→수확→포장→선별→소분→포장→냉장보관→공급	작업장
양채류	깐양상추 (춘추기외)	농장→수확→작업장 운송→탈피작업(수작업) →냉장보관(완제품) →출고→공급	작업장
	깐양상추 (하절기)	농장→수확→1차예냉→산지저장→작업장 운송→탈피작업 →냉장보관(완제품) →공급	산지저장시설 (예냉기 or 산지 냉장고)

〈채소류〉

구분	품명	공정도	설비
전처리 소채	감자 전처리	세척→탈피→세척→내포장→보관→절단→소독→행굼 →탈수→계량→내포장→금속검출기→외포장→냉장	두께: 5mm 대패형 가로: 5mm 원형 세로: 5mm 원통형
	양배추 전처리	심제거→절단→소독,세척→탈수→계량→내포장 →금속검출기→외포장→냉장	가로: 10mm 원형 세로: 10mm 원통형 칼날
	당근 전처리	세척→탈피→세척→내포장→보관→절단→소독→행굼 →탈수→계량→내포장→금속검출기→외포장→냉장	깍뚝절단기,전해수기,3단 야채 세정기
	무우 전처리	세척→탈피→세척→내포장→보관→절단→소독→행굼 →탈수→계량→내포장→금속검출기→외포장→냉장	깍뚝절단기(다이서),탈수기,밴딩포장기
	양파 전처리	세척→절단→소독→행굼→탈수→계량→내포장 →금속검출기→외포장→냉장	유압식 프레스 투입 가로: 20mm 격자형 칼날 두께: 회전칼날

〈전처리〉

3. 국내산 닭고기 외 기타

구분	품명	공정도	설비
통닭류	대닭/EA 영계/EA	원료입고→포장제거→내포장→외포장 →금속검출기 (완제품)냉장보관→공급	
	대닭도리육/KG	원료입고→포장제거→개복→목,날개끝 제거→도리작업 →계량 및 선별→진공포장→ (완제품)냉장보관 →주문확인→외포장→금속검출기→공급	밸트컨베이어 추입방식 도리기계
부분육	닭다리살/KG 닭가슴살/KG (부분육 공통)	원료입고→포장제거→부분육절단→뼈제거 →선별 (부분육)냉장보관→주문확인→계량 →진공포장→외포장→금속검출기→공급	수작업 다이스기계

〈국내산 냉장 닭고기〉

구분	품명	공정도	설비
뼈포함	수입닭도리육 /KG	해동→절단→내포장→금속검출기→급속동결 →계량→내포장→외포장→냉동보관→공급	벨트컨베이어 투입방식,도리기계(2×5 칼 14ea 18cm, 1×5 28ea 18cm)
	수입닭도리육 /PAC	해동→절단→계량→내포장→금속검출기 →급속동결→외포장→냉동보관→공급	
뼈 불포함	수입닭정육 /KG	해동→발골→절단→계량→내포장→금속검출기 →급속동결→계량→내포장→외포장→냉동보관→공급	수작업, 다이스기계(1차 칼 4ea 20cm, 2차 칼 4ea 20cm)
	수입닭정육 /PAC	해동→발골→절단→계량→내포장→금속검출기 →급속동결→외포장→냉동보관→공급	
뼈포함	사이즈장각 /KG	계량→내포장→금속검출기→냉동보관 →외포장→공급	수작업
	사이즈장각 /PAC	금속검출기→냉동보관→공급	

〈수입 닭고기〉

구분	품명	공정도	설비
냉장	국산 닭불고기	배합기 투입→배합(소스) →계량→내포장→진공포장 →엑스레이검출기→외포장→냉동보관→공급	배합기
냉동	수입닭불고기/ 수입우불고기 국산,수입돈육불고기	해동→절단→배합기투입→배합(소스) →계량→내포장→ 진공포장→엑스레이검출기→외포장→냉동보관 →공급	절단기, 배합기

〈양념육〉

구분	품명	공정도	설비
식자재란	특란/대란/중란/소란	농장→집란→중량별선별→GP이동→냉장 보관 →품질검사/파각란선별→외포장→공급	선별기
등급란	등급란	집란→GP이동→세척/건조→파란각선별→자외선살균기/ 혈반검출기→난각인쇄→내포장→외포장→등급부여 →외포장→공급	세척기 선별기 살균기
액란	액란(전란)	집란→투입/세척→할란/분리→여과→비살균T/K →살균 균질→충진T/K→포장→공급	분리기 충진기

〈계란류〉

구분	품명	공정도	설비
뼈 불포함	정육제품 (후지,목심 등)	해동(48h)→정선→절단→계량→내포장→금속검출기→ 외포장→냉동보관→공급	냉동고속 육절기
뼈 포함	갈비, 등뼈 등	정선→절단→계량→내포장→금속검출기→외포장 →냉동보관→공급	골절기
갈은 고기	민찌용	해동→절단→민찌(고기갈기)작업→계량→내포장 →금속검출기→외포장→냉동보관→공급	
포선육	연육작업용	해동→절단→연육(다지기)작업→계량→내포장 →금속검출기→외포장→냉동보관→공급	

〈임가공 우, 돈육〉

구분	품명	공정도	설비
국내산	고등어 삼치 등	어획→경매→중매인→동결→창고보관→유통→가공 →소분→엑스레이검출기→외포장→공급	금속검출기 절단기
원양산	꽁치,동태 등	어획→동결→국내반입→판매→창고보관→유통 →가공→소분→엑스레이검출기→외포장→공급	금속검출기 절단기
수입육	갈치,주꾸미 등	어획→수집상→동결 및 가공→창고보관→선적 →국내반입→통관→창고보관→유통→가공→소분 →엑스레이 검출기→외포장→공급	금속검출기 절단기

〈국내산 냉동어류〉

구분	품명	공정도	설비
새우류	냉동새우/PAC	양식→수확→사이즈선별→세척→동결→포장 선적→보세창고→금속검출기→공급	금속검출기
	냉동새우/EA	양식→수확→사이즈선별→세척→동결→포장선적→보세창고→해체(냉동)→금속검출기→공급	
참치류	참치/KG	어획→내장제거→급속동결→보세창고→가공(부위별 절단)→금속검출기→포장→공급	금속검출기 수작업,다이스기계 (1차 칼 4EA 20cm, 2차 칼 4EA 20cm)
	참치절단/PAC	어획→내장제거→급속동결→보세창고→가공(부위별 절단) →금속검출기→포장→가공(아이스)→포장→금속검출기→공급	

〈연회용 어류〉

구분	품명	공정도	설비
패류 (후레쉬)	홍합/KG	양식→수확→사이즈선별→세척→포장→운송→경매(지역별수산시장) →협력사→선별→세척→포장→공급	냉장고 수족관 (3~5일보관)
	생굴/KG	양식→수확→사이즈선별→세척→포장→운송→경매(지역별수산시장) →협력사→선별→세척→포장→공급	
패류 (냉동)	명란/PAC	명태어획→적출→급속동결→보세창고→절단(냉동)→금속검출기→포장→공급	금속검출기 수작업,다이스기계 (1차 칼 4EA 20cm, 2차 칼 4EA 20cm)
	바지락살/PAC	바지락채취→가공→급속동결→창고→포장→금속검출기→공급	

〈패류〉

제3장 농/수산물 산지 출하정보 따라가기

산지 정보에 대한 이해는 우선적으로 가장 출하지 또는 품목의 종류가 다양한 부문은 농, 수산물이다. 또한 농산물의 경우는 해마다 품종의 변화가 생기고 다소 차이는 있지만 기후 영향에 따라 작황이나 재배지가 이동되는 것을 볼 수 있다. 수산물 역시 해수온도의 영향 등에 따라 어획량의 변동이 심하다.

그러나 기본적으로 오래전부터 해당 시기를 기준으로 수확이 이루어지기 때문에 다소 차이는 있지만 수확시점은 유사하다는 전제로 작성하였다.

본 출하정보가 과거 데이터를 통해 작성되었기 때문에 만약 변동사항이 있다면 현재의 조건에 따라 수정하여 활용하기를 바란다.

부록 3.

농산물/수산물 산지 출하 정보

● 판매 가능시기
○ 입수기/최소비

NO	구분 종류군	구분 종명	산지/상품 정보	1월	2월	3월	4월	5월	6월	7월	8월	9월	10월	11월	12월
1	야채	당근	판매/사용시기												
			주품종 및 원산지		20KG 상자, 제주산 구좌, 성산, 성읍			남부하우스(반)터널, 북산				강원고랭지 서산, 인성	강원고랭지 충북노지 조치원, 구미, 상주		제주노지
			생산지 정보(출하시/비고기)												
2	야채	당근 (중국산)	판매/사용시기												
			주품종 및 원산지		Kuroda, Nantes 북건하(한풍, 마강, 신건)			Kuroda 산동(교료, 수광, 고밀)			Kuroda, Nantes 내몽고(화화통, 보두)			Kuroda, Nantes 북건하(한풍, 마강, 신건)
			생산지 정보(출하시/비고기)												
3	야채	감자	판매/사용시기												
			주품종 및 원산지		제주 감자				노지		강원도 고랭지			제주 감자
			생산지 정보(출하시/비고기)												
4	야채	고구마	판매/사용시기				벳건저(하우스, 이른저)		벳고구마 원저, 벳저, 여주, 익산						저장
			주품종 및 원산지												
			생산지 정보(출하시/비고기)												
5	야채	양파	판매/사용시기												
			주품종 및 원산지			제주 양파	홍남 입저 혜남, 고흥군		홍남 입저 혜남, 고흥군			가저장		저온 저장
			생산지 정보(출하시/비고기)												
6	야채	양파 (중국산)	판매/사용시기												
			주품종 및 원산지			단립 조생종 북건(한풍, 마강)		단립 만생종 산동(강진포, 광도)			전량 조생종 산동하(운안) 신강위정(우루무치, 위안종위정(발리), 제용광위정(운앙타				
			생산지 정보(출하시/비고기)												
7	야채	마늘	판매/사용시기				제주마늘 북제주		홍종무 대서, 고흥안		영덕 고흥안 경북 의성, 영천				
			주품종 및 원산지												
			생산지 정보(출하시/비고기)												
8	야채	마늘 (중국산)	판매/사용시기												
			주품종 및 원산지		(데리파족)		의해성	저장저지 약재 산둥하성		노지모 전국적		한지 건풍(대서, 강릉) 강릉		한지 건북, 고청, 영천
			생산지 정보(출하시/비고기)	조선물류											
9	야채	배추	판매/사용시기		월동배추 해남진도			월동배추 순천/논산, 홍양		노지배추 강원도		고랭지 광주(횡계), 북건하(하북)		월동 김해(김홍), 고청, 영천
			주품종 및 원산지												
			생산지 정보(출하시/비고기)												
10	야채	배추 (중국산)	판매/사용시기	저장/제주산 해남진도											
			주품종 및 원산지												
			생산지 정보(출하시/비고기)												

* 출荷, 수확시기 등은 산지 년도에 따라 다소 변동될 수 있습니다.

농산물·수산물 산지 출하 정보

● 판매 가능시기 ————
● 성수기/최소대비

NO	구분 품목군	품목명	산지/생활 정보	1월	2월	3월	4월	5월	6월	7월	8월	9월	10월	11월	12월
11	야채	무	판매/사용시기 / 주출하 및 원산지 / 생산지정보(출하/비축기)	저장 고창, 영암		저장	하우스&터널무	노지무	상품도 고랭지	통천, 태백 평창, 인제				김천 고창, 영암	
12	야채	무 (중국산)	판매/사용시기 / 주출하 및 원산지 / 생산지정보(출하/비축기)												
13	야채	대파	판매/사용시기 / 주출하 및 원산지 / 생산지정보(출하/비축기)	진도, 영광 인자, 영진, 제주										보성, 상주, 김천	
14	야채	대파 (중국산)	판매/사용시기 / 주출하 및 원산지 / 생산지정보(출하/비축기)			산물(인자, 진주, 타인)									
15	야채	쪽파	판매/사용시기 / 주출하 및 원산지 / 생산지정보(출하/비축기)	광주 영광		영광, 서산		하우스노지 영광		여름파 이인, 서산					저장
16	야채	얼갈이배추	판매/사용시기 / 주출하 및 원산지 / 생산지정보(출하/비축기)	제주 남부(제주) 제주 해남			하우스노지 진주 당진			대관령, 평창, 태백, 홍천			노지 진주 서산, 구미		
17	야채	얼갈이배추 (중국산)	판매/사용시기 / 주출하 및 원산지 / 생산지정보(출하/비축기)		충남-11			충남 김해 하남(서산)영,			제니스계절				
18	야채	갯잎	판매/사용시기 / 주출하 및 원산지 / 생산지정보(출하/비축기)	홍성-11 진천(당진, 천안)			대구, 금산								
19	야채	시금치 (중국산)	판매/사용시기 / 주출하 및 원산지 / 생산지정보(출하/비축기)	경기(남양주, 광주, 전국적)									울산 남부	포항조생종 포항	
20	야채	시금치 (중국산)	판매/사용시기 / 주출하 및 원산지 / 생산지정보(출하/비축기)	산물(전국)											
21	야채	숙주배추	판매/사용시기 / 주출하 및 원산지 / 생산지정보(출하/비축기)	홍성(전주 울산, 청도(광주), 제주)·남중 재배 가능											경기 원대, 전국적

* 출하 수확시기 등은 년도에 따라 다소 변동될 수 있습니다.

부록 3.

농산물/수산물 산지 출하 정보

● 판매 가능시기 ──────
● 성수기/최대 소비

NO	구분 품목군	품목	산지/상품 정보	1월	2월	3월	4월	5월	6월	7월	8월	9월	10월	11월	12월
22	야채	열무	판매/사용시기 / 주출하 및 원산지 / 생산지 정보(출하/비축기)						경기,인천, 전국 요						
23	야채	상추	판매/사용시기 / 주출하 및 원산지 / 생산지 정보(출하/비축기)						경기,인천, 전국 요						
24	야채	아욱	판매/사용시기 / 주출하 및 원산지 / 생산지 정보(출하/비축기)						경기,인천, 전국 요						
25	야채	근대	판매/사용시기 / 주출하 및 원산지 / 생산지 정보(출하/비축기)						경기인천, 전국 요						
26	야채	오이	판매/사용시기 / 주출하 및 원산지 / 생산지 정보(출하/비축기)	다다기(하우스·촉성,봄여)					상종	가시오이			다다기(하우스·촉성,봄여)		
27	야채	오이 (중국산)	판매/사용시기 / 주출하 및 원산지 / 생산지 정보(출하/비축기)				화원 계열 경상남해 경남,소통,영해		화원 계열 도북호남구,운주			화원 계열 도북호남구,봉주			
28	야채	호박	판매/사용시기 / 주출하 및 원산지 / 생산지 정보(출하/비축기)	하우스 경기(진주,밀양,의령나주,연평,성주)						노지 경기(연백,강원) 한밭,신동			하우스산 전남(나주,함평,연양)		
29	야채	고추	판매/사용시기 / 주출하 및 원산지 / 생산지 정보(출하/비축기)					노지 경기(광택),강원(온양,신동)			풋고추(청양,화변,조동,백색)				
30	야채	고추 (중국산)	판매/사용시기 / 주출하 및 원산지 / 생산지 정보(출하/비축기)			미국계 사천(백산·천도,경남)		조선조 귀주·천(귀월,동남)			중부(영광·천·양,경북) 산동(위봉,계양,포도,산동,전남) 밀양,전북(청보,화천)				
31	야채	느타리	판매/사용시기 / 주출하 및 원산지 / 생산지 정보(출하/비축기)	(경향)											동경기용

*품종 수확시기 등은 난도에 따라 다소 변동될 수 있습니다.

부록 3.

농산물/수산물 산지 출하정보

● 판매 가능시기
● 성수기/최대소비

NO	품목군 구분 / 품목명	산지/상품 정보	1월	2월	3월	4월	5월	6월	7월	8월	9월	10월	11월	12월
32	야채 / 표고버섯	판매/사용시기 / 주품종 및 원산지 / 생산지정보(출하/비수기)												
33	야채 / 양송이	판매/사용시기 / 주품종 및 원산지 / 생산지정보(출하/비수기)	(자생산) 제주, 전북, 신북, 제주	705	경북				재배기개(805) 경북		705			동절기용
34	야채 / 사과(부사)	판매/사용시기 / 주품종 및 원산지 / 생산지정보(출하/비수기)	충북(영동, 옥천), 충남(예산 서산)					아오리, 홍옥 홍로	홍로사 경북(청송,영양, 의성), 경기(포천)		부사 경북 영주, 문경, 안동	부사	
35	야채 / 감귤	판매/사용시기 / 주품종 및 원산지 / 생산지정보(출하/비수기)	제주(성수기)		하우스 감귤		제주도							
36	야채 / 수박	판매/사용시기 / 주품종 및 원산지 / 생산지정보(출하/비수기)	하우스(Box 수박)		터널(Box, 전북)		노지(전체 활용의 90%) 김제, 고창, 진안, 양구	정읍	하우스(Box 수박) 논산, 경기				
37	야채 / 포도	판매/사용시기 / 주품종 및 원산지 / 생산지정보(출하/비수기)	저장 샤인					캠벨 거봉 경북(상주,영천), 충북(영동), 경기(안성, 천안, 옥천)			샤인머스켓 저장용		
38	야채 / 토마토	판매/사용시기 / 주품종 및 원산지 / 생산지정보(출하/비수기)	하우스			방울토마토		노지 경기			하우스 경기		
39	수산 / 오징어	판매/사용시기 / 주품종 및 원산지 / 생산지정보(출하/비수기)		누지(12~3월)	토마토	토마토	포크(3~7월)						
40	수산 / 갈치	판매/사용시기 / 주품종 및 원산지 / 생산지정보(출하/비수기)			여름철 감자는 춘동이의 약함			평창산(제주, 인도네시아, 파키스탄, 오만산)			제주, 부산진		
41	수산 / 오징어	판매/사용시기 / 주품종 및 원산지 / 생산지정보(출하/비수기)								근해(속초,울릉진, 동해,강원도)		제주, 여수진 가능 여름철 활발함		
42	수산 / 고등어	판매/사용시기 / 주품종 및 원산지 / 생산지정보(출하/비수기)					근해(동,여수진)					평창산		

*품종, 수확시기 등은 산지에 따라 다소 변동될 수 있습니다.

부록 409

농산물/수산물 산지 출하 정보

● 판매 가능시기 ————
● 상수기/최대수비 ▬▬▬

NO	품목군 구분	품명	산지/생산 정보	1월	2월	3월	4월	5월	6월	7월	8월	9월	10월	11월	12월
43	수산	명태	판매/사용시기												
			주출하 및 원산지												
			생산지정보(출하/비축기)												
44	수산	대구	판매/사용시기												
			주출하 및 원산지		근해(동해, 서해)/원양산	연안산(국내산) 자조					원양산 특허령, 뜨뜨령, 오오크크령				
			생산지정보(출하/비축기)												
45	수산	삼치	판매/사용시기												
			주출하 및 원산지		겨울철 오철로출행 입용			수입물은 근로 원국산			7월 원국산				
			생산지정보(출하/비축기)												
46	수산	임연수	판매/사용시기												
			주출하 및 원산지				근해 러시아산의 위중행								
			생산지정보(출하/비축기)												
47	수산	전갱이	판매/사용시기												
			주출하 및 원산지	제올 어혈오산이 있으므로 타 어종과 함께 오철출											
			생산지정보(출하/비축기)	남해 및 연안해저 횟장과 통발로부터, 동용 후기에											
48	수산	참조기	판매/사용시기												
			주출하 및 원산지	산란직전때(때기)로 최장과 맛이 좋음(생물)				연안산(저서때), 원양산대통(순안스카 연근해)					산란회로 후기과 맛이 떨어짐(해동)		
			생산지정보(출하/비축기)		후조기								가을 조기		
49	수산	가자미	판매/사용시기												
			주출하 및 원산지												
			생산지정보(출하/비축기)												
50	수산	낙지	판매/사용시기												
			주출하 및 원산지				중국산							중국산	
			생산지정보(출하/비축기)												
51	수산	바지락	판매/사용시기												
			주출하 및 원산지			중국산									
			생산지정보(출하/비축기)												
52	수산	꼬막	판매/사용시기												
			주출하 및 원산지		국내산								제주, 보성만 가을철에 오철로 통관입용		
			생산지정보(출하/비축기)												
53	곡류	콩	판매/사용시기												
			주출하 및 원산지		국내산										
			생산지정보(출하/비축기)												

* 물품 수확시기 등은 년도에 따라 다소 차이가 날 수 있습니다.

농산물/수산물 산지 출하 정보

● 판매 가능시기 ―――
● 성수기/최대소비 ―――

NO	구분 품목군	구분 품명	산지/상품 정보	1월	2월	3월	4월	5월	6월	7월	8월	9월	10월	11월	12월
54	수산	꽃게	판매/사용시기 주품종 및 원산지 생산지정보(풍하/비축기)												
55	수산	대하	판매/사용시기 주품종 및 원산지 생산지정보(풍하/비축기)				빛, 서해, 발포인, 동중국해								
56	수산	멸치	판매/사용시기 주품종 및 원산지 생산지정보(풍하/비축기)							충무, 마산,삼천포, 여수 등					
57	수산	김	판매/사용시기 주품종 및 원산지 생산지정보(풍하/비축기)	서남해안, 제주도 구진겸정론 생산물의 길이 최상											
58	수산	미역	판매/사용시기 주품종 및 원산지 생산지정보(풍하/비축기)	우리나라 전연안											

*품종 수확시기 등은 날씨에 따라 다소 변동될 수 있습니다.

미주

1) Profit Center-이윤창출센터, 기업에 직접적으로 이익을 가져다주는 단위조직. (출처, HRD용어사전, 2010.9.6. (사)한국기업교육학회)

2) 출처, 암묵지와 형식지 (매일경제, 매경닷컴)

3) 한 가지 규격을 갖는 상품의 가격은 1개의 가격으로만 결정한다는 의미

4) 어떠한 현상이 서서히 진행되다가 작은 요인으로 한순간 폭발하는 것을 말한다.

5) 성출하기와 수확 끝 시점(끝물)간의 변화되는 품질변화에 대한 기준으로 저자가 임의로 스펙트럼 품질기준으로 명명함.

6) EDI는 Electronic Data Interchange의 약자로서 전자문서교환이라고 부른다. 종전의 종이서류 대신에 컴퓨터로 각종 행정서류 및 상거래 서식을 서로 합의한 표

준화된 양식에 맞추어 상호 교환하여 재입력과정 없이 직접 업무에 활용할 수 있도록 하는 새로운 정보전달방식이다. (출처, 무역용어사전)

7) 기업의 사회적 책임(CSR)이란 기업의 이해 당사자들이 기업에 기대하고 요구하는 사회적 의무들을 충족시키기 위해 수행하는 활동

8) 출처, 시사상식사전, pmg 지식엔진연구소

9) 상위 20%가 전체 생산의 80%를 해낸다는 법칙. 더 정확하게는 전체 인원의 제곱근에 해당하는 인원이 전체 생산의 50%를 해낸다는 법칙. 미국의 경영 컨설턴트인 조셉 주란이 이탈리아의 경제학자인 빌프레도 파레토가 1896년에 발표한 연구 결과에서 이름을 따와 파레토의 법칙이라 이름 붙였다.

10) 하류의 고객주문 정보가 상류로 전달되면서 정보가 왜곡되고 확대되는 현상 Bullwhip 효과라고 부르기도 한다. (출처, 두산백과 두피디아)

11) 고객에게 가치를 주는 기업의 활동을 가능케 하는 생산과정이 밀접하게 연결되어 고객의 욕구(Needs)를 충족시키는 과정. 하버드 대학교수인 '마이클 포터'의 가치사슬모형이 가장 대표적인 모형임.

12) 일정한 주제에 대해 구성원들의 창의적이고 자유분방한 발상을 통해 아이디어를 도출하고 문제를 해결하기 위한 기법. (출처, 두산백과)

13) 출처, 삼성경제연구소 2006년 8월 BSC 연구회 지음

14) VRIO framework. 1991년 텍사스 A&M대학 경영학과 교수 바니(Barney)가 제시한 모형. (참조, 오리용매거진 비즈니스/경영마케팅 https://oriyong.tistory.com/43)

15) 구매혁신의 기술, 매일경제신문사, 2008.3.31.

16) 성출하기와 수확 끝 시점(끝물)간의 변화되는 품질변화에 대한 기준으로 저자

가 임의로 스펙트럼 품질기준으로 명명함.

17) '비용우위전략'이라고도 하며 마이클포터의 경쟁우위의 원천이 되는 경쟁 전략 중 하나로 낮은 비용은 신속한 시장점유율을 가능하게 하고 적극적인 투자로 규모의 경제를 이룰 수 있다는 전략이다.

18) 1997년 미국의 대표적인 컨설팅 회사인 가트너 그룹(Gartner Group)에서 발표한 것으로, 기업에서 사용하는 정보화 비용에 투자 효과를 고려하는 개념의 용어이다. 즉, 회사에서 전산 시스템을 도입할 때 단순히 초기 투자 비용만이 아니라 도입 후의 운영이나 유지 보수 비용까지 고려하는 것임.

19) 참조, 전략경영과 경쟁우위, 역자 신형덕, 출판사 (주)시그마프레스, 2012

20) MRP(Material requirement planning)는 필요한 자재를 필요한 시기에 필요한 양만큼 효율적으로 공급이 이루어지도록 하는 최적의 자재수급 시스템 (출처, 스마트 제조혁신추진단 블로그)

21) OEM(Original Equipment Manufacturer) 주문자 상표방식, 상품을 생산 기업의 고유상품이 아닌 그 상품을 주문한 발주자의 상표를 부착하는 경우

22) ODM(Original Development Manufacturing system) 제조업자 개발 생산방식, 상품의 설계, 개발능력을 갖춘 제조업체가 유통망을 확보한 판매업체에 상품이나 재화를 공급하는 방식. (출처, 다음백과사전)

23) 기업의 사회적 책임(CSR, Corporate Social Responsibility)이란 자본주의사회에서 주로 사용되는 기업의 경영 전략 중 하나로 직접 이윤을 창출하지는 않지만 기업과 사회 모두에 이익을 줄 수 있는 활동을 일컫는 말이다. (출처, 기업의 사회적책임, 2014. 4. 15. 최진봉)

24) 출처, 브랜드마케팅, 2020. 서용구 교수, 창명

25) 출처, https://www.techm.kr/news/articleView.html?idxno=96986

26) Profit Center-이윤창출센터, 기업에 직접적으로 이익을 가져다 주는 단위조직, (출처, HRD용어사전, 2010.9.6 (사)한국기업교육학회)

27) WMS(Warehouse management systems): 창고관리 시스템/ TMS (Transportation Management System): 배송관리 시스템

28) 기업이 기대하는 마케팅 목표를 달성하기 위해 경영자가 통제 가능한 마케팅 요소인 제품(product), 유통경로(place), 판매가격(price), 판매촉진(promotion) 등 이른바 4p를 합리적으로 결합시켜 의사 결정하는 것. (출처, 매일경제)

29) 출처, 마케팅원론, 오세조 외 2인, 박영사, 2006

30) 1960년 중반 보스턴 컨설팅그룹 창업자 브루스 핸더슨에 의해 발표된 이론으로 기업의 누적 생산량, 경험이 늘어남에 따라 단위원가가 떨어지는 현상을 말함. (출처, 고영성의 뒤죽박죽 경영상식, 2015, 고영성 저)

31) 1966년 Raymond Vernon이 발표한 국제무역이론으로 AMC가 1985년 경영에 도입함.

32) 시사상식사전, pmg 지식엔진연구소

33) 참조 및 출처. 담덕의 경영학 노트, 마케팅 STP전략 – 시장세분화, 표적시장 선정, 포지셔닝 (tistory.com)

34) 출처, 마케팅원론 제7판, 안광호, 학현사, 2018

35) 파괴적 혁신(disruptive innovation)은 1995년 하버드 비즈니스 리뷰에 소개된 이후 혁신상품을 설명할 때 자주 인용되는 단어로 새로운 시장 창조 및 기존 비즈니스 모델을 완전히 바꾸는 것. (참조, 파괴적 혁신, 제이 재밋, 한국경제신문, 2018)

36) 출처, SCP 모델, 산업구조분석 프레임, 2020, Thinking Framework, SCP 모

델, 산업구조분석 프레임 (tistory.com)

37) 미국의 경영 컨설턴드인 알버트 험프리가 고안한 것

38) 두 개의 정책목표 가운데 하나를 달성하려고 하면 다른 목표의 달성이 늦어지거나 희생되는 경우의 양자간의 관계

39) 참조, 위키백과, 우리 모두의 백과사전 (wikipedia.org)